本书为国家社会科学基金一般项目
"民俗体育文化传承与新型城镇化建设关系研究"（项目批准号：14BTY023）的研究成果

民俗体育文化传承与新型城镇化建设

THE INHERITANCE OF FOLK SPORTS CULTURE
AND CONSTRUCTION OF NEW-TYPE URBANIZATION

涂传飞 著

社会科学文献出版社
SOCIAL SCIENCES ACADEMIC PRESS (CHINA)

引 言

现代化是人类社会发展的潮流，城镇化是现代化的必由之路。改革开放以来，我国经历了世界历史上规模最大、速度最快的城镇化进程，取得了举世瞩目的成就。党的十八大以来，以习近平同志为核心的党中央深刻把握我国城镇化发展规律，前瞻性地提出新型城镇化战略。新型城镇化更加注重传承和弘扬传统优秀文化，以及延续城市历史文脉，留住"乡愁"。中国蕴含着丰富的民俗体育文化资源，在以往的城镇化建设中，我国民俗体育文化资源尚未得到较为充分的开发和利用，这在一定程度上影响了我国城镇化建设水平的提升，也影响了我国民俗体育文化的传承和发展。因此，在国家实施新型城镇化战略和愈发重视中华优秀传统文化传承、发展的时代背景下，笔者有幸立项2014年国家社科基金一般项目"民俗体育文化传承与新型城镇化建设关系研究"，本书就是笔者在该项目结题报告的基础上补充完善而成的。本书力图从理论上探寻民俗体育文化与新型城镇化建设的互动关联，从实践上提出民俗体育文化促进我国新型城镇化建设的对策建议。这对于深化我国民俗体育文化理论研究、丰富我国城镇化的理论研究以及指导我国民俗体育文化在新型城镇化建设进程中的传承和发展，都有重要的理论意义和实用价值，可为我国民俗体育文化传承和发展以及新型城镇化建设的政策制定提供理论和实践依据。

为此，本书主要采用文献资料法、个案研究法、田野调查法、深度访谈法、参与观察法和回访研究法，借鉴埃里克·霍布斯鲍姆（Eric Hobsbawm）的传统发明理论、刘易斯·芒福德（Lewis Mumford）的城市化理论及安东尼·吉登斯（Anthony Giddens）的现代性理论，先从理论上阐明新型城镇化建设与民俗体育文化的本质内涵（见第二章）。笔者认为，新型城镇建设的本质内涵是一个城乡文化整合的过程，新型城镇化建设是一个城市文化向乡村辐射和乡村文化在城镇化场域中弘扬的双向整合过程。传承优秀乡村文化既是新型城镇化建设的精神基础，也是推进新型城镇化的题中之意。民俗体育文化本质上是一个文化综合体，其中蕴含着丰富的精神价值内涵。民俗体育文化的本质特征在于它是在实践中为满足民众的需求而被人为地建构出来的。民俗体育与现代体育并不对立，当前中国民俗体育正在发生的再造过程本身也可被视为其走向现代体育之路的一种具体表现。第二章为本书奠定认识论基础。

第三、四章主要介绍国内外民俗体育文化参与城镇化建设的个案。该部分既考察了城镇化进程中日本相扑现代化转型的个案、美国城镇化建设中的爱尔兰传统体育文化个案及英国城镇化进程中传统体育文化的现代化个案，也考察了我国村中村、村改居和新型农村社区（城郊村）中民俗体育文化在新型城镇化进程中转型的个案，从而为后续章节的分析讨论奠定经验和材料基础。

第五章主要是基于国内外个案考察进行讨论与分析。习近平总书记指出：“走自己的路，是党的全部理论和实践立足点。”习近平总书记的这番重要论述指明了路径既是实践层面的问题，也是重要的理论问题。鉴于此，该章在个案考察的基础上，从理论上提炼了民俗体育文化参与新型城镇化建设的传承路径，即"改变形式、改变内容、保留功能""保留形式、保留内容、改变功能""保留形式、改变内容、改变功能""保留形式、改变内容、保留功能""保留形式、保留内容、保留功能""综合化的传承路径"。此外，根据当前制约我国民俗体育文化参与新型城镇化建设的影响因素分析，笔者从实践上提出通过传承民俗体育文化促进我国新型城镇化建设的对策建议，主要有更新对民俗体育文化及新型城镇化建设的认识；相关部门要相互协调并完善相关政策法规；转变当前以西方现代体育为导向的体育发展模式；多方筹集民俗体育文化的传承经费，建立多元化及可持续的资金保障机制；积极拓展民俗体育文化的传承主体；积极培育传承民俗体育文化的社会团体和文化精英；重视解决民俗体育文化的脱域问题。

第六章总结了民俗体育文化传承与新型城镇化建设相关的理论与实践问题，并且指出了本书的不足之处及在后续研究中需要努力改进的方向。

"民俗体育文化传承与新型城镇化建设关系研究"课题组成员也参与了本书的部分撰写工作,其中福建师范大学钞群英负责撰写第三章中的部分内容;江西财经大学冯婧、太原科技大学王兴一、北京物质学院孙风林及暨南大学黄福华负责撰写国内外部分个案。

目　录

第一章　导　论 / 001
　　第一节　选题依据 / 001
　　第二节　选题意义 / 005
　　第三节　理论背景 / 007
　　第四节　文献综述 / 010
　　第五节　研究方法 / 021
　　第六节　研究思路 / 024

第二章　民俗体育文化与新型城镇化建设概况 / 026
　　第一节　新型城镇化建设是一个城乡文化整合的过程 / 026
　　第二节　新型城镇化建设过程中城乡文化整合的可能 / 028
　　第三节　民俗体育文化的本质内涵 / 031
　　第四节　民俗体育文化传承与新型城镇化建设的互动关联 / 036
　　第五节　民俗体育文化传承与新型城镇化建设的互动经验 / 059
　　第六节　影响民俗体育文化传承和参与新型城镇化
　　　　　　建设的制约因素 / 062

第三章　国外民俗体育文化参与城镇化建设的个案 / 069
　　第一节　日本城镇化进程中相扑的现代化转型 / 069
　　第二节　美国城镇化建设中的爱尔兰传统体育文化 / 078
　　第三节　英国城镇化进程中传统体育文化的现代化 / 090

第四章　国内民俗体育文化参与城镇化建设的个案　/ 098
第一节　南昌市 L 村舞龙在城镇化中的传承　/ 098
第二节　一个城中村高跷活动在城镇化发展进程中的传承　/ 135
第三节　城镇化进程中一项城郊村村际传统龙舟赛的国家化实践　/ 149
第四节　南昌县 T 村舞龙在城镇化中的传承个案　/ 194

第五章　民俗体育文化参与新型城镇化建设的传承　/ 217
第一节　民俗体育文化参与新型城镇化建设的传承路径　/ 217
第二节　民俗体育文化参与新型城镇化建设的对策建议　/ 223

第六章　结论与展望　/ 230
第一节　结论　/ 230
第二节　展望　/ 233

参考文献　/ 235

第一章
导　论

第一节　选题依据

党的十八大提出了"推动工业化与城镇化良性互动，城镇化和农业现代化相互协调，促进工业化、信息化、城镇化、农业现代化同步发展"的中国城镇化建设新理念。2013年12月召开的中央经济工作会议强调了"要把生态文明理念和原则全面融入城镇化全过程，走集约、智能、绿色、低碳的新型城镇化道路"。此后，《国家新型城镇化规划（2014～2020年）》《关于深入推进新型城镇化建设的若干意见》《中共中央关于全面深化改革若干重大问题的决定》《国民经济和社会发展第十二个五年规划纲要》《全国主体功能区规划》《中共中央 国务院关于实施乡村振兴战略的意见》等一系列与新型城镇化建设相关的文件发布，明确了未来我国新型城镇化建设的发展路径、主要目标和战略任务，指导了全国城镇化健康发展的宏观性、战略性、基础性的战略规划。党的十九大报告强调了区域协调发展战略和乡村振兴战略推动新型工业化、信息化、城镇化、农业现代化同步发展及以城市群为主体构建大中小城市和小城镇协调发展的城镇格局等一系列与新型城镇化建设相关的重要论述，充分体现了中共中央对新型城镇化战略的持续重视。关于新型城镇化战略的部署也为研究城镇化的学者们提出了新的研究课题，包括什么是新型城镇化、如何推进城镇化等。我国既要总结国外在城镇化建设进程中的经验、教训，也要思考当前我国新型城镇化建设进程中存在的问题，根据新时期的国内外条件，探索我国新型城镇化建设的路径和对策。城镇化既是人类社会发展的客观趋势，也是农业农村现代化的必由之路。近三十年的中国城镇化建设取得了令世界瞩目的伟大成就，体现在城镇化率、城镇数量、城镇常住人口和收入水平显著提高，基础设施和公共服务水平明显改进等多个方面。与此同时，学界关于新型城镇化的研究成果日益增多，特别是在党的十八大提出新型城镇化发展战略以后相关研究尤为深入。第一，城镇化与经济增长研究。[1] 有学者分析经济发展与城镇化的关系，研究发现城镇化有利于缩小城乡差距。第二，城镇化与乡村振兴研究。[2] 大多学者认为乡村振兴必须要与城镇化发展相结合，调解利益关系和城乡关系是城乡融合发展的关键，它促进城市与乡村要素的双向流动和产业互动与协调。但更应该关注的是人的因素，党的十九大提出"以人为核心"的新型城镇化，积极推进人的社会化是新型城镇化的重点，说明不仅要关注流入城市的农业转移人口，而且应该关注仍然居住在农村的农民，人的全面发展是经济发展的最终目标，要想实现这个最终目标，必须营造良好的文化氛围，这离不开源远流长、博大精深的传统文化。第三，新型城镇化建设研究。[3] 有学者认为新型城镇化建设应该强化大城市的聚集效应，以大城市带动小城市，实现共同发展。这方面的文献大多是宏观性的研究，较少聚焦微观层面，且其作者大多考虑不够周全，仅站在城市的角度看待问题，缺少从乡村的角度看待问题，尤其是缺少从乡村文化的角度出发看待问题。乡村文化是中国传统文化的重要组成部分，乡村是传统文化的根基所在。因此，乡村具有不可替代的价值，这种价值不仅体现在乡村的生产功能、生活功能与生态功能上，还体现在乡村的社会和文化功能上。

然而在城镇化快速发展过程中，存在一些我们必须高度重视并着力解决的突出矛盾和问题，《国家新型城镇化规划（2014～2020年）》指出了类似的问题。首先，城镇文化破坏了原有的乡村文化生态，大量乡村公共

---

[1] 曹裕、陈晓红、马跃如：《城市化、城乡收入差距与经济增长——基于我国省级面板数据的实证研究》，《统计研究》2010年第3期。

[2] 陈丹、张越：《乡村振兴战略下城乡融合的逻辑、关键与路径》，《宏观经济管理》2019年第1期。

[3] 李国平：《质量优先、规模适度：新型城镇化的内涵》，《探索与争鸣》2013年第11期。

文化资源流失，乡村文化代际传承出现明显断裂，乡村文化不可避免地进入消失、共融或变异的转型期。其中也有学者①提出，在城镇化快速发展阶段，很多地区出现了"冒进"现象，造成大中城市盲目扩张，城镇化进程只注重表象而忽视内涵建设，特别是忽视了一些优秀传统文化的保护与传承。部分城镇的过度开发导致城镇原有的文化特色遭到严重破坏，加上对于本地传统文化的深度挖掘不足，这些城镇未能因地制宜地采取有效措施进行创新式保护与传承，未能让传统文化再次扎根于人民的日常生活，造成历史文化的碎片化，致使这些优秀传统文化没有在城市建设中得到延续，城镇本身的文化特色也没有得到突出。如果传统文化的保护、传承和创新发展没有贯穿于新城镇文化的建设中，那么新城镇文化会缺乏人文精神的滋养和文化底蕴的支撑，城镇化建设会缺少气质和灵魂，造成"捧着金饭碗却分享不了旅游发展的一勺羹"的局面。另外，在乡村城镇化进程中，现代工业文明在带来物质财富的同时打破了乡村文化的封闭性，传统村庄的内生结构、乡村原有的生活模式和人际关系被打破，乡村旧时的文化交流逐渐被经济交流所取代，经济发展主导取向弱化了乡村人文情怀。城乡之间的文化界限越来越模糊，民俗文化逐渐被城市文明冲淡，使得乡村生活甚至都市乡民都失去了明确的文化归属感，从而削弱了乡村社会发展的凝聚力，从而出现了不同程度的价值迷失、文化断层和认同危机。有些农村地区大拆大建，村庄撤并，合村并镇、并居，照搬照套城市社区模式建设新农村，简单地用城市元素与风格取代传统农村民居和田野风光，有些村庄一味盲目模仿西式建筑或所谓中式建筑和乡土建筑，甚至不惜毁掉先贤留下的历史文化之根，导致乡土特色和民俗文化流失。②部分年轻人受现代社会文化影响，学习民族传统体育项目的意愿和参与意识不强，对民俗传统文化知之甚少、传播甚少。因此，在现存的诸多民族民间体育活动中，鲜有年轻人的身影，③熟悉民族民间传统体育项目的传

---

① 姚士谋、张平宇、余成、李广宇、王成新：《中国新型城镇化理论与实践问题》，《地理科学》2014年第6期。
② 张沛锋：《广西少数民族传统体育的继承与发展》，《体育文化导刊》2014年第7期。
③ 金宁、仝泽宇：《"健康中国"视阈下民族传统体育的创新性发展——以武陵山地区为例》，《中南民族大学学报》2021年第10期。

承人正在不断减少,传统体育文化的传承与发展面临巨大危机。

习近平总书记在党的十九大报告中强调中国共产党从成立之日起,既是中国先进文化的积极引领者和践行者,也是中华优秀传统文化的忠实传承者和弘扬者。[①] 2017 年 1 月,为挖掘和保护乡土文化资源、传承中华优秀传统文化,中共中央办公厅、国务院办公厅印发了《关于实施中华优秀传统文化传承发展工程的意见》。党的十九大报告明确指出要深入挖掘中华优秀传统文化蕴含的思想观念、人文精神、道德规范,结合时代要求继承创新,让中华文化展现出永久魅力和时代风采。综观党的十八大以来党中央出台的相关政策文件,新型城镇化建设就是要一改以往大拆大建的粗放型城镇化建设模式,增加大量人文方面的要求,注重弘扬优秀传统文化,延续城市历史文脉,留住"乡愁"。我国新型城镇化建设的重要内容应当以传承文化、解"乡愁"为导向而不应崇洋媚外、简单复制,以文化来凸显中国城镇化的个性和特色。新型城镇化建设亦不能按照城市建设的思路去复制,更不能把乡村变为城市,乡村是自由的,应该把乡村建设得更像乡村。城乡一体化不是城乡同质化,而是在城乡差异中明确城乡功能定位,进而实现城乡功能互补。随着城镇化的发展,乡村非但不应该消失,反而应该变得越来越美丽,并充分发挥传统文化的价值和内涵。新时代党中央做出的新型城镇化等许多重大战略部署为我国民俗体育文化传承带来了新的机遇。我国乡村和民族地区蕴含着丰富的民俗体育文化资源。总体来看,在以往的城镇化建设中,我国的民俗体育文化资源尚未得到较为充分的开发利用,这在一定程度上影响了我国城镇化建设的水平,也影响了我国民俗体育文化在新时期的传承和发展。因此,在国家全面推进新型城镇化建设和日益重视中华优秀传统文化传承发展的大背景下,本书从民俗体育文化传承与新型城镇化建设关系的视角,力图从理论上探寻民俗体育文化与新型城镇化建设的互动关联,从实践上提出民俗体育文化参与我国新型城镇化建设的对策建议。

---

① 习近平:《决胜全面建成小康社会 夺取新时代中国特色社会主义伟大胜利——在中国共产党第十九次全国代表大会上的报告》,新华网,http://www.xinhuanet.com//politics/19cpcnc/2017 - 10/27/c_1121867529.htm。

第二节　选题意义

过去40多年间，我国不仅经历了人类历史上最大规模的城镇化过程，而且创造了由贫穷落后的乡村中国向实现全面小康嬗变的人类奇迹。无论是旧的城镇化建设还是现在全面推进的新型城镇化建设，其根本任务和使命就是要探索并走出"一条中国特色城市发展道路"。城镇化是现代化的必由之路，党的二十大报告中提到中国式现代化是人口规模巨大的现代化，是全体人民共同富裕的现代化，是物质文明和精神文明相协调的现代化，是人与自然和谐共生的现代化，是走和平发展道路的现代化。全面建设社会主义现代化国家，必须坚持中国特色社会主义文化发展道路，增强文化自信，围绕举旗帜、聚民心、育新人、兴文化、展形象建设社会主义文化强国，发展面向现代化、面向世界、面向未来的，民族的、科学的、大众的社会主义文化，激发全民族文化创新创造活力，增强实现中华民族伟大复兴的精神力量。2021年，我国常住人口城镇化率达到64.72%，开始进入城镇化中后期阶段。2021年，十三届全国人大四次会议通过并印发《中华人民共和国国民经济和社会发展第十四个五年规划和2035年远景目标纲要》（简称《纲要》），《纲要》提出："坚持走中国特色新型城镇化道路，深入推进以人为核心的新型城镇化战略，以城市群、都市圈为依托促进大中小城市和小城镇协调联动、特色化发展，使更多人民群众享有更高品质的城市生活……加快农业转移人口市民化，完善城镇化空间布局，全面提升城市品质。"未来，我国城镇化将在多个方面发生重大变化，也将对中国经济的高质量发展和构建"双循环"新发展格局以及全面现代化的实现产生重要影响。虽然城镇化的发展从客观上促进了中国乡村地区经济的快速增长，但与此同时中国传统村庄数量的大幅减少，许多传统村庄和乡村文化已经和正在遭受着巨大的破坏，并且面临不断消失的严重危机。这些都与中国特色的新型城镇化道路背道而驰，不仅破坏了村落文明，而且切断了未来可持续发展的道路。因此，研究新型城镇化建设相关的议题，我们不仅要关注产业增长、土地制度变迁、户籍制度改革，而且要关注文化，特别是传统文化在新型城镇化建设中的重要作用，直面文化命题。

在新型城镇化背景下，乡村文化的保护和传承已然成为当前重大的现实问题和理论界研究的新热点之一。习近平总书记在2013年中央城镇化工作会议上提出了"要让居民望得见山、看得见水、记得住乡愁"的新型城镇化建设指导思想，特别强调了保护和传承优秀乡村文化是新型城镇化建设的题中之意和重要内容。《中共中央关于全面深化改革若干重大问题的决定》和《国家新型城镇化规划（2014～2020年）》均明确指出，要走以人为核心的新型城镇化道路，要走四化同步、优化布局、生态文明、文化传承的中国特色新型城镇化道路。城镇化的发展归根到底是为解放生产力，提高百姓福祉。新型城镇化建设中的一个核心问题是文明代际传承，让子孙后代"望得见山、看得见水、记得住乡愁"。因此，在新型城镇化进程中，我们应该更加注重传统文化的保护和传承。推进新时期的中国特色新型城镇化发展道路，就必须以人为中心，从人的根本诉求出发，坚持做到以民为本、还俗于民。民俗文化主体的观念以及民俗文化的价值和信仰体系、结构设置和载体都在不断发生变化。而作为重要的民俗文化之一，受新型城镇化进程中农村聚落文化解体的影响，民俗体育文化面临着传承与发展等一系列问题。这些问题产生的主要原因是在大量现代性文化因素的剧烈冲击之下，村民传统文化的价值观发生转变，民俗传统文化的乡村聚落共同体将被分化，民俗体育文化的传承与发展面临重大危机。而我国民俗体育文化是建构在一定的社会生产和生活方式基础之上的，微小的社会变革都会对我国的民俗体育文化的保护与传承产生巨大影响。如何在新型城镇化进程中实现民俗体育文化的创造性和创新性的再生产，进而充分发挥民俗体育文化在"增强文化自觉和文化自信，激发中华优秀传统文化的生机与活力"中的积极作用，不仅是在当前民俗体育文化传承中我国必须正面回答的时代命题，也是民俗体育文化研究亟待解决的关键问题。基于此，本书选取国内外若干民俗体育文化与城镇化关联的个案，总结国内外城镇化建设进程中保护和传承民俗体育文化的经验、教训，分析影响当前我国民俗体育文化参与新型城镇化建设的困境及制约因素，并提出我国民俗体育文化传承的对策建议，这对在我国新型城镇化建设进程中更有效地传承民俗体育文化具有参考价值。本书从理论上阐明民俗体育文化和新型城镇化建设的本质内涵及两者的互动关系，并归纳和提炼民俗体育文化参与新型城镇化建设的可能传承路径，这对于深化我国民俗体育文化理论研究和丰富我国新型城镇化的理论研究、指导我国民俗体育文化的现实发展，都有重要的理论意义和实用价值，可为我国民俗体育文化的传承和新型城镇化建设政策的制定提供理论和实践依据。

第三节　理论背景

一　埃里克·霍布斯鲍姆的传统发明理论

关于传统，西方人类学家爱德华·希尔斯（Edward Shils）认为传统是某个群体的内部成员共享和集体拥有，且必须是延续三代以上，被赋予特殊的价值和意义的事物。① 但是，英国历史人类学家埃里克·霍布斯鲍姆对这种观点提出了挑战，认为传统可以为满足现实的需要而被发明和建构。埃里克·霍布斯鲍姆甚至认为，"在历史学家所关注的任何时代和地域中，人们都有可能看到这种意义上的传统的'发明'"②。这对我国民俗体育文化学者有极大的启发，我国蕴含着丰富的民俗体育文化资源，那些常常让我们引以为豪的民俗体育文化是否也是一直处于不断地被发明和建构之中，甚至有的也是在当下被人为地"发明"出来的呢？传统发明理论引发了当今人类学、民俗学对"传统"及"民俗"的认识向建构主义转变，③所有的传统与民俗，均是以某种方式被人为建构和"传统化实践"④ 的过程。在当今中国追求现代性的过程中，我国民俗体育文化呈现前所未有的变迁图景，因此，引入传统的发明理论来探究民俗体育文化所发生的这些

---

① 〔美〕爱德华·希尔斯：《论传统》，傅铿、吕乐译，上海人民出版社，2009，第13页。
② 〔英〕埃里克·霍布斯鲍姆、特伦斯·兰杰：《传统的发明》，顾杭、庞冠群译，译林出版社，2022，第5页。
③ 周星：《民俗主义、学科反思与民俗学的实践性》，《民俗研究》2016年第3期。
④ 〔美〕理查德·鲍曼、杨利慧、安德明：《民俗界定与研究中的"传统"观》，《民族艺术》2006年第2期。

变迁就非常有必要。该理论有助于更新对民俗体育文化的一些陈旧观念，以及正视在当前新型城镇化建设进程中民俗体育文化所发生的各种变迁，如民俗体育文化非物质文化遗产保护、民俗体育文化的产业化、民俗体育文化在旅游景点的展现，并可以解释民俗体育文化中的一些重要现实问题。依据传统发明理论，传统在现代化进程中也在不断地"发明"和建构之中，这也对我们重新思考民俗体育文化的本质内涵、民俗体育文化与现代体育文化的关系等具有启发价值。

二 刘易斯·芒福德的城市化理论

美国社会哲学家刘易斯·芒福德认为城市的文化运行产生人类文明，因而城市是文明社会的孕育之所。文化则是城市和新人类间的介质，不同质量的城市产生不同文化，而不同文化最终培育出不同的人类。[①] 刘易斯·芒福德的核心观点是"城市是人居的中心和文化的容器"。城市的根本功能在于文化积累、文化创新、传承文化以及教育人民。所以，我们应该在城镇化建设中继续使用教堂、寺庙、宗祠、学堂、墓园、作坊、博物馆等一整套传习文化的媒介。城市承担着保护和传承传统文化的重任，应是先进文化和人类优良文明的孕育之所。[②] 刘易斯·芒福德站在人类文明的高度看待现代城市的发展，指出："假如想让我们的城市文明避免越来越严重的解体、崩溃和死亡，我们就不得不重建文明。当今社会的自动破坏进程是不能从顶端予以控制的。唯一办法是从最小单元入手，给它们依次注入生命和主动性。把每个人当作一个负责任的主体，并且把每个邻里社区当作文明的基本'器官'（社会生活层面和道德行为层面的基本'器官'），来予以关注。把城市看作社会生活的有机实体，将其放在与其他城市互相关联的生态平衡结构之中，并且放在其共同存在的更大区域之中，给它们一一注入生命和主动性。"[③]

[①] 〔美〕刘易斯·芒福德：《城市文化》，宋俊岭、李翔宁、周鸣浩译，中国建筑工业出版社，2009，第 XV 页。

[②] 〔美〕刘易斯·芒福德：《城市文化》，宋俊岭、李翔宁、周鸣浩译，中国建筑工业出版社，2009，第 XVII 页。

[③] 〔美〕刘易斯·芒福德：《刘易斯·芒福德著作精萃》，中国建筑工业出版社，2010，第 256~257 页。

刘易斯·芒福德的城市化理论凝聚了文明的力量与文化，彰显了文化遗产在城市化进程中的作用和魅力。刘易斯·芒福德极力主张在城市化建设中文化先行，并对西方城市化建设产生了深远的影响，其文化城市的主张已经逐渐为世人所接受并运用于城市化建设实践。美国、英国等的许多城市纷纷按照刘易斯·芒福德的城市化理论来进行规划和建设，也陆续有许多城市邀请刘易斯·芒福德为城市的未来发展提供意见。所以迈克·费瑟斯通（Mike Featherstone）指出："城市总是有自己的文化，它们创造了别具一格的文化产品、人文景观、建筑及独特的生活方式。甚至我们可以带着文化主义的腔调说，城市中那些空间的构形、建筑物的布局设计本身恰恰是具体文化符号的表现。"① 在当前我国新型城镇化建设进程中，一个突出的问题是传统文化遭到严重破坏，民俗体育文化也面临着保护和传承的危机，因此，刘易斯·芒福德的城市化理论对我们认识新型城镇化的本质内涵及传承民俗体育文化具有重要参考价值。

三 安东尼·吉登斯的现代性理论

英国社会学家安东尼·吉登斯通过强调现代社会的断裂性，并纳入后现代现象来解释现代性的后果。吉登斯指出时空分离、脱域机制和制度性反思是推动现代性发展的三大动力，在这三大动力的推动下，现代性表现出主要但不限于经济、政治、法律和军事维度又彼此影响的制度表象。他也讨论了现代社会中人与社会关系的变迁。在这个维度，现代性的后果是带来亲密关系，从个体之间的基本信任转向个体面向抽象体系的信任，个体日常生活面对的风险也从一种以自然为主要诱因的风险转为强度和范围更胜且具有反事实性的社会性风险。本体性安全是吉登斯分析这一切的起点，他认为个体本体性安全的获得在于保持对日常生活环境（主要体现为社会关系）稳定性的信任，一旦这种信任被动摇，个体会陷入一种存在性焦虑。现代性在这个问题上对日常生活的改造是脱域后的再嵌入，形塑了新的本体性安全获得的时空结构。所以后现代不是真的后现

---

① 〔英〕迈克·费瑟斯通：《消费文化与后现代主义》，刘精明译，译林出版社，2000，第139页。

代，而是现代性更深层的表达。真的后现代应该是一种乌托邦现实主义路径，在努力降低风险的基础上向美好生活迈进。"现代性以前所未有的方式，把我们抛离了所有类型的社会秩序的轨道，从而形成了基本生活形态。在外延和内涵方面，现代性卷入的变革比过往时代的绝大多数变迁特性都更加寓意深远。在外延方面，它们确立了跨越全球的社会联系方式；在内涵方面，它们正在改变我们日常生活中最熟悉和最具个人色彩的领域。"① 吉登斯的现代性理论所提出的时空分离、脱域机制和制度性反思等主要观点为我们解释现代化和城镇化进程中民俗体育文化所发生的变迁及其成因提供了新的视角。

第四节 文献综述

21世纪初，中国社会急剧转型，政治、经济、文化产生了巨大变革，传统的民俗体育文化生存环境与以往大不相同，传承与发展民俗体育文化面临巨大挑战，在这样的背景下，我国学者日益重视中国民俗体育文化的研究，中国民俗体育文化成为一个比较热门的研究领域，这体现在我国近年来国家社科基金项目有关民俗体育文化的选题指南和立项课题增加。从2010年开始，民俗体育文化已经被明确列入我国国家社科基金年度项目体育学的课题申报指南。迄今为止，以民俗体育为课题名称的国家社科基金项目共计有28项，这些课题除了涉及一般项目、青年项目、后期资助项目和西部项目以外，在近几年也涵盖了国家社科基金重大招标项目和重点项目。这充分体现出我国政府及社会各界对民俗体育文化研究工作的高度重视和信任，也反映出我国急需富有价值的民俗体育文化理论研究来指导我国民俗体育文化传承和发展工作。尤其在当下，党中央对中国传统文化的传承和发展前所未有地重视，在党的十八大、十九大会议先后做出与民俗体育文化密切相关的重大战略部署，如新型城镇化战略、文化和体育强国战略、文化"走出去"战略、乡村振兴战略、"一带一路"倡议等。在此

---

① 〔英〕安东尼·吉登斯：《现代性的后果》，田禾译，译林出版社，2022，第4页。

背景下，本书梳理了近十年我国民俗体育文化与新型城镇化的交叉研究，基于其中的得与失，为我国民俗体育文化和新型城镇化建设的关系研究提供相关启示。

笔者主要从中国知网、万方数据库和超星电子图书数据库中以"民俗体育文化""新型城镇化"等为主题词，重点检索了2006年以来国内学者公开发表的民俗体育文化和新型城镇化交叉研究的相关成果，主要有学位论文、期刊论文和会议论文等；在全国哲学社会科学工作办公室官方网站中的"国家社科基金项目数据库"中查阅了历年有关民俗体育文化的课题立项情况；也查阅了学界出版的民俗体育文化相关著作，以便对过去十余年我国民俗体育文化研究有更为全面的了解，梳理民俗体育文化与新型城镇化建设之间的理论与实践渊源。

一 民俗体育文化研究的总体概况

近十年，我国民俗体育文化研究取得了丰硕的成果，具体有以下几个特征。第一，研究议题逐渐多元化。学者对民俗体育文化的认识水平不断提升，紧跟时代步伐、立足民俗体育文化的现实问题。不少学者围绕国家的相关政策和战略部署对民俗体育文化的传承与发展等现实性议题进行了富有成效的探讨，基于民俗体育个案的研究聚焦民俗体育文化的理论和方法论等方面的议题。第二，研究视角逐渐丰富。以胡小明为代表的部分学者以及来自社会学、人类学、民族学等相关学科的学者积极尝试跳出西方现代体育文化的认知模式去解释我国民俗体育文化，力图从民俗体育文化的主体视角去解读该文化体系的"意义结构"，进而揭示民俗体育文化在其延续的社会语境中的意义和价值。第三，研究方法逐渐多样。大多数研究者能够自觉运用母学科已有的研究方法，深入基层进行民俗体育文化的研究，在客观上为我国民俗体育文化做了大量的记录、收集和整理工作；在实践上为我国民俗体育文化的传承做出了积极的贡献。除此之外，量化研究方法也在民俗体育文化的研究中有所运用，出现了一些高质量的研究成果，并且学者尝试构建民俗体育文化研究自身的研究方法和体系。第四，理论探讨方面初见成效。我国民俗体育文化学者借鉴某种理论来观照所研究的民俗体育文化，倾向于借鉴西方的社会学、人类学、民俗学等相关学科理论来研究民俗体育文化。在理论的构建上，我国学者积极致力于探讨民俗体育文化的理论问题，构建民俗体育文化的理论体系。第五，民俗体育文化应用初见成效。基于对我国民俗体育文化存续的担忧，学者聚焦保护、传承和发展我国民俗体育文化等应用研究。大多数民俗体育文化学者紧跟时代、聚焦当下，在新型城镇化、文化强国、体育产业等国家重大部署中积极探索民俗体育文化发展问题，为我国民俗体育文化的传承与发展建言献策，这体现了一种经世致用的自觉意识。第六，呈现跨界研究趋势。来自其他母学科的学者将其研究触角延伸到我国民俗体育文化，促进了我国民俗体育文化研究。中国体育人类学专业委员会有意促进民俗体育文化学界和人类学、民俗学等学界进行跨学科交流与合作。对此，人类学、民俗学等学科的专业期刊也开始刊登体育学的民俗体育文化的研究成果，也有部分学者积极致力于研究国外传统体育文化，将国外相关领域的研究成果介绍到国内，从而使中国民俗体育文化研究呈现出积极的跨界研究趋势。

二 民俗体育文化和新型城镇化的研究概况

近年来，我国民俗体育文化研究不断紧跟时代发展，民俗体育文化传承与新型城镇化建设方面的研究成果也逐渐丰硕起来，为指导新型城镇化建设提供必要的文化环境。在此基础上，下文将梳理民俗体育文化与新型城镇化方面的研究成果。

1. 新型城镇化建设进程中民俗体育文化变迁的研究

随着新型城镇化建设的快速推进，我国民俗体育文化也发生了相应的变化。姚琼等以城镇化进程中民俗体育的演变为研究对象，指出民俗体育演变是多个因素共同作用的结果，以适应时代发展的需要。① 对此，有学者运用个案分析的方式来探讨民俗体育在城镇化进程中的变迁问题，王燕妮借助武汉市舞高龙习俗，探讨陈家湾、李家堤、江欣苑处于不同城镇化发展阶段的民俗体育文化变迁，指出这三个地方的民俗体育文化之所以能

---

① 姚琼、雷军蓉、郭宁：《城镇化进程中民俗体育的演变与发展》，《广州体育学院学报》2019年第4期。

够在城镇化中得以延续和生存，主要是因为社区居民对民俗体育文化的长期热爱，这份热爱也推动了当地民俗体育文化不断适应时代发展的需要。①有学者进一步探讨了新型城镇化进程中民俗体育如何适应时代发展的需要，如朗勇春以江西省临川孝桥镇为个案，通过深入考察发现，该镇的民俗体育的功能价值趋于多元化，民俗体育活动的内容打破了地域限制，并朝着日常化的方向发展；活动的主体也发生了变化，从最初的青壮年变为以中老年和妇女为主，这些改变都在说明城镇化对民俗体育有一定的促进作用，促使孝桥镇的民俗体育适应城镇化的发展而做出相应的转型。②此外，有学者采用民族志报告的方式阐述民俗体育文化的变迁。笔者以一个村落民俗体育活动为例，从人类学的视角来看村落舞龙变迁中所隐含的社会再生产机制，并认为，民俗体育文化之所以能在当地社会存在和发展，主要是因为有一种社会再生产机制发挥着重要的作用，这也促使民俗体育文化能够有效促进农村地区和民族地区的和谐社会建设，并且能根据不同时代做出调整，以适应时代发展的需要。③

从上述研究中可以看出，新型城镇的发展可以推动民俗体育文化发生改变，而这些改变是民俗体育文化主动适应新型城镇化建设发展的需要而做出的，使得民俗体育文化在新型城镇化建设中能够长期保持生命力。

2. 新型城镇化背景下民俗体育文化发展对策研究

任何事物的发展都兼具两面性，新型城镇化建设的推进必然导致其他事物发展缓慢，甚至面临如何发展的问题。面对这些问题我国学者做出了有益的探讨，并提出了相应的对策。施春玉等通过对城镇化进程中的民俗体育现状进行分析，认为民俗体育存在功能上的变异，以及传承方式落后、单一和出现断层等问题。④王晋伟等进一步分析城镇化对民俗体育的影响，认为市民生活方式的变更、民俗体育存在文化危机和传承人危机导致民俗体育发展停滞不前，并提出要从国家、地方政府、社

---

① 王燕妮：《城市化进程中民俗文化变迁研究》，博士学位论文，华中师范大学，2013。
② 郎勇春：《城镇化变迁中的孝桥镇民俗体育》，《上海体育学院学报》2007年第2期。
③ 涂传飞：《社会再生产机制：对民俗体育历史作用的人类学阐释——来自一个村落舞龙活动的民族志报告》，《天津体育学院学报》2011年第1期。
④ 施春玉、郑国华：城镇化进程中我国民俗体育现状及发展策略》，《乐山师范学院学报》2009年第12期。

会、自身组织和学校 5 个层面给予相应的帮助。① 冯宏伟对我国新时代农村地区的民俗体育发展进行研究，指出当前农村民俗体育存在很大的局限性，民俗体育生存的土壤发生改变、缺乏组织机构、无专业指导、设施不完善等阻碍农村地区民俗体育进一步发展。② 因此，有学者从生态学的视角理解城镇化对民俗体育文化发展的影响。张华江等对南水北调工程一线的民俗体育项目进行调查，发现外部文化生态环境的变化必然会导致当地的民俗体育项目产生变化，加上移民的外迁导致原有的民俗体育人口基数变少，从而影响了民俗体育文化的长期发展。③ 为了解决民俗体育文化在新型城镇化建设中存在的问题，姜封庆等对赣南民俗体育存在的困难进行梳理，认为民俗体育面临的危机是由现代文化和外来文化的双重冲击造成的，我国需要完善民俗体育文化的保护制度、培育传承人、开发民俗体育旅游业来促进民俗体育文化的保护、传承与发展。④

新型城镇化建设给民俗体育文化的发展带来了一定程度的冲击，使得民俗体育文化的发展土壤遭到破坏，人口迁移对民俗体育文化的传承产生了不小的影响，让原本继承和接续民俗体育发展的群体在新型城镇化建设中远离乡村，向"上"流动，民俗体育文化的传承主体不断减少。当然，民俗体育文化在新型城镇化建设中也存在自身的不足，我们需要找到一条符合二者发展的道路，解决存在的问题。

3. 新型城镇化背景下民俗体育文化传承的研究

随着城镇化建设的深入，许多农村地区在生产方式、生活方式、思想观念、文化素质等方面与城市逐渐接近，民俗体育活动赖以生存的传统乡村农耕环境正在发生显著变化。⑤ 刘小明认为要传承民俗体育文化，我国应关注生态环境、人才培养和自身项目的挖掘，从政府、学校、乡村旅游

---

① 王晋伟、张凤彪：《城镇化进程中民俗体育发展困境与出路》，《石家庄学院学报》2015 年第 6 期。
② 冯宏伟：《新时代农村地区民俗体育的发展：形式、局限与路径》，《北京体育大学学报》2018 年第 10 期。
③ 张华江、王林、李牧：《南水北调中线工程对汉水流域民俗体育文化的影响》，《体育学刊》2013 年第 2 期。
④ 姜封庆、李海龙、李鹏：《城镇化进程中赣南民俗体育的开发与保护》，《体育成人教育学刊》2015 年第 2 期。
⑤ 陈永辉：《农村民俗体育活动效能研究》，《体育文化导刊》2015 年第 10 期。

等多方面着手。① 黄辉祥认为乡村文化既是乡村社会的重要组成部分,也是推动乡村社会发展的精神动力;合理利用传统的乡村文化资源,重视乡村社区文化的重建工作,对于促进村民自治具有十分重要的意义。② 对此,易宝红以浙江嘉兴地方民俗体育文化为例,探讨城镇化背景下民俗体育活动的传承,他认为在新型城镇化建设中我国必须注重对传统民俗体育文化的保护,让这些传统文化成为新型城镇居民体育和文化生活的重要组成部分,应该让民俗体育的种子在新型城镇社区中生根发芽,在文化土壤中枝繁叶茂。③ 因此,我国学者从不同的视角、用多种方法以及选取个案,进一步深入研究新型城镇化建设和民俗体育文化传承。刘爱华以"人"的视角去理解新型城镇化建设与民俗体育文化传承之间的关系,他认为当下人们的精神迷失,而民俗体育文化本身具有很强的黏性,既是一种观照现代人生活、安放"乡愁"的文化寄托,也是推动新型城镇健康发展的重要途径。④ 郑国华以个案研究的方式对"孝镇"民俗体育活动进行考察,发现新型城镇化建设与民俗体育文化的传承是一种相互平衡的关系,而民俗体育文化的传承关键要发挥人的主观能动性,将人的这种意识与城镇化建设相结合,才能让民俗体育文化传承服务于城镇化发展的需要,实现民俗体育文化自身的发展。⑤ 宋旭民以新型城镇化为背景,研究广东江门的潮连的洪圣诞、礼乐龙舟、开平泮村灯会,发现民俗体育文化虽然在新型城镇化进程中有所变化,但只要潜在群体、特色内容、关键时间、核心空间这4个要素存在,就能为民俗体育文化在新型城镇化建设中提供一条自身发展的路径。⑥ 从上述研究中可以看出,新型城镇化建设和民俗体育文化传承并不是毫无关系的,而是存在一种相互促进的关系。尽管新型城镇化压

---

① 刘小明:《城市化背景下绍兴农村民俗体育的保护与开发》,《绍兴文理学院学报》(教育版)2016年第1期。
② 黄辉祥:《农村社区文化重建与村民自治的发展》,《社会主义研究》2008年第2期。
③ 易宝红:《城镇化背景下传统民俗体育传承研究——以嘉兴地方民俗体育文化为例》,《浙江体育科学》2013年第3期。
④ 刘爱华:《城镇化语境下的"乡愁"安放与民俗文化保护》,《民俗研究》2016年第6期。
⑤ 郑国华:《城镇化与我国民俗体育发展——对江西省"孝镇"民俗体育的个案研究》,《武汉体育学院学报》2007年第6期。
⑥ 宋旭民:《新型城镇化进程中民俗文化传承路径创新研究——以广东江门地区为例》,《广西民族研究》2018年第1期。

缩了民俗体育文化传承的空间，但民俗体育文化自身的特色与新型城镇化建设具有一种相互推动的作用，促进民俗体育文化不断适应城镇化建设的需要。

4. 民俗体育文化对促进新型城镇化建设的研究

随着城镇化建设的稳步推进，越来越多的学者认识到民俗体育文化在新型城镇化建设中的作用和价值内涵。有学者认为在新型城镇化建设中要消除对村落文化的偏见与误解，重视城镇化对乡村民俗体育文化的引导，使其为新型城镇化建设提供应有的文化之源。① 丁世勇以番禺区大石镇为例，探讨新型城镇化与民俗体育文化发展的关系，他认为新型城镇化对民俗体育文化发展具有重要的促进作用，而民俗体育文化的繁荣发展反过来也可以促进新型城镇化建设，这使民俗体育更符合时代的需求而持续健康发展。② 新型城镇化为民俗体育文化提供良好的发展环境，民俗体育文化的发展也为新型城镇化建设提供积极有益的指导。席克忠等对河南省农村民俗体育的发展现状进行分析，认为民俗体育活动的开展具有重要作用，它是进行社会主义新农村建设的重要途径、增强农民体质的重要手段、促进农村区域经济协调发展的有效途径以及传承中华民俗传统文化的重要途径。③ 换言之，处理好新型城镇化和民俗体育文化的关系就可以实现二者的共同发展。对此，林继富等认为处理好新型城镇化和民俗体育文化的互动关系可以促进民俗体育文化与其他事物的有效结合，并在结合的过程中使民俗体育文化得到应有的发展。④ 尽管新型城镇化建设改变了民俗体育文化之前的发展环境，但民俗体育文化自身的特色依然能促进民俗体育文化的发展。⑤ 因此，有的学者关注在新型城镇化背景下的民俗体育

---

① 张士闪：《"顺水推舟"：当代中国新型城镇化建设不应忘却乡土本位》，《民俗研究》2014 年第 1 期。
② 丁世勇：《城镇化对广州民俗体育发展的影响研究——以番禺区大石镇（街）为例》，《北京体育大学学报》2008 年 5 期。
③ 席克忠、董胜利、王永强：《农村民俗体育发展及其对新农村建设的作用——以河南省为例》，《武汉体育学院学报》2011 年第 12 期。
④ 林继富、谭萌：《新型城镇化与民俗文化的传续与创造》，《华南师范大学学报（社会科学版）》2019 年第 1 期。
⑤ 胡建忠、邱海洪：《新型城镇化建设驱动乡村人居环境演变对民俗体育文化的影响研究》，《衡阳师范学院学报》2017 年第 6 期。

旅游的开发，邓凤莲认为民俗体育旅游是一种高层次、高品位、高参与、体验性的文化旅游，为旅游事业和乡村城镇化建设提供一种发展民俗体育文化的新路径。① 唐金勇也指出在新型城镇化进程中发展民俗体育旅游有利于民俗体育文化的保护和传承，为推进民俗体育文化的发展提供了切实可行的发展道路。② 总之，新型城镇化与民俗体育之间是一种"你中有我，我中有你"相互促进的关系。新型城镇化建设离不开优秀的民俗体育文化的指导，同时民俗体育文化的特色也为新型城镇化建设提供丰富的文化资源，使新型城镇化建设具有乡土气息，使人们找到家的感觉。

三 民俗体育文化与新型城镇化研究存在的不足

尽管上述学者对民俗体育文化和新型城镇化开展了研究，取得了丰硕的研究成果，并为我们今后研究民俗体育文化传承和新型城镇化建设提供了可参考的依据，但这些研究还存在许多不足之处。

1. 研究议题存在的不足

从近年来我国民俗体育文化和新型城镇化的研究议题来看，相关研究仍然存在较为明显的同质化的问题。学者们主要关注的议题集中在民俗体育文化和新型城镇化的变迁、困境对策、文化传承和发展等方面。从研究议题容量来看，相当一部分研究成果事关我国民俗体育文化生存、发展的重大而迫切的议题，主要包括城镇化进程中我国民俗体育文化的保护、传承和发展的路径及模式等。即使有许多研究成果的立足点是民俗体育文化的相关事项，但研究陷入"贪大求全"的误区，很多研究仅在个案研究基础上提出我国民俗体育文化在新型城镇化进程中应该"怎么办"的议题，比如如何保护、传承和发展我国民俗体育文化。然而，问题还没有弄明白，这些研究就急于给我国民俗体育文化在新型城镇化建设中的保护、传承和发展"开药方"。与此同时，上述研究就事论事，并未把新型城镇化建设和民俗体育文化放到一个更大的时空背景中进行思考，也未以更广阔

---

① 邓凤莲：《河南省民俗体育旅游资源的优势与开发对策研究》，《山西师大体育学院学报》2008年第1期。
② 唐金勇：《新型城镇化进程中民俗体育旅游可持续发展研究》，《南宁职业技术学院学报》2014年第3期。

的视野理解新型城镇化建设和民俗体育文化传承之间的关系。

2. 研究方法存在的不足

在具体的研究方法上也存在以下不足：第一，许多研究新型城镇化建设和民俗体育文化的学者在运用常规方法进入田野工作地时以一种"先入为主"的角度来审视民俗体育文化传承和新型城镇化建设之间的关系。第二，有些学者不规范地运用研究方法，仅通过常规调研方式，比如召开座谈会、随机访谈、运用地方统计数据和调查问卷，进行研究。第三，一些研究在论证上缺少方法论的支撑，导致有些研究偏向于讲故事，并未体现其学理性，也没有产生新的知识见解。虽然民俗体育文化是一个非常复杂的文化现象，但研究方法的完善能为我们了解新型城镇化建设和民俗体育文化之间的关系提供有效的手段，也使研究方法更清晰，从而提升研究的说服力。

3. 研究视角存在的不足

目前以宏观的视角研究新型城镇化建设与民俗体育文化的相关成果居多，对于新型城镇化的各种具体形态的研究成果较少，而且新型城镇化进程中的民俗体育文化传承的研究的成果更少。目前的研究偏向于以宏观叙述的视角来呈现新型城镇化对民俗体育文化传承的影响，缺少从新的视角去理解民俗体育文化在新型城镇化进程中的传承。由于民俗体育文化与其赖以存在的社会文化的关系密切，在新型城镇化建设中探讨民俗体育文化的保护与传承往往涉及权力话语体系、宗教仪式、传统化实践/建构等，而这些研究视角在目前新型城镇化与民俗体育文化的研究中运用得较少。此外，民俗体育文化与新型城镇化存在互动关系，目前学者对此研究得不深入，更多是从新型城镇化的角度来看待民俗体育文化，而缺少以更广阔的视野来理解民俗体育文化传承对新型城镇化建设的重要性以及新型城镇化建设对民俗体育文化传承的关键作用。

4. 应用研究存在的不足

在漫长的社会发展历程中，我国民俗体育文化曾经发挥过积极的作用。近年来，我国民俗体育文化与新型城镇化的研究不断走向融合，相关学者提出了一些有价值的对策建议，在客观上促进了新型城镇化建设与民俗体育文化传承的相互融合，但其中也存在一些问题。第一，相关建议和对策只是针对所要研究的个案，并未把个案置于更广阔的时空视野中来思考其应用问题。第二，对新型城镇化建设与民俗体育文化传承的研究过于片面地追求民俗体育文化的经济价值，而忽视了其内在文化价值和精神价值，这可能会使民俗体育文化在新型城镇化建设进程中失去本身所具有的文化属性，逐渐成为一种产业产品，这不利于民俗体育文化传承与新型城镇化建设。第三，在民俗体育文化传承与新型城镇化建设的过程中，对于具体路径的研究目前较少，虽然有关于路径的研究，但都关注新型城镇化建设对民俗体育文化传承的影响，而对于民俗体育文化如何适应新型城镇化建设这方面的具体路径探讨较少，导致在现实中民俗体育文化在新型城镇化建设中被边缘化。

四 新型城镇化与民俗体育文化研究的展望

1. 研究议题的细化

近年来，我国民俗体育文化和新型城镇化研究存在研究议题同质化、"贪大求全"的误区，导致出现对问题解释力不足的倾向。今后我国民俗体育文化和新型城镇化研究应该细化已有的研究议题和拓展新的研究议题。在细化已有的研究议题上，研究者可以着眼于个案中的某个问题来研究，并且后续也有研究者研究不同个案中的同一问题，那么随着对这个问题研究的深入，所涉及的研究议题也就不断深化和明朗。

在拓展新的研究议题上，除了紧跟国家出台有利于民俗体育文化传承和新型城镇化建设的大政方针以外，还应该紧跟人类学、民俗学等学科领域呈现的研究议题中的新趋势、新动向，从中获得有益的借鉴和启示。例如，当今人类学、民俗学研究议题的重要方向是关注全球化和后现代背景下的相关民生议题，今后对我国民俗体育文化和新型城镇化的研究也可以尝试有关民生方面的研究。此外，研究者可以利用互联网的优势综合开发民俗体育文化传承和新型城镇化建设中的旅游事业，这样既有利于民俗体育文化的传承，也可为新型城镇化建设提供一种新的发展路径。

2. 研究视角的更新

近年来，对我国民俗体育文化和新型城镇化的研究呈现出多样化的趋势，但是研究者需要更新研究视角，提升对问题的解释力。尽管目前的研究视角偏向于宏观性的叙述，但有利于我们直观且深入了解民俗体育文化和新型城镇化之间的关系。所以,今后我们在探讨民俗体育文化与新型城镇化的利弊时,可以引入微观的视角来研究新型城镇化的各种具体形态,深入城中村、城郊村、村改居和新型农村社区研究民俗体育文化的传承与发展,以个案的方式呈现新型城镇化建设进程中民俗体育文化传承与发展的新趋势。此外,新型城镇化进程中的民俗体育文化的传承与发展往往涉及权力话语体系、宗教仪式、传统化实践/建构等,而关注这些有关民俗体育文化的视角可以为我们更好地洞察新型城镇化建设过程中民俗体育文化是如何不断适应其建设的需要的。与此同时,民俗体育文化的发展本身与新型城镇化建设有着密切的联系,尽管有些研究提到民俗体育文化有利于促进新型城镇化建设,但是学者很少深入探讨民俗体育文化传承和新型城镇化建设的关系,所以笔者认为要更新研究视角,可以采用互动发展的视角来研究新型城镇化建设与民俗体育文化如何相互促进和共同发展,在发展的过程中双方又是如何达到一种"你中有我,我中有你"的平衡。

3. 研究方法的完善

一个研究领域的研究水平的提升与研究方法的完善是相辅相成的,因而在今后我国民俗体育文化和新型城镇化的研究中我们要不断完善已有的研究方法,提高方法论上的严谨性。首先,我们要对已有的研究方法进行完整的表述,并且明确具体研究方法,这样可以对我们今后改进研究方法提供有益的指导。其次,我们可以积极尝试将一些新的研究方法运用到我国民俗体育文化传承和新型城镇化建设的研究,如比较研究法等。[①] 在新型城镇化进程中,同一民俗体育文化在不同的地域有可能会处于截然不同的境地,我们就有必要采用比较研究法来探究其背后的原因。最后,近年来我国学者进行了大量的民俗体育文化个案研究,我们可以尝试前往先前学者的田野工作地进行回访和再研究,通过修正或完善前人的研究来推动民俗体育文化和新型城镇化的研究。

4. 加强应用研究

学术研究的一个重要目标是为应用服务,而民俗体育文化和新型城镇

---

① 杨海晨、王斌、胡小明等:《论体育人类学研究范式中的跨文化比较》,《体育科学》2012年第8期。

化的研究不仅是学术探讨这么简单，其更高的旨趣在于通过对民俗体育文化传承与新型城镇化建设中具体问题的研究来加强实际的应用。好的应用研究应建立在扎实的个案研究基础上。所以，我们需要沉下心来以具体、精准的问题意识为抓手，加强我们对新型城镇化建设和民俗体育文化方面的应用研究。然而，研究者要知道研究的具体问题"是什么"，并对其进行解构，然后再探寻这个问题的原因。再则，我们只有基于这种研究取向来进行新型城镇化建设和民俗体育文化产业的开发，才不会落入"加强领导、扩大宣传、加大资金投入"等这类俗套的对策建议之中，也不会失去民俗体育文化本身的价值内涵。当前我国社会处于剧烈变迁之中，加强应用研究有助于更好地指导新型城镇化建设和民俗体育文化传承，也有利于我国农村社会秩序的稳定，并且使我国民俗体育文化研究与当代社会问题有效衔接。

第五节　研究方法

一　文献资料法

笔者查阅了有关新型城镇化建设及民俗体育文化相关的外文文献，主要有学术论文、学位论文、专著，以及 Project Muse 电子书数据库、Proquest 学位论文数据库、Elsevier 期刊数据库、Ebsco 期刊数据库、Taylor & Francis 期刊数据库、Springer 期刊数据库、Wiley 期刊数据库、Heinonline 期刊数据库、Sage 期刊数据库、Jstor 期刊及电子书数据库中的相关外文文献。国内文献的数据库主要有中国知网、万方数据库、超星电子图书数据库等。笔者也在全国哲学社会科学工作办公室官方网站中的"国家社科基金项目数据库"中查阅了历年来有关新型城镇化及民俗体育文化的国家社科基金课题情况，为本书奠定了坚实的文献基础。

二　个案研究法

笔者在广泛查阅外文文献后发现，国外没有民俗体育文化相对应的外文专门术语，国外一般是用传统体育（traditional sport）等术语表述，总体上国外学界更注重对某个具体的传统体育案例的研究。笔者考虑到中外文表述差异及民俗体育和传统体育之间相互交叉的关系，在国外方面，重点把日本相扑在日本城镇化进程中的现代化转型、爱尔兰式曲棍球（Hurling）等传统体育参与美国城镇化建设的个案、英国传统体育在城镇化进程中的现代化转型作为本书的国外个案。在国内个案方面，笔者主要选取了城中村的个案——北京市 G 村高跷活动的传承、单一村落安置型村改居社区个案——江西省南昌市 L 村双龙戏珠舞龙活动、城镇化进程中一个多村落被拆迁集中安置的混居型村改居社区的舞龙活动与祭拜族谱活动的变迁、新农村社区/城郊村的个案——Y 村等五个兄弟村落的传统龙舟赛在城镇化进程中的国家化实践等作为本书的核心个案。在这些核心个案的基础上，本书力图总结国内外在城镇化建设过程中保护和传承民俗/传统体育文化的经验和教训以及在当前新型城镇化建设进程中传承民俗体育文化所面临的困境等。

关于个案代表性问题的澄清，具体如下。笔者选取了若干国内外个案进行研究，特别是选取了舞龙、高跷和龙舟赛等中国民俗体育文化项目进行细微的个案研究，那么这些个案能否代表总体呢？这其实也是以埃德蒙·利奇（Edmond Leach）为代表的西方人类学者对费孝通等学者开创的研究农村问题的中国本土人类学派所提出的责难："中国这样广大的国家，个别社区的微型研究能否概括中国国情？"[①] 费孝通在《重读〈江村经济·序言〉》中做了如下回应，即人文世界中的"整体"并不是数学上一个一个加起而成的"总数"。埃德蒙·利奇混淆了数学上的总数和人文世界的整体。费孝通甚至认为即便把中国乡村多种多样的类型都研究遍了，把所有类型都加在一起，都不能得出"中国社会和文化"的全貌。[②] 对此问题，王铭铭进一步指出人类学是从"一个"中发展出来的……人类学之所以与其他学科有所区别，是因为它不追求虚假的社会整体代表性。对于中国本土人类学者而言，所研究的社区或个案是否

---

① 费孝通：《重读〈江村经济·序言〉》，《北京大学学报》（哲学社会科学版）1996 年第 4 期。
② 费孝通：《重读〈江村经济·序言〉》，《北京大学学报》（哲学社会科学版）1996 年第 4 期。

能够代表中国总体社会现实并不重要，只要能够反映出一些真实的问题就算是"成功"的研究。① 为此，中国本土人类学派主张在使用微观的个案研究法时要包容宏观的社会和历史的视角，力图在个案研究中管窥中国城镇化和现代化建设这一大的社会变迁及其中所涵盖的国家与地方的互动关系，通过微观的个案描述反映大社会的面貌，或者是在小地方发现大社会。② 本书正是试图以这种视角来考察所选取的个案（特别是国内个案），探寻新型城镇化建设与民俗体育文化传承的互动关联及其背后的机理。

三 田野调查法

笔者多次前往国内个案所在的田野工作地进行多轮实地考察，获取了大量相关的素材，并对所研究的个案有了较为深入的了解。

四 深度访谈法

在开题论证、中期论证以及研究报告撰写过程中，笔者多次走访国内相关领域的专家学者；在个案考察中也多次走访相关人员，主要有政府部门工作人员、有民俗体育专长的高校教师、相关组织的工作人员、民俗体育文化个案所在地的相关活动参与组织者和民众等。

五 参与观察法

为了获得与本书有关的信息，笔者多次前往北京市 G 村、南昌市 L 村及南昌县 Y 村等村落现场观察当地民俗体育文化的开展情况，了解当地民众的日常生活、业余时间的社会交往和娱乐生活情况。

六 回访研究法

笔者曾经在南昌县向塘镇 T 村（现在的丽湖花园）进行了长期的民俗体育文化调查研究。研究团队成员孙风林博士也长期在北京市 G 村进行大量关

---

① 王铭铭：《社会人类学与中国研究》，广西师范大学出版社，2005，第 214 页。
② 王铭铭：《社会人类学与中国研究》，广西师范大学出版社，2005，第 52 页。

于高跷活动的田野调查，现在这些村落因为拆迁或城中村改造而发生了前所未有的变迁，因此，我们非常有必要进行回访研究。多年来我国民俗体育文化学者进行了大量的个案研究，与此同时我国一些农村地区也发生了更为剧烈的变迁，因此，现在前往先前学者所研究的民俗体育文化个案所在地进行回访和再研究可以修正和接续前人的研究并推动民俗体育文化研究的发展。

第六节 研究思路

经过多次讨论和多轮次的访谈专家，本书的研究思路（如图1-1所示）如下。

第一，第一章导论介绍本书的选题依据、选题意义、理论背景、文献综述、研究方法和研究思路。

第二，民俗体育文化与新型城镇化建设概况部分。该部分重点阐述了新型城镇化建设是一个城乡文化整合的过程、新型城镇化建设过程中城乡文化整合的可能、民俗体育文化的本质内涵、民俗体育文化传承与新型城镇化建设的互动关联、民俗体育文化传承与新型城镇化建设的互动经验及影响民俗体育文化参与新型城镇化建设的因素，从而为本书奠定立论基础。

第三，国外民俗体育文化参与城镇化建设的个案部分。该部分主要考察了城镇化进程中日本相扑现代化转型的个案、美国城镇化建设中的爱尔兰传统体育文化个案及英国城镇化进程中传统体育文化的现代化个案。

第四，国内民俗体育文化参与城镇化建设的个案部分。该部分考察了村中村、村改居和新型农村社区（城郊村）中民俗体育文化在新型城镇化进程中转型的个案，主要梳理了南昌市L村舞龙在城镇化中的传承个案、一个城中村高跷在城镇化中的传承个案、城镇化进程中一项城郊村际传统龙舟赛的国家化实践、南昌县T村舞龙在城镇化中的传承个案。

第五，民俗体育文化参与新型城镇化建设的传承部分。在国内外个案考察的基础上，笔者从理论上探讨了民俗体育文化参与新型城镇化建设的传承路径，创新地提炼出"改变形式、改变内容、保留功能""保留形式、保留内容、改变功能""保留形式、改变内容、改变功能""保留形式、改变内容、保留功能""保留形式、保留内容、保留功能""综合化的传承路径"等传承路径。根据对当前我国民俗体育文化参与新型城镇化建设中的困境的分析，从实践上提出了通过传承民俗体育文化促进我国新型城镇化建设的对策建议。

第六，结论与展望部分。这部分进一步总结了民俗体育文化传承与新型城镇化建设相关的理论与实践问题，也指出了本书研究的不足之处及在后续研究中需要努力改进的方向。

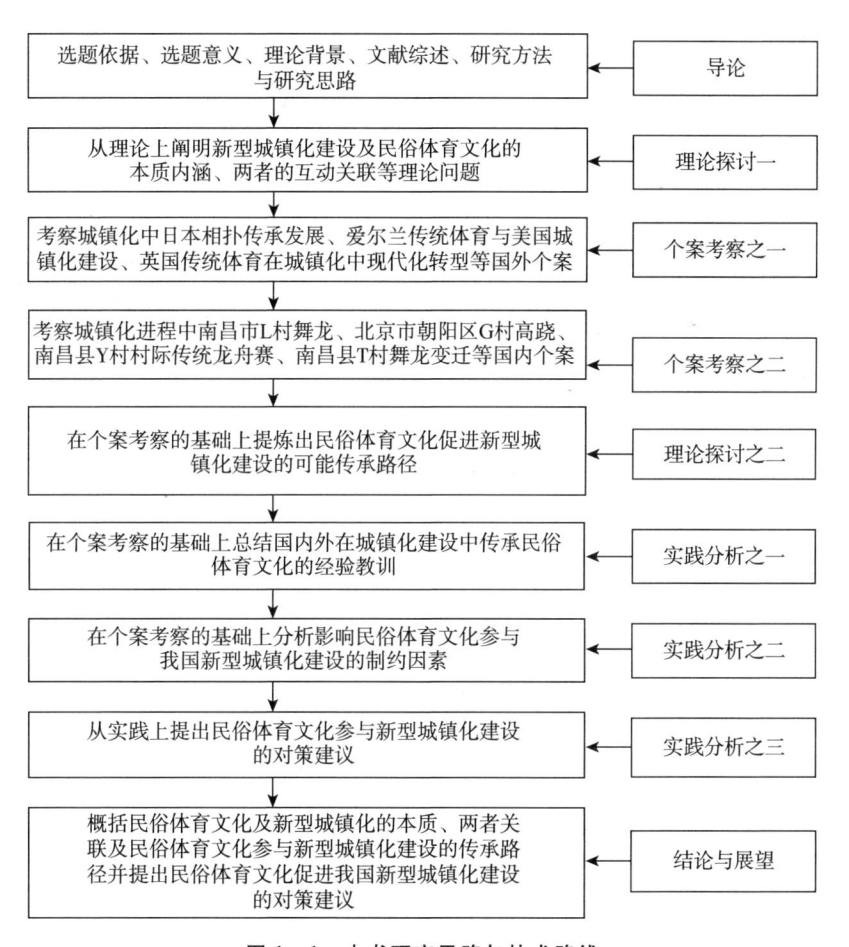

选题依据、选题意义、理论背景、文献综述、研究方法与研究思路	导论
从理论上阐明新型城镇化建设及民俗体育文化的本质内涵、两者的互动关联等理论问题	理论探讨一
考察城镇化中日本相扑传承发展、爱尔兰传统体育与美国城镇化建设、英国传统体育在城镇化中现代化转型等国外个案	个案考察之一
考察城镇化进程中南昌市L村舞龙、北京市朝阳区G村高跷、南昌县Y村村际传统龙舟赛、南昌县T村舞龙变迁等国内个案	个案考察之二
在个案考察的基础上提炼出民俗体育文化促进新型城镇化建设的可能传承路径	理论探讨之二
在个案考察的基础上总结国内外在城镇化建设中传承民俗体育文化的经验教训	实践分析之一
在个案考察的基础上分析影响民俗体育文化参与我国新型城镇化建设的制约因素	实践分析之二
从实践上提出民俗体育文化参与新型城镇化建设的对策建议	实践分析之三
概括民俗体育文化及新型城镇化的本质、两者关联及民俗体育文化参与新型城镇化建设的传承路径并提出民俗体育文化促进我国新型城镇化建设的对策建议	结论与展望

图1-1 本书研究思路与技术路线

第二章
民俗体育文化与新型城镇化建设概况

第一节 新型城镇化建设是一个城乡文化整合的过程

结合刘易斯·芒福德的城市化理论，笔者认为新型城镇化建设的本质是一个城乡文化整合的过程，这体现在新型城镇化建设过程中城市文化的辐射及乡村文化的弘扬。

一 新型城镇化建设过程中城市文化的辐射

新型城镇化建设"更加强调人们的生产与生活方式由农村型向城镇型转化，也是城镇文化、城镇价值观在地域上的扩散过程"[①]。新型城镇化建设的关键就是要发挥城市群整体的扩散和辐射作用，以城市带动乡村最终实现城乡一体、城市和农村协调发展。现代城市无所不包，不断更新，是人类文明的结晶。作为现代文明的代表，城市积累了丰富的城市文化资源。在新型城镇化的文化建设和整合中，创新文化管理机制、制度安排以及城市文化可以消解新型城镇化中乡村出现的部分文化问题。文化不仅是书本知识或文学水平，而且是人的内在思维方式和意识形态上的文明。城市文化向乡村辐射，可以促进城乡文化之间的交流，提升乡村人口的思想意识，培养乡村人口适应城镇化和现代社会的思想观念，这将有助于消除

---

① 新玉言：《新型城镇化：理论发展与前景透视》，国家行政学院出版社，2013，第45页。

城乡差异。城市文化在乡村地区的辐射也体现在企业文化的渗透上，加强城市企业文化辐射是建立乡镇企业文化、改变乡镇企业形象的主渠道。随着新型城镇化建设的推进，乡村居民的思想观念将不断更新，这将大大改变人们的思维和行为方式。城市积累的经济、文化、科学、教育、人才等资源优势将促进周边乡村文化、教育和科技的发展。与此同时，城市文化的发展将现代城市文明传播到乡村，可以逐步提高乡村居民的生活水平。

二　新型城镇化建设过程中乡村文化的弘扬

在我国原先的城镇化建设过程中，人们没有充分认识到乡村传统文化的价值并将其置于从属的位置，这在一定程度上加剧了城乡文化的二元对立，拉大了城乡文化发展的差距。新型城镇化战略将乡村文化置于与城市文化同等重要的高度，提出走中国特色的新型城镇化建设道路就必须传承和弘扬乡村文化，以此延续城市的历史文脉。中共中央、国务院印发的《乡村振兴战略规划（2018～2022年）》明确提出要"立足乡村文明，吸取城市文明及外来文化优秀成果，在保护传承的基础上，创造性转化、创新性发展，不断赋予时代内涵、丰富表现形式，为增强文化自信提供优质载体"。城市是一个复杂的有机体，其中文化是城市的底蕴。城市只有与所在地区的乡村传统文化相融合，才能体现出该城市的独特魅力。从整个国家层面来看，我国辽阔的地域及以农村社会为主的结构特征决定了我国在新型城镇化建设中要尊重和充分利用各地特别是乡村地区所蕴含的丰富的传统文化资源，在此基础上走一条适合中国国情的新型城镇化发展道路。从地域性来看，特色鲜明的地域文化融入城镇化建设也会成为各地新型城镇化建设不可或缺的软实力。因此，在新型城镇化建设中，保护、传承与发展乡村地区的传统文化，契合当代我国新型城镇化建设的本质内涵，有利于打造各地城镇化建设的特色。如浙江省近年来在新型城镇化建设中积极探索利用当地的乡村传统文化打造特色小镇的城镇化发展道路，为我国在新型城镇化建设过程中更好地保护和传承乡村传统文化提供了有益的经验和启示。

第二节　新型城镇化建设过程中城乡文化整合的可能

一　新型城镇化建设为城乡文化整合提供了物质基础

马克思和恩格斯认为，社会主义物质财富的增加、市场经济的发展等，为城乡文化整合提供了坚实的物质基础。[①] 改革开放以来，我国城乡居民的生活水平有了显著的提升。近年来，随着城镇化建设的推进以及与之相伴的拆迁和农村土地的出让，农村的生活水平逐渐接近城市居民的生活水平。我国的公共服务资源也开始越来越多地向农村地区延伸，许多农村地区的娱乐设施和现代化生活设施逐渐配套和完善。随着农民收入水平的提高，农民的文化生活方式也逐渐多元化，农民在教育、科技、文化、娱乐、健身等的消费和支出逐渐增加。乡村的消费结构和社会需求正在发生深刻的变化，并逐渐与城市接轨。随着新型城镇化建设的深入推进，基础设施逐步实现城乡联网改造，越来越多的行政村通硬化路、通班车、通邮、通快递，甚至天然气也向有条件的农村地区覆盖。农村人居环境优化，农村垃圾和污水收集处理设施以及防洪排涝设施建设逐渐完善，河湖水系的整治及对传统村落民居和历史文化名村名镇的保护力度逐渐加大，我国逐渐打造美丽宜居乡村。农村教育、医疗卫生、文化等事业进一步发展，城乡基本公共服务均等化进一步推进。这些都为城乡文化整合提供了较为重要的物质基础，也为城乡文化的融合和扩散提供了优越的条件。

二　新型城镇化建设为城乡文化整合提供了文化土壤

刘易斯·芒福德早在80余年前就前瞻性地指出，城市就是一个文化的容器，为新旧文化、城市和乡村文化的共生共存提供了土壤。越来越多的人认同刘易斯·芒福德的这个观点，并认为文化是一座城市的魅力所在。我国正在推进的新型城镇化是包容性的城镇化，不仅体现在发展目标、政

---

① 〔德〕《马克思恩格斯全集》第13卷，中共中央马克思恩格斯列宁斯大林著作编译局译，人民出版社，1962，第215页。

策制度、方法手段的包容性上，还体现在大中小城市之间、城市与乡村之间的相互包容及协调发展上。新型城镇化强调多元一体的城镇化，新型城镇化既要弘扬城市文化、传承乡村优秀的传统文化，也要兼容外来文化，更要开创现代文化。城市是传统文化与现代文化的聚集地，一个美丽和富有活力的城市必然是文化包容的城市，是一个乡村传统文化、现代城市文化和外来文化百花齐放、交相辉映的文化储存之所。我国提出的《国家新型城镇化规划（2014~2020年）》《国家乡村振兴战略规划（2018~2022年）》等一系列关于新型城镇化和乡村振兴的重大部署和顶层设计明确提出，要"根据不同地区的自然历史文化禀赋，体现区域差异性，提倡形态多样性，防止千城一面，发展有历史记忆、文化脉络、地域风貌、民族特点的美丽城镇，形成符合实际、各具特色的城镇化发展模式"，并提出要"注重在旧城改造中保护历史文化遗产、民族文化风格和传统风貌，促进功能提升与文化文物保护相结合。注重在新城新区建设中融入传统文化要素，与原有城市自然人文特征相协调"。乡村文化的传承是新农村建设的重要内容，而新农村建设也是新型城镇化建设的重要组成部分。改革开放以来，随着大量的农民外出务工，城市与乡村之间的文化交流前所未有地深入，进城务工农民吸收了城市文化，转变了一些落后的思想观念，并将城市先进的文化和信息带回乡村，有效地促进了乡村文化的发展和城市文化在乡村地区的传播。近年来，我国的新型城镇化建设进程快速推进，有一批较为发达的小城镇和新型农村社区迅速崛起，它们成为当前传承乡村优秀文化的重要基础，并且与周边大中小城市之间的交流互动，也进一步促进了乡村文化在大中小城市的传承和发展。因此，从理论上来讲，新型城镇化建设可以为城乡文化整合提供肥沃的土壤。

三 新型城镇化建设为城乡文化整合提供了政策支持

在新型城镇化建设过程中，有效的政策制度有助于促进城乡一体化、城市文化和乡村文化的整合。自从党中央提出新型城镇化建设战略以来，国家陆续出台了一系列重大的战略部署和重要的政策，力图从顶层设计上进一步强调新型城镇化建设的"整体的明确性"和可操作性。在中央层面，许多与城乡文化整合相关的重要政策和部署陆续实施，如《国家新型城镇化规划（2014~2020年）》《国家乡村振兴战略规划（2018~2022年）》《关于实施中华优秀传统文化传承发展工程的意见》等一系列重要的政策。各个部委或地方政府也出台了一系列与新型城镇化建设及城乡文化整合相关的政策，如2016年7月，住房和城乡建设部、国家发展和改革委员会、财政部联合发布《关于开展特色小镇培育工作的通知》。在此背景下，各省也陆续出台了与特色小镇相关的各种政策，如浙江省在这方面的政策设计在国内处于领先的地位。[①] 在党中央做出相关重大战略部署和顶层设计后，地方政府也陆续出台了相应的政策，如《国家乡村振兴战略规划（2018~2022年）》颁布之后，各个省、自治区、（直辖）市陆续研究和出台与之相适应的配套政策，其中有代表性的是山东省出台的《山东省乡村振兴战略规划（2018~2022年）》《山东省推动乡村产业振兴工作方案》《山东省推动乡村人才振兴工作方案》《山东省推动乡村文化振兴工作方案》《山东省推动乡村生态振兴工作方案》《山东省推动乡村组织振兴工作方案》等一系列与新型城镇化和城乡文化发展相关的政策或制度安排。各地各部门结合实际贯彻执行相关政策。无论是中央还是地方出台的与新型城镇化和文化建设相关的顶层设计和各种政策制度，都为我国新型城镇化建设过程中的城乡文化整合奠定了较为坚实的政策制度基础。

四 城镇人口的特征为城乡文化整合提供了社会心理基础

城乡二元结构是中国社会的基本结构。消除城乡对立的二元结构一直以来都是国家与社会共同努力和奋斗的目标。城乡二元结构历来都不是简单的社会经济结构，它在任何时候都是一种文化结构。"城里人"和"乡下人"、市民和乡民、居民和村民历来都是文化身份的建构。但是，中国城市和乡村在文化上尤其是在人们的心理结构上，从来都不是非此即彼的截然对立的结构，而是在彼此认同上相互建构。这与中国社会变迁过程中城乡运动的相容性密切相关。也就是说，农村从来都不是纯粹意

[①] 《2018年浙江省特色小镇政策汇总与建设现状》，豆瓣网，https://www.douban.com/note/714840550/。

上的农村，城市也不是完全意义上的城市，而是"你中有我，我中有你"。这是由于绝大多数的"城里人"出自农村，即便今天，中国人特有的那种乡愁情结都源于"原籍"——一个乡村家园。"城里人"的乡村认同使得乡村（文化）天然地具有精神家园的性质与特征。尽管人们还是不习惯乡村的落后，但是不能忘怀乡村的文化遗产，从这个意义上说，新型城镇化本质上一定是一种新兴文化的孕育过程，即城市文化与乡村文化的整合过程。[1]

北京大学中国乡村建设研究中心李昌平研究员认为，中国已经进入城市化与逆城市化并行的时代。他预言，从人们的精神层面看，中国将出现一个逆城市化的文化需求高峰。尽管城镇化是中国现代化进程中的必由之路，但无论是城镇居民还是乡村居民都对乡村的民俗文化传统有天然的亲近感。在新型城镇化建设过程中，越来越多的农民不会回到原始的生态农村生活，但他们和城镇居民一样都在寻找失落的乡村文化传统以及童年的回忆。更重要的是，城镇居民和入镇居民都有对蕴含着中华民族伟大精神财富的民俗传统文化的新要求，即从中寻找勤奋、友善、仁慈、和谐、朴素和守望相助的精神和品质。这就是党中央提出的"要记得住乡愁"。

第三节　民俗体育文化的本质内涵

西方体育理论界在自身的理论建构中存在一些基本理论问题需要厘清，如体育的本质属性。已经有部分西方学者意识到对此类问题研究的重要性和迫切性，如英国体育社会学家理查德·吉廉诺蒂（Richard Giulianotti）[2]、约瑟夫·马奎尔（Joseph Maguire）[3] 等就这方面的理论问题进行了

---

[1] 胡惠林、单世联：《新型城镇化与文化产业转型发展》，上海人民出版社，2014，第 2~3 页。

[2] R. Giulianotti and R. Robertson, eds., *Globalization and Sport*, Malden, MA: Blackwell, 2007, pp. 107-122.

[3] J. Maguire, *Power and Global Sport: Zones of Prestige, Emulation and Resistance*, Abingdon: Routledge, 2005, pp. 159-176.

探讨。中国民俗体育文化有其自身的特殊性，也有几个本质问题是迫切需要进一步探讨的，因为这几个问题事关我们对我国民俗体育文化的认识，进而可能影响我们在民俗体育文化研究中的价值取向和今后我国民俗体育文化的传承发展工作等。

一 民俗体育文化的本质属性

笔者认为，民俗体育是为一定民众所传承和享用的一种具有普遍模式的生活化、仪式化的传统体育文化。传统体育是指人类业已创造的能够经由历史凝聚而传承、流变的一种体育文化形式。民俗体育具有传统性特征，因而也属于传统体育范畴，它在时间上可以世代延续，在空间上也可以传播。① 目前我国从事民俗体育文化研究的学者多是来自受到体育专业学术训练的学者，可以说是"半路出家"的非专业人员。从近年来对民俗体育文化相关概念的讨论②来看，我国民俗体育文化研究界基本上还是倾向于把民俗体育文化当作一个体育项目来看待。③ 这也在某种程度上导致了学界目前只是停留于对民俗体育文化一般属性的认识，但对其最核心的属性的研究不充分。甚至有的研究成果对其认识不够全面，如有的研究认为健身性是我国民俗体育的元本质，是其区别于其他民俗事项的根本维度，竞技性是其作为体育的本质属性。④

人类学一直秉承和强调尊重文化持有者的内部眼界，避免把人类学的观念强加于作为他者的文化主体。民俗体育文化是不是如外来研究者所认为的体育项目呢？从本书所研究的民俗体育文化个案来看，民俗体育文化

---

① 涂传飞：《民间体育、传统体育、民俗体育、民族体育概念再探讨》，《武汉体育学院学报》2009 年第 11 期。
② 罗孝军：《民间体育、民族体育、民俗体育与传统体育等概念及其相互关系辨析》，《沈阳体育学院学报》2016 年第 2 期；涂传飞：《民间体育、传统体育、民俗体育、民族体育概念再探讨》，《武汉体育学院学报》2009 年第 11 期；王俊奇：《也论民间体育、民族体育、传统体育概念及其关系——兼与涂传飞、陈红新等商榷》，《体育学刊》2008 年第 9 期；陈红新、刘小平：《也谈民间体育、民族体育、传统体育、民俗体育概念及其关系——兼与涂传飞等同志商榷》，《体育学刊》2008 年第 4 期。
③ 张华江：《我国民俗体育优势项目的国际化发展探析》，《河北体育学院学报》2012 年第 5 期。
④ 高亮、麻晨俊：《解释学视角下的我国民俗体育本质解构》，《武汉体育学院学报》2014 年第 4 期。

并不仅是简单的体育项目，它与文化主体的民间信仰、宗族文化等密切相关，甚至只是其中的一个组成部分。我国农村蕴含着丰富的民俗体育文化资源，许多农村社区有其特色鲜明的民俗体育文化，并成为各个农村社区标志性的文化符号。如 G 村的高跷、T 村和 L 村舞龙、Y 村龙舟赛等这些民俗体育文化往往与地方民众的民间信仰、家族文化结合在一起，其中蕴含着丰富的处理好人与神、人与人关系的东方哲学与智慧精华。法国人类学家、年鉴派代表人物马塞尔·莫斯（Marcel Mauss）在阐述夸富宴和库拉交易的本质属性时敏锐地指出夸富宴和库拉交易本质上都是一种"总体呈献体系"，它们往往与巫术、宗教神话、传说等交织在一起，表现为一种整体性、综合性的社会现象，"涉及大量的、本身极其复杂的事实。而所有这些事实又交融在一起，共同形成了先于我们的社会，乃至原古社会的社会生活。这些总体性社会现象能够同时展现出各种制度，如宗教、法律、道德和经济"①。美国人类学家威廉·A. 哈维兰②（William A. Haviland）也在其著作中重申了马塞尔·莫斯的观点。据此，从所研究的民俗体育文化个案以及上述代表性人类学家的观点来看，笔者认为民俗体育文化在本质上是文化综合体，而不是简单的民俗体育项目。如中国广泛开展的民间舞龙的民俗体育文化就体现了其文化主体处理好人与神、人与自然、人与人之间各种关系的方式，蕴含着厚重的思想精华和道德精髓，因此它是和谐有序的地方社会秩序的非正式制度安排。

二 民俗体育文化的本质特征

目前，有学者称乡土传统的复兴为"传统的再造"，也就是说，乡土传统可以在新时期特定的状况下，被民间加以再创造，或恢复原来的意义，并扮演新的角色。③ 人们常常把传统视为古老的事物。爱德华·希尔斯认为传统必须延续三代以上。然而，英国历史人类学家埃里克·霍布斯

---

① 〔法〕马塞尔·莫斯：《礼物：古式社会中交换的形式与理由》，汲喆译，上海人民出版社，2005，第 4~5 页。
② 〔美〕威廉·A. 哈维兰：《文化人类学》，瞿铁鹏、张钰译，上海社会科学院出版社，2006，第 23 页。
③ 王铭铭：《落视野中的文化与权力——闽台三村五论》，三联书店，1998，第 76 页。

鲍姆在《传统的发明》中提出了一个令人震撼的观点，即"传统不是古代流传下来的不变的陈迹，而是当代人活生生的创造，那些影响我们日常生活的、表面上久远的传统，其实只有很短暂的历史，甚至许多传统的确含有谎言的成分"①。安东尼·吉登斯也进一步指出："如果说发明和重新改造传统这种说法合理的话，那我想说，传统是被发明的和不断被重新改造的。"②传统在本质上是在社会实践中不断地被人为地建构和重新建构出来的，因而并不存在所谓一成不变的传统。

从笔者研究的个案来看，近几年南昌县郊区的 D 村复兴了舞板凳龙表演的民俗体育文化，并对外宣称本村的舞板凳龙的民俗源自明清时期，只不过在中华人民共和国成立后失传了。笔者经过多方求证后得知，D 村至少在中华人民共和国成立前没有舞板凳龙的习俗，D 村舞板凳龙民俗是不是源自明清时期并不重要，重要的是在当前城市扩张和地方大开发的背景下 D 村村民为了加强村落认同、应对城镇化可能带来的一些潜在的问题而创造性地在本村创造了舞板凳龙的民俗体育文化。D 村舞板凳龙兴起的个案表明，民俗体育文化可因现实的需要而被人为地创造和建构，有的民俗体育文化是新近被创造的（如 D 村的舞板凳龙活动），有的民俗体育文化也可以在消失一段时间后被复兴，如古代奥运会历经 1000 余年后的现代复兴，尽管复兴后的奥运会不再属于民俗体育文化的范畴。笔者所研究的 Y 村等五个村落的传统龙舟赛原本是这些村落自发组织的、历史悠久的民俗体育赛事，近几年，地方政府介入，将其打造为"南昌市龙舟邀请赛暨南昌县龙舟表演赛"。政府打造该赛事之后，将该传统赛事按照西方现代体育的方式进行较大程度的改造，同时尊重该传统龙舟赛事并且不干涉其中的祭神、接标、共享龙舟宴等传统习俗。以上个案表明，存在的时间是否久远并不是定义民俗体育文化的主要指标，民俗体育文化的本质特征是在社会实践中不断地被创造和建构的。民俗体育文化的这一本质特征就意味着民俗体育文化可以满足现实需求而

---

① 〔英〕埃里克·霍布斯鲍姆、特伦斯·兰杰：《传统的发明》，顾杭、庞冠群译，译林出版社，2022，第 2 页。
② 〔英〕安东尼·吉登斯：《失控的世界：全球化如何重塑我们的生活》，周红云译，江西人民出版社，2001，第 38 页。

存在、发展并发挥作用,也可能以非传统、非民俗的方式出现(如古代奥运会以现代奥运会的方式复兴)。甚至安东尼·吉登斯认为:"传统可能完全以一种非传统的方式受到保护,而且这种非传统的方式可能就是它的未来。"①

三 民俗体育文化与现代体育文化的关系

将传统和现代对立化的类型学划分,在当今社会仍然保持着较大的影响力,以至于这种划分仍然在许多学科领域(如民俗学、文化人类学)中充当着基本的逻辑框架。在我国民俗体育文化学界,也有学者认为作为传统文化一部分的民俗体育文化,总是与西方现代体育文化相对立,并且这种研究取向基本上是当前中国民俗体育文化或中国传统体育文化研究的主要解释框架。从人类体育的现代化发展历程来看,不可否认的是最早完成了工业化、城镇化的欧美发达国家的体育文化率先实现了现代化的转型并随着这些国家的全球扩张而传播到世界各地,并俨然成为其他国家和民族的传统体育文化走向现代化的最终依归。美国哈佛大学教授孔飞力在其《中国现代国家的起源》一书中指出,现代简单来讲就是"现时的存在"。他补充道:"不同国家是可以经由不同的方式走向'现代'的。当我们一旦认识到这一点之后,就能够把现代化发生的'内部'史观和'外部'史观从方法论上统一起来。"②

从孔飞力对现代的解读我们可以得出两点认识:第一,现代是一个具有普适意义的概念,现代体育也应是一个具有普适意义的概念,并且有多种存在形式。尽管西方发达国家的体育文化最先实现了现代化并成为当今世界居于主导地位的体育文化,但是,西方现代体育文化只是具有普适性特点的现代体育的一个具体的、特殊的存在形式而已,其现代化的模式并不是其他国家的传统体育文化要实现现代化所必须选择的道路和模式。第二,孔飞力所说的现代就是"现时的存在",也就是说现代并不是一个终极的概念,而是一个具有流动性的概念。现代就是一种

---

① 〔英〕安东尼·吉登斯:《失控的世界:全球化如何重塑我们的生活》,周红云译,江西人民出版社,2001,第38页。
② 〔美〕孔飞力:《中国现代国家的起源》,陈兼、陈之宏译,三联书店,2013,第1~2页。

"新"的变迁，表达的是一种断裂意识。就民俗体育文化而言，当前中国民俗体育文化正在发生的再造和建构的过程本身也算是中国民俗体育文化走向现代体育文化之路的具体表现，即本书的中国民俗体育文化的个案也可被视为现代体育文化的一种具体的存在形式。如 Y 村等五个村落的传统龙舟赛过去是民俗体育文化，现在也是民俗体育文化，只不过现在这五个村落的龙舟赛也融入了西方现代体育文化的许多要素，其形式、内容、功能都发生了一些变化，发生了这些变化后的这五个村落的龙舟赛也应是民俗体育文化走向现代体育文化的一种具体的表现和存在形式。这种龙舟赛兼具民俗体育文化和现代体育文化的形态，这表明文化主体并没有放弃传统，而是在民俗体育文化和现代体育文化之间找到了新的平衡，他们用自己的文化实践建构了该龙舟赛所具有的新风格、意义和场域。所以，从民俗体育文化到现代体育文化的过渡是复杂的，绝不是简单的"进化论"式的论述所能涵盖的，民俗体育文化与现代体育文化并不是截然对立的，民俗体育文化在当下发生的"新"的变迁也是其作为现代体育文化的一种具体的存在形式。

第四节 民俗体育文化传承与新型城镇化建设的互动关联

刘易斯·芒福德认为文化是一座城市的生命，城市也是一个文化的容器。新型城镇化建设的本质在于它是一个城乡文化整合的过程，民俗体育文化在本质上也是不断被人为建构和创造的。因此，开发和利用我国民俗体育文化资源，以及通过传承民俗体育文化促进新型城镇化建设在理论上是完全可能的。从实践来看，笔者所考察的国内外个案表明，在新型城镇化建设过程中开发和利用民俗体育文化，有可能达成民俗体育文化传承与新型城镇化建设双赢互动的效果。包括民俗体育文化在内的其他文化并不能解决新型城镇化建设中出现的所有问题。但正如刘易斯·芒福德所说的"文化是城市的生命之所在"，它就像空气和阳光，是任何城乡居民生命延续所必需的要素，因此文化是新型城镇化建设的重要基础。

一 传承民俗体育文化可促进新型城镇化建设

(一) 民俗体育文化产业化有助于促进产业结构升级

民俗体育文化的传承为地方带来了丰富的资源及衍生品,在社会需求的驱使下,这些资源会向资产转化,从而产生一定的经济价值。如在日本城镇化进程中,相扑成为城市中的一项较为重要的体育赛事,给举办城市带来了可观的经济收入,促进了当地经济的发展。民俗体育文化不仅具有形式多样的外在表现形式,而且有令人感同身受的精神内涵;不仅具备乡村民风的淳朴气质,而且秉承了民族民情的优雅风韵。这些特征使民俗体育文化更具生命力,成为资源向资产转化过程中的重要优势。新型城镇化建设的一个基本特征就是产业结构不断调整升级,这也是城镇化建设的客观要求。一个城镇自建立伊始便在积淀、丰富自己的文化底蕴。随着经济的发展和社会文明程度的提升,大众的文化意识逐渐被唤醒,在乡村和城镇等人口聚居的地方发展文化产业成为一种趋势,在地方文化资源的基础上寻求产业突破成为产业结构升级的重要途径。

新型城镇化中的文化产业发展途径是将文化资源的优势向产业优势、经济优势和发展优势转化,培育出具有不同特色、不同功能的文化产业项目。这种对城镇特色文化资源的有效整合和利用,对文化产业的推进有着重要的意义和影响,同时是保存城镇文脉、继承文化价值的一种多赢策略。① 发达国家城镇化的经验表明,第三产业的发展与城镇化进程具有高度的正相关性。很多发达国家已经进入第三产业主导城镇化建设的阶段,一些主要城市已经从工业生产中心转变为第三产业的中心,实现了城市功能的第三产业化,城镇化越来越依靠第三产业的支撑。国内外的相关个案表明,开发、利用民俗体育文化可为城镇化提供产业支撑,能有效地促进相关产业的发展。例如,新西兰皇后镇积极利用毛利人的传统舞蹈 HAKA 舞带动当地文化旅游业和 HAKA 舞相关的传统手工艺制造业的发展。

挖掘地方的民俗体育文化资源、丰富文化产业内涵不仅在国外被广泛

---

① 周晓健:《新型城镇化进程中的文化产业转型与协调发展》,《理论月刊》2018 年第 2 期。

运用，在国内同样备受重视，并且国家从顶层设计上做出了指导规划。加快文化产业的发展是党中央一以贯之的主导思想，党的十八大报告提出要将文化产业培育成国民经济的支柱产业，扎实推进社会主义文化强国建设；党的十九大报告也明确提出要推动文化产业发展。2018 年 12 月《国务院办公厅关于加快发展体育竞赛表演产业的指导意见》指出要创作开发体现中华优秀文化、具有中国特色的体育竞赛表演精品；支持举办各类体育庙会，打造武术、围棋、象棋、龙舟等具有民族特色的体育竞赛表演品牌项目；要引导传统制造业企业进军体育竞赛表演装备制造领域，促进体育赛事和体育表演衍生品创意和设计开发等。① 我国民俗体育文化资源丰富，这些重大战略部署为我国民俗体育文化产业化和促进经济结构转型带来了新机遇。

我国各地区、各民族的民俗体育文化承载了民众特殊的生产生活方式、民族特色、民族审美习惯。与民俗体育文化相关的旅游表演产品或装备器材有着广阔的市场前景，在某些国家和地区还是出口创汇的重要来源。如被誉为宫廷风筝之乡的河北省廊坊市第什里所生产的风筝占据了国内风筝工艺品市场的重要份额，并且远销海外。入选江西省非物质文化遗产项目的南昌市城南龙灯走上了产业化的发展道路，依托城南龙灯而成立的南昌城南龙灯实业有限公司生产的舞龙舞狮等相关设备占据了国内相关产品主要的市场份额，并且远销海外。而民俗体育文化旅游对经济的拉动作用更是众所周知。文化产业不仅包括集中在大城市的动漫产业等，还包括具有浓郁民族和地方特色的民俗体育文化旅游、节庆赛会、民俗体育文化相关的工艺品、乡村民俗旅游等丰富多彩的内容，这些都体现了民俗体育文化无穷的创造力和对促进经济和产业结构转型的积极作用。

（二）传承民俗体育文化可为部分地区提供城镇化发展道路

发展文化产业不仅可以扩大城镇规模、提升城镇文化以及提高居民收

---

① 《国务院办公厅关于加快发展体育竞赛表演产业的指导意见》，国务院办公厅官网，http://www.gov.cn/zhengce/content/2018 - 12/21/content_5350734.htm。

入，而且可以促进文化多样性，使作为文化主体的居民能获得更全面的发展，使民族地区的整个社会结构实现更具发展性的转变。值得一提的是，民俗体育文化的传承与发展也可以为部分地区提供一种可能的城镇化发展道路。如在体育特色小镇的建设过程中，新西兰皇后镇注重传统文化保护与开拓创新相结合，建设融自然生态和人文景观为一体的特色城镇。[①] 皇后镇利用 HAKA 舞促进了当地体育特色小镇建设的个案表明，相对于矿产资源的开发和机器大工业的发展，体育特色小镇具有无污染、所需投入资本较少、能够充分利用当地资源等诸多优势。在适宜的条件下，利用当地具有特色的民俗体育文化来建设体育特色小镇对当地的城镇化建设可能有促进作用。河北省廊坊市第什里风筝小镇的建设给我们提供了一些经验：一是突出和打造具有核心特色的民俗体育文化符号（风筝文化）；二是在坚持核心特色的基础上整合文化资源，除了风筝民俗体育文化以外，当地还整合了其他民俗体育文化和非民俗体育文化，例如，当地结合小型马拉松赛事、骑行赛事、水果采摘节和梨花节等走综合化的发展路径；三是形成产业链的一条龙服务，第什里风筝特色小镇围绕风筝文化，重点发展风筝制作、风筝赛事、风筝博物馆等。当然，每个城镇应该根据自身的实际情况寻找合适的城镇化发展道路。近年来，我国非常重视和鼓励体育特色小镇建设，国家也陆续出台了许多相应的政策来打造体育特色小镇。但需要注意的是各地方要避免跟风，盲目地建设"体育特色小镇"，以避免出现假体育特色小镇之名"圈地"和开发房地产的乱象。

除了提供一种可能的城镇化道路，民俗体育文化的发展也可以进一步夯实城镇化发展道路，以优化基础设施建设的方式推动城镇化深入发展。在开发民俗体育文化产业的过程中，出于对文化项目整体形象的考虑，开发商不仅要对民俗体育文化项目的内容进行精心策划，而且要对关系产业价值链的一系列要素进行统筹安排。民俗体育文化项目大多位于村落、乡镇等基础设施相对不完善的地域，为了优化参与者的整体体验，提升项目认知度和美誉度，在对民俗体育项目开发时我们需要对其周边配套的基础设施进行修缮升级或者加增扩建，如福州市长乐区的夜龙舟文化的传承与

---

① 新玉言：《国外城镇化：比较研究与经验启示》，国家行政管理出版社，2013，第130页。

发展。由于该活动需要在夜间的河道举办，村委会在充分考虑活动特色的同时会定期对泳道两旁的路灯进行维修。随着活动影响力越来越大，参与度越来越高，村委会在村里的一些其他河道旁边也安装了路灯，使河道内夜划龙舟成为可能，也为这一活动在该地的发扬提供了基础保障。随着新农村、美丽乡村、乡村振兴等围绕农村发展的国家战略的出台，三溪村在积极响应国家号召的基础上将该村的夜龙舟活动作为乡村名片，该活动连续多年在端午期间被央视等大型媒体报道，每年端午期间，来该村旅游的游客日均3万人次。随着夜龙舟活动影响力的不断扩大，为了满足来村参观的游客需求，并提升乡村形象，三溪村不仅优化了基础设施，还增加了村史展览、夜龙舟介绍等文化活动，村里的酒店、餐馆也越来越多，村容村貌不断改善。

（三）传承民俗体育文化有助于提升城镇的文化内涵

从一般意义上而言，民俗体育文化是社会多元文化中的一个类型，它以与民俗体育活动相关内容为基本内涵确立了与其他文化的明确边界，这也是民俗体育文化独特价值的基本体现。民俗体育文化是由人创造并为人服务的，在人们的需求中存在与发扬，这是它与其他类型文化的共性所在，也是它能够与其他文化互包、互补、互鉴的前提条件。新型城镇化建设是以人为中心的，人与文化是无法孤立存在的，有人的地方必然要有文化，城镇化发展离不开文化建设，城镇化发展过程必然也是文化内涵不断丰富的过程。因此，城镇化建设需要吸纳多元文化，一方面要满足居民的生活需求，另一方面要满足城镇自身的发展需求。

居民对民俗体育文化的需求取决于民俗体育文化的价值。首先，民俗体育仍然属于体育的范畴之中，保留了体育活动基本的健身功能和娱乐属性。传统的民俗体育活动一般存在于重要的节庆活动中，日常生活中基本很难发现它们。但随着社会的发展，大众对健身的需求越来越大，具有乡土情结的居民开始改造民俗体育活动，以便广泛开展。例如，作为民俗体育活动典型代表的龙舟活动，在福建许多地区已被改造为大众健身的重要方式，居民在闲暇之余可以自由参与，强身健体。在我国城镇化过程中，许多新城镇的居民属于不同民族，政府就要考虑多民族社区融入方式的特殊性，考虑民族生活的多样性。① 参加龙舟活动在行动上具有统一的策略，这有利于促进参与者由活动认同向社会认同转变。仪式性作为民俗体育活动区别于现代体育活动的基本特征，在满足不同民族居民的需求中同样发挥着不容小觑的作用，仪式在民族地区的生活中发挥了重要的功能。冯强等在对佤族剽牛仪式的考察中发现，该仪式具有协调村民利益、占卜、维系村寨、教化和宣传等功能。②

丰富文化内涵是培育城市精神、强化城市文化底蕴的必要路径。新型城镇化建设需要开放、包容的精神。新型城镇化建设既要注重传承城市的历史文化，也要注重传承优秀传统文化，并且随着社会不断进步凝铸新的时代精神，做到传承与创新相结合。文化是一个城市的灵魂，一个城市的魅力和特色主要是通过开发和利用传统文化来体现的，传统文化常常被认为是城市的文脉之所系，保留了传统文化遗产，也就保留了城市的根脉。国内外部分地区的城镇化建设经验表明，传承民俗体育文化可以提升城镇的文化内涵，并充分展示该城镇的文化魅力。如我国山东潍坊作为风筝的发源地，被称为国际风筝之城。具有悠久历史和深厚群众基础的风筝文化融入当地的城市化建设之中。此外，连续举办了30多年的潍坊国际风筝节也成为潍坊的城市名片。

中华民族五千年的历史铸就了博大精深的民俗体育文化。许多地区有鲜明的民俗体育文化，它们甚至成为地方标志性的文化符号。这些民俗体育文化为我国新型城镇化建设奠定了厚重的文化基础。我国的新型城镇化和乡村振兴等战略明确提出要按照"布局合理、结构优化、重点突出、特色鲜明"的原则来推进新型城镇化建设，尊重和充分利用地方的传统文化来促进新型城镇化建设。因此，开发和利用民俗体育文化并使之参与我国的新型城镇化建设，可以体现古今交融的文化魅力。我国要实现民俗体育文化与现代体育文化的多元并存和融合发展。以这种方式传承的民俗体育文化，才是属于自我又超越自我的文化，也才是经得起考验并具有旺盛生命力的民俗体育文化。

---

① 林继富、谭萌：《新型城镇化与民俗文化的传续与创造》，《华南师范大学学报》（社会科学版）2019年第1期。
② 冯强、涂传飞：《佤族剽牛仪式的体育价值》，《体育文化导刊》2011年第9期。

（四）传承民俗体育文化有助于缓解城乡间二元结构矛盾

城市和乡村是人类聚居的两种基本场域。从城镇化发展规律来看，人类一直在探索既有社会经济优势，又有良好文化氛围、优美生态环境的理想场域生活，其中有一个非常重要的问题是如何处理好城乡关系。城乡矛盾始终是人类社会在城镇化进程中需要重点解决的矛盾。中国的城乡二元结构形成于20世纪50年代中期，它是以二元户籍制度为核心，包括二元的粮食供应、就业制度、福利保障制度、教育制度、赋税制度、公共事业投入制度等在内的一系列社会制度体系。我国已经意识到二元结构对中国社会经济和城镇化发展的阻碍，并且试图采取改革措施弱化二元结构，但是目前城乡二元结构矛盾没有得到有效缓解。特别是我国传统的城镇化建设以重城轻乡为基本发展取向，城乡二元结构明显，矛盾突出，城乡居民收入以及享受的各种福利待遇差距依然很大，城镇的繁荣与农村的落后并存，这种情况在一些方面和一些地区有扩大的趋势，城乡差距越来越大。正是在这种背景下，我国提出的新型城镇化建设战略就是要坚持统筹城乡发展，把城镇化与新农村建设、促进农村人口转移以及发展农村经济结合起来，实现城乡良性互动，走城乡共同繁荣的路。

城乡统筹发展的目标是努力破除城市与乡村两大异质性区域的壁垒，促进城乡二元结构向城乡一体化发展，这也是新型城镇化建设的题中之意。城乡一体化的实质是在城乡联动发展中不断实现城乡文化共融的过程，[①] 因此坚持"和而不同"的发展理念是城镇化过程中的必然要求。不可否认的是，新型城镇化建设破坏了原有的村落生成环境，传统的村落文化正逐渐成为一种稀缺性资源。以地方性为特征的民俗文化与以现代性为特征的城市文化的交融因为一方的衰落，二者的缺口越来越大、越来越难以弥合，最终演化为"一边倒"的境况。因此，有学者积极主张，把村落特色文化资源融入城市体系，推进特色城镇建设，最终达到村落特色文化保护、传承与新型城镇化的共赢。[②] 在此情况下，作为村落文化重要组成

---

① 曾菊新、祝影：《论城乡关联发展与文化整合》，《人文地理》2002年第4期。
② 丁智才：《新型城镇化背景下传统村落特色文化的保护与传承——基于缸瓦窑村的考察》，《中国海洋大学学报》（社会科学版）2014年第6期。

部分的民俗体育文化又该以什么方式融入城乡文化交融发展的格局，以发挥其缓解城乡二元结构的作用呢？

中国民俗体育文化在整个中国社会有广泛的群众基础，是城乡居民喜闻乐见的传统文化形式。近年来兴起的乡村旅游、民俗旅游等充分说明了城乡居民对民俗体育文化有着坚实的认同基础，民俗体育文化是承载着所有中国人的心灵故土和精神家园。在我国新型城镇化建设过程中，利用农村蕴含着丰富的民俗体育文化的优势，通过弘扬农村地区的民俗体育文化并将其融入我国新型城镇化建设，可以有效地缓解城乡二元结构矛盾，有助于构建更为和谐的城乡关系。如江西省南昌县小蓝开发区的五个村落的传统龙舟赛在当地具有悠久历史和广泛的群众基础，是当地城乡居民喜闻乐见的民俗体育文化项目。在每年的端午节期间，这五个村落的传统龙舟赛吸引来自南昌市区及其周边乡镇的数万名民众前来观看。观看龙舟赛的观众也可以到当地的村民家中享受龙舟宴。该民俗体育文化有效地促进了城乡居民的交流和互动，缓解了城乡二元结构矛盾。

除此之外，对民俗体育文化的就地产业化保护，不仅有利于促进城乡居民互动，而且能够促进城乡公共服务的均等化配置。城乡二元结构深化的一个重要原因就是城市公共服务的单方面提升加大了城乡公共服务水平的差距，使大部分农村人口流向城市，从而使农村呈现被城市化景观包围的"孤岛化"或"碎片化"的不均衡现象。而在对民俗体育文化保护和传承的过程中，相关主体不仅注重对文化本体的保护，而且注重对乡村中的道路、河道、超市、酒店等设施的优化。具备文化传承和旅游休闲双重功能的民俗体育文化在美丽乡村和新农村建设中具有明显的开发优势，能够带动村落内甚至村落间的基础设施建设，提升乡村公共服务能力。民俗体育文化本身也可以作为公共服务的一种方式，再加上其对乡镇、村落基础设施改善所发挥的"杠杆"作用，对于改善部分地区城乡二元结构有着一定的作用。

（五）传承民俗体育文化可缓解城镇化带来的"城市病"

在城镇化进程中，几乎所有的国家曾经或正在面临着"城市病"的问题。"城市病"是一种城市问题的形象描述，指随城镇化的不断推进，人口大量集中至城市，导致人口膨胀、资源短缺、环境恶化、交通拥堵、房价高涨等问题，阻碍了城市的社会经济发展。[①]"城市病"是城镇化建设中的消极表现，城镇化水平的提升会加剧城市病问题，城镇化水平处于30%~70%是城镇化快速提升期，也是"城市病"高发期。[②]"城市病"最先爆发于西方发达城市，在解决"城市病"的过程中，西方发达国家已经积累了一定减少"城市病"不良影响的经验，包括对传统体育文化价值的积极开发和利用。例如在19世纪中期城镇化进程中，美国把体育作为治愈"城市病"的一剂良药并加以推广。越来越多的社会改革者意识到体育对缓解"城市病"的价值，并制定和倡导积极的体育信条来应对这些"城市病"。处于美国城镇化边缘地位的爱尔兰移民把曲棍球、踢踏舞和盖尔足球等爱尔兰传统体育活动作为解决城市生活失范的良药。爱尔兰移民积极传承和利用爱尔兰的传统体育文化来融入美国城市生活，将这些传统体育所蕴含的积极价值带入城市生活中，并加强对本民族的认同。

尽管通过民俗体育活动缓解"城市病"的途径发轫于国外，但在我国多年的城镇化探索中亦出现了一些优秀案例。在笔者所研究的G村高跷民俗体育文化的个案中，G村村民也积极传承该村的高跷民俗体育文化，以此来解决城镇化给当地居民带来的心理认同降低和道德失范等问题。正是基于当地居民所熟悉的民俗体育文化，高跷在当地的传承有效地解决了当地居民的心理健康问题、提升了社区居民对城市的认同感和归属感，并且提升了当地社区的道德水平。随着新型城镇化的推进，不同职业、不同阶层、不同地区的人纷纷涌入城镇，而封闭式的住宅造成了人们之间相互交往的日益减少。竞争激烈的城市给人们带来许多心理问题。这是我国在推进新型城镇化建设中需要面对的问题，这些问题事关新型城镇化建设目标的达成和社会的和谐安定。在新型城镇化建设过程中，传承和利用民俗体育文化可以让社区的居民相互接触，增加人与人之间的相互理解，建立社区成员之间的情感纽带，以弥补城镇社区给居民带来的区隔，使社区成为一个守望相助、富有人情味的共同体。新型城镇化建设的重点和难点在于

---

① 李锐杰：《城镇化进程中"城市病"的解决对策》，《经济纵横》2014年第10期。
② 王晓玥、李双成：《基于多维视角的"城市病"诊断分析及其风险预估研究进展与发展趋势》，《地理科学进展》2017年第2期。

人的城镇化，在新型城镇化建设过程中，特别是在新农村社区、村中村和村改居社区的建设过程中，利用具有广泛认同基础的民俗体育文化来重构整个社区，以及建设具有民俗体育文化特征的社区，有利于激发社区居民的社区意识，提升社区的和谐程度和凝聚力，从而提高社区居民对城市的认同感和归属感，并达到促进人的城镇化的积极效果。

（六）传承民俗体育文化可以促进我国体育强国建设

所谓体育强国，是指在国民体质、运动竞技、科学教育、产业经营、竞技文化等方面显现出强劲的综合实力，整体发展水平位于世界前列的国家。体育强国的内涵主要涉及大众体育、竞技体育、体育科教、体育产业、体育文化这5个领域。[①] 尽管民俗体育没有明确地被包含于体育强国的内涵中，但它与大众体育、竞技体育、体育科教、体育产业、体育文化有着紧密的关联。民俗体育有着广泛的群众基础，是大众体育的一种表现形式；民俗体育并不限于大众健身，亦可发展体育精英参加的竞技性活动，例如大型龙舟竞渡比赛；民俗体育是体育科教事业中不可忽视的一部分，它与乡风文明、道德秩序、文化创新广泛交织，备受国内外学者关注，舞龙舞狮等进校园活动广泛开展；民俗体育具有创造经济价值的潜力，由其衍生出的民俗旅游、乡村旅游等产业日臻成熟；民俗体育文化属于体育文化，是体育文化的重要组成部分。不难发现，民俗体育文化的传承和发展与体育强国建设有着紧密的关联，推动体育强国建设不能忽视民俗体育文化的作用，这在国内外皆是共识。

西方发达国家的经验表明，体育既是国家强盛的重要标志，也是国家综合国力和软实力的重要体现。西方发达国家在城镇化建设过程中积极利用体育文化，客观上促进了这些国家率先完成城镇化建设，也为这些国家积累了强大的体育文化资源，使它们成为体育强国。英国在城镇化进程中积极利用英国传统体育文化并对其进行现代化的改造，使其成为当今世界体育文化的标杆。美国作为一个移民国家和世界各国文化的"大熔炉"，各国移民群体的传统体育文化在其城镇化进程中得到了较为有效地传承和

---

① 黄莉：《从体育强国内涵探究体育综合实力构成》，《上海体育学院学报》2010年第4期。

发展（如爱尔兰的传统体育文化、中国的舞龙舞狮等民俗体育文化），这也在客观上促进了美国一跃成为当今世界的体育强国。笔者所研究的江西省南昌县小蓝开发区的 Y 村龙舟队作为一支农民龙舟队获得参加第 14 届世界龙舟锦标赛的参赛资格并获得了 22 人龙舟赛 200 米、500 米直道竞速冠军和 2000 米亚军，其中 200 米直道竞速赛更是以打破赛会纪录的成绩夺魁。Y 村龙舟代表队向全世界展示了中国民俗体育文化的魅力，彰显了中国从体育大国向体育强国迈进的伟大历史征程。

2017 年，中共中央办公厅、国务院办公厅印发了《关于实施中华优秀传统文化传承发展工程的意见》，这也是建设社会主义文化强国的重大战略部署。2019 年 8 月 10 日，《国务院办公厅关于印发体育强国建设纲要的通知》（国办发〔2019〕40 号），提出要深入挖掘中华体育精神，将其融入社会主义核心价值体系建设；大力发展群众喜闻乐见的运动项目，扶持推广各类民族民间民俗传统运动项目；传承中华传统体育文化，加强优秀民族体育、民间体育、民俗体育的保护、推广和创新，推进传统体育项目文化的挖掘和整理。[①] 习近平总书记也曾在多个场合强调："体育承载着国家强盛、民族振兴的梦想。体育强则中国强，国运兴则体育兴。"因此，我国在新型城镇化建设过程中重视民俗体育文化的传承不仅是提升城镇化建设水平和保护优秀历史文化、传统文化遗产的需要，而且是我国体育和文化强国建设的内在要求。

（七）传承民俗体育文化可以促进新型城镇化治理

传统文化是经过历史的淬炼而保留下来的契合地方居民需求、与其他文化交融且能够追溯和延续的一系列物质和精神文明总和。文化留存与接续是在与民众、社会以及国家的需求中实现的，任何不合时代潮流且限制人类文明进步的文化内容和文化形式必然要湮没在历史长河中，留存下来的优秀传统文化则继续发挥着鼓舞、引领以及规训大众生活的功能，对社会文明的进步以及社会秩序的维持意义深远。从文化的功能来看，文化建

[①]《国务院办公厅关于印发体育强国建设纲要的通知》，中华人民共和国中央人民政府网站，http://www.gov.cn/zhengce/content/2019－09/02/content_5426485.htm。

设与社会治理紧密相连、不可分割，文化建设指导社会治理实践的开展，为治理实践提供智慧；同时治理结果也反哺文化发展，影响着文化的传承与创新。习近平总书记多次强调要从中华优秀传统文化中汲取治理智慧，他指出："中华优秀传统文化是我们最深厚的文化软实力，也是中国特色社会主义植根的文化沃土。一个国家的治理体系和治理能力是与这个国家的历史传承和文化传统密切相关的。解决中国的问题只能在中国大地上探寻适合自己的道路和办法。"我国民俗体育文化资源丰富，在城市、社区和乡镇治理中发挥着不可忽视的作用，有利于为快速推进的新型城镇化建设提供治理智慧与治理思路。

联合国全球治理委员会将治理定义为各种公共或私人机构在管理共同事务时所采用的方式总和，是在调和各种社会冲突和利益矛盾时采取联合行动的持续性过程，既包括有权迫使人们服从的正式制度和规则，也包括人们同意或符合其共同利益的非正式制度和规则。非正式制度包括被社会广泛认可的且约定俗成的传统文化、行为准则、伦理道德、风俗习惯和惯例等。[1] 民俗体育文化依赖于人们的生活环境与生活方式，成形于人们的集体意识，是乡风文明、地方观念的重要组成部分，在局部区域内有着认可度高、接受范围广的优势。因此，民俗体育文化是一种独具特色的非正式制度，民俗体育中的仪式是建立在日常生活之外的一种程序的、特别的、有目的且带有宗教信仰色彩的祭祀活动，具有一种原始法律的功能，对村民身体行为、伦理道德及村落日常生活、生产行为并维系村寨社会秩序具有极强的约束力。[2] 在新型城镇化建设中，由于新的城镇建设用地由政府提前规划，当来自不同村落、乡镇的居民进入新的地方生活时，他们会面临许多新的问题，例如，社会关系的调整和文化空间的再造等。民俗体育文化的传承与发展可以有效地解决新型城镇化建设中的这些问题。

新型城镇化归根到底还是"人"的城镇化，人是新型城镇化的核心。关系建设既是社会个体生存发展的基本前提，也是建立和谐美好的城镇社

---

[1] 杨嵘均：《论正式制度与非正式制度在乡村治理中的互动关系》，《江海学刊》2014年第1期。
[2] 韦晓康、蒋萍：《民俗体育文化在社会治理中的作用研究》，《中国体育科技》2016年第4期。

区的重要内容。进入新社区、新城镇生活意味着人们需要重新调整自己的社会关系，因为人们的生活空间已经发生变化，社会关系或重新建立，或重新磨合，这取决于人们新生活的场域中原始社会关系存在的多寡。但无论是关系建立还是磨合都需要一个被双方接受的媒介，民俗体育作为地方仪式性、节庆性的活动，在一定区域内具有广泛的接受度，能够有效促进个人社会关系的建构。例如徐旭考察纳雍县苗族"滚山珠"活动后，发现"滚山珠"活动能够加强人们对居住环境的认同感、归属感，促进大众社会交际，改善人际关系。[①] 类似的民俗体育活动以不同的方式和维度嵌入居民的生活，这种进入、再融入居民生活的过程也是人们文化适应的过程，这种文化适应过程既促进了个人社会关系的调整，也消解了人们对新环境的陌生感。

新型城镇化建设虽然最大限度地实现了居民生活空间的聚集，但也意味着传统的文化空间被分解，人们需要在新环境中再造文化空间。没有文化的空间是虚无的，是没有灵魂的。民俗体育为文化空间再造提供了思路。例如，龙舟运动是我国民俗体育的一个重要项目，在我国南方地区广泛开展，但随着新型城镇化建设，一些地方的龙舟运动由于房屋拆迁、河道改造等面临生存环境解体的风险。在此现状下，重组的龙舟活动组织开始在一些地方兴起，这些组织成员出于对龙舟运动的兴趣，渴望在新居地持续参与龙舟运动，利用新居地的地理环境，再建龙舟运动的新场域。福建省福州市仓山区 A 龙舟俱乐部由一个异地安置小区中的居民自发组建，出于对龙舟活动的传承和发展以及自我娱乐、自我锻炼的需求，该俱乐部依江而建，吸纳了许多来自不同小区的成员，且具备了一定的规模。这种异地重组的方式为居民的居住空间提供了新的固定活动场所，该俱乐部不定期举办龙舟竞渡以及在节庆期间组织的龙舟赛事也促进了龙舟文化的接续发展。在俱乐部中人们体会着龙舟运动所带来的情感上的满足，努力寻找现代城镇中的文化归属感和文化归宿感，以一种包容、理解的心态重塑着该地的文化空间。

---

① 徐旭：《城镇化进程中纳雍县苗族"滚山珠"的保护与发展》，《吉首大学学报》（社会科学版）2013 年第 1 期。

二 新型城镇化建设可促进民俗体育文化传承

(一) 新型城镇化建设为民俗体育文化传承提供了空间场域

文化的传承与发展对空间的依赖性是非常大的。一方面，文化需要借助一定的空间来物化出其外在形态，例如，敦煌莫高窟中的绘画、山西省的寺观壁画；另一方面，文化的传承与发展实践需要由一群信仰一致、行动一致的人来完成，人的聚集、生活必须有特定的空间支持，空间的瓦解会导致组织内部力量涣散，以及文化传承实践主体缺失，这也是空间对文化发展产生制约的最大原因所在。这种脆弱性对民俗体育文化传承的影响比其他主流文化更大，这是因为地域性差异导致了民俗体育文化的多样性，这种多样性又限制了某一类民俗体育文化的群体范围，这类具有一致性行动的群体往往生活在特定的范围内。当外部冲击力导致空间格局发生巨大变化时，某一民俗体育文化的发展往往受到颠覆性影响。随着新型城镇化建设的推进，大部分地区在原有的村落、乡镇的基础上建立起大量的现代化建筑，民俗体育文化的生存空间产生了质的变化，那么在村庄公共空间快速萎缩的背景下，民俗体育发展是否只剩下式微这一种结果呢？

美国城市学家刘易斯·芒福德和加拿大城市规划学家简·雅各布斯（Jane Jacobs）认为，城市既是文化的容器，也是人类文明的结晶。城市作为一个有机生命体和社会文明发展的载体，为人类文化提供了一个新的传承空间和场域，是一个具有强大文化涵容能力的"熔炉"。从世界城镇化的发展历程来看，一方面，不同民族、种族的人告别了传统礼俗型的社会生活场域，进入开放、包容、多元的城市；另一方面，世界城镇化的历史是一部不同民族传统文化融合的历史，其中传统体育文化在城镇这个新的场域中也经过不断调适而得以传承。例如，移民美国的爱尔兰人将爱尔兰的传统体育继续在美国进一步传承和发扬光大，并且爱尔兰传统体育成为他们有效地维系民族认同、融入美国城市生活的重要手段。在我国也有一些原先主要依托村落而传承的民俗体育文化在城镇化建设过程中得以转化和调适，并在城镇化这个新的场域中继续传承。例如，北京市 G 村的村落民俗体育文化——高跷在 G 村推进城镇化建设进程后，村民们的生活方式、生活空间和环境发生了重大变迁，村民们已经进入城镇化轨道上，但是该村落的高跷民俗仍然能够在城镇的这个新的空间和场域继续传承，并发挥积极的作用。也有学者指出，城镇化在为民俗文化的"核心空间"打造一个时髦漂亮的外表的同时，也保留了一个传统且乡土的里子。一系列文化公园的建设丰厚了城市的文化底蕴，也为民俗体育文化活动提供了固定的发展空间。例如，广东江门潮连地区的"洪圣公园"已然成为展示潮连街道文化底蕴最重要的窗口，很多重要的文化活动在此举行，礼乐的永久性看台及其他配套设施可迎合城市人的审美观，让更多市民认识它、接纳它，并使之成为传播龙舟文化的重要节点；泮村的神圣空间也在城市化冲击下发生悄然变化，村民受城市思潮的影响，更愿意将先辈的神圣空间变为追求世俗生活和祈求美好愿景的空间。①

虽然在城镇化建设过程中由于民俗体育文化的传承空间和传承场域改变，许多民俗体育文化赖以生存的文化土壤产生了安东尼·吉登斯所说的"脱域现象"，但是一些率先实现城镇化国家的民俗体育文化在城镇化过程中的经历以及我国部分民俗体育文化（如上文提到的 G 村高跷）在城镇化过程中的经历表明，民俗体育文化与城镇化所创造的新空间、新场域并不是格格不入或难以兼容的。如果我们能够对一直以来在乡土空间和场域传承的民俗体育文化进行适当的调整和转化，它们也可能在城镇化过程中出现的新的空间和场域中继续传承，既可以满足民众多元化的文化需求，也可以帮助入镇（入城）人口更好地融入城镇生活，从而有效地促进人的城镇化。

（二）新型城镇化建设为民俗体育文化传承提供了经济支持

任何事物都有两面性，新型城镇化建设给民俗体育文化发展带来挑战的同时，也必然为其带来发展机遇。经济支持是一切社会事物发展的根本动力，经济发展与城镇化建设相互促进、互为因果。城市作为物质空间载体，随着城镇化建设的推进，呈现快速发展态势。美国经济学家钱纳里对

---

① 宋旭民：《新型城镇化进程中民俗文化传承路径创新研究——以广东江门地区为例》，《广西民族研究》2018 年第 1 期。

世界各国的城镇化水平与人均国民生产总值进行统计分析后发现两者之间存在正相关关系，即城镇化建设水平越高，人均国民生产总值越高。城镇化也是现代经济发展的产物，以中产阶级为主体的社会结构是城镇化的典型社会经济结构形态。城镇化是城镇居民消费水平不断提高的过程，原先的农村人口进城后，消费观念、消费方式与消费水平较有了显著提升，大批低收入、低消费群体转变为中高收入和中高消费群体，中产阶级形成并占主体地位。

结合国外城镇化建设过程中传承传统体育文化的经验来看，传承传统体育文化的资金来源主要有三个，即政府的直接或间接投入、企业和个人的资助以及文化部门（团体）的自营收入。例如，在美国城镇化过程中爱尔兰传统体育的传承的经费来源主要有：所在地区的政府拨款；爱尔兰移民组织、社团、体育兄弟会、天主教堂等的捐款；相关体育组织的自营收入，如GAA（Gaelic Athletic Association）总部为了在美国传承和弘扬爱尔兰曲棍球和盖尔足球投入了大量的经费；一些具有爱尔兰背景的企业和爱尔兰移民中的经济精英等捐助的经费等。我国经济发展水平的提高为民俗体育文化传承提供了巨大的推动力，概括而言，可以归纳为三个方面：第一，在宏观层面，政府部门对民俗体育文化传承的投入经费大幅增加；第二，在中观层面，社会资本更主动地流向民俗体育文化产业开发；第三，在微观层面，居民收入水平的提高促进了民俗体育文化的可持续发展。

随着党中央与传统文化传承相关的重大战略部署（如乡村振兴战略、文化和体育强国战略）出台，我国对传统文化的经费投入也前所未有地增加，其中用于传承我国民俗体育文化的经费支出比例也将得到极大的提高。近几年国家的文化体育与传媒支出逐渐增加，从2010年的1543亿元增加到2017年的3367亿元。2017年中央公共预算支出公告显示，这些资金主要用于推动文化体育事业发展，促进城乡公共文化体育基础条件进一步改善。① 国家对体育经费的投入为民俗体育文化的发展提供了财力保障，也注入了发展动力。在经济的支持下，与民俗体育有关的少数民族运动

---

① 《关于2017年中央和地方预算执行情况与2018年中央和地方预算草案的报告（摘要）》，中华人民共和国中央人民政府网站，http://www.gov.cn/xinwen/2018-03/05/content_5271234.htm。

会、节庆赛事、农民丰收节等活动在基层广泛开展。随着国家对文化体育经费的投入，城市中的文化馆、文化公园、体育公园等设施不断改善，为民俗体育文化的创新发展提供了物质空间。

在中观层面，由于民俗体育文化产业在国内尚有巨大的空间，在文化旅游产品同质化增强的情况下，开发商对民俗体育文化项目的关注度越来越高。另外，居民个人收入水平提升和文化意识觉醒。在"有钱有闲"的条件下，人们更愿意在文化的熏陶下感受运动带来的放松体验。例如，被誉为全国四大群众文化活动之一的潍坊国际风筝节被产业化运作后在国内外产生了巨大影响，其创立的"风筝牵线、文体搭台、经贸唱戏"的运作模式，被各地广为借鉴。每年的风筝节是潍坊以风筝拉动经济发展的活动。此外，在某些民俗体育文化旅游资源发达地区，旅游业收入也可以为民俗体育文化传承提供部分经费，例如，凤凰古城从旅游收入中提取一部分作为传承发展民俗体育文化的基金。

随着我国新型城镇化建设不断推进，以及人们生活水平和收入水平的提高，与城镇化相配套的各种公共服务和公共设施也逐渐完善，可为我国民俗体育文化的传承提供一定的保障。笔者在调研中发现，在新型城镇化建设过程中，几乎在每个村落总有个别村民能够通过自身的努力一跃成为本村的经济能人。这些经济能人或出于自己的民俗文化情结或为了争面子，都乐意投入更多的资金赞助本村的民俗体育文化活动。这些享受了新型城镇化建设和改革红利的村落经济能人也能为地方民俗体育文化在新型城镇化建设进程中的顺利传承提供有力的经费支持。

（三）新型城镇化建设为民俗体育文化传承提供了制度保障

从世界历史的发展浪潮来看，城镇化已有200多年的历史，有不少好的通用经验值得我们在推进城镇化过程中借鉴，其中文化环境的建设和政府法制制度的建立在城镇化的过程中发挥着关键性的作用。一方面，文化环境的建设给新型城镇化建设带来了文化气息，使当地知名的民俗体育文化项目依靠自身的特色为新型城镇化建设提供良好的文化土壤，让城镇化建设保留传统的乡土、"乡愁"等气息，使地方政府用文化指导新型城镇化建设；另一方面，政府法制制度的建立是为了更好地保障新型城镇化过程中的民俗体育文化保护，将新型城镇化建设和民俗体育文化传承置于政府的管辖，以新型城镇化为抓手为民俗体育文化的传承提供更有利的保障。然而，我国城镇化建设的时间较短，虽然我国也取得了一些好的发展经验，但相较于国外，我国城镇化目前来说还处于上升阶段，需要认真总结经验。

从国外城镇化的进程来看，欧美发达国家通过制定法律法规来保护传统的文化。我国新型城镇化建设需要健全各种管理制度，用法律来规范城镇化建设，为民俗体育文化提供良好的发展环境。一方面，政策制定主体要在法律上全面思考，这样做的好处是能够最大限度地保护民俗体育文化的生存空间。同时在制定法律法规时，也应该考虑民俗体育文化的发展是否符合新型城镇化建设的需要，这样才能为民俗体育文化的发展提供制度性的保障。另一方面，法律法规在实施过程中要相互衔接，这是为提高法律法规在实际城镇化过程中的执行效率，加大民俗体育文化的保护力度。此外，在新型城镇化建设的背景下，我国各级政府出台了一系列与民俗体育文化传承相关的政策法规，促进了民俗体育文化的传承与发展。但笔者发现，一些地方政府出于城市治理的善意初衷而出台的部分政策法规可能会影响我国民俗体育文化的传承，例如南昌市政府出于城市环境治理的善意诉求，在2018年出台了《南昌市禁止燃放烟花爆竹规定》，将当地禁燃限燃烟花爆竹的区域进一步扩大，这无形中导致禁燃限燃区域部分民俗体育活动被迫暂停，民众只能在没有烟花爆竹的环境下举办民俗体育活动，无法呈现民俗体育活动的热闹场面。如果地方政府在出台禁燃限燃等政策时能够广泛地听取民众的意见，广泛地吸纳与民俗体育文化保护和传承相关的其他政府部门的意见，政策法规的实施效果有可能更好。总而言之，新型城镇化建设能够为民俗体育文化的传承提供一定的制度保障。同时，新型城镇化建设也离不开民俗体育文化的滋养。政府需要进一步完善相应的法律法规，才能为新型城镇化建设中的民俗体育文化传承提供更加充分的保障。

（四）新型城镇化建设为民俗体育文化传承提供了组织保障

英国学者安东尼·吉登斯指出："现代组织能够以传统社会中人们无法想象的方式把地方性和全球性的因素连接起来，而且通过两者的经常性连接,直接影响着千百万人的生活。"① 社会组织涉及政治、经济、文化和法治,可以认为社会发展与社会组织建设紧密相连,成为联结人民与国家的主要单元。新型城镇化建设所带来的经济水平不断提升、人民素质提高、交往互动提振等优势为社会组织提供了前进动力。国外城镇化的经验表明,大多数国家将社会组织的发展程度作为衡量一个城镇文化水平高低的关键指标之一。帕特里克·科恩德特（Patrick Cohendet）等通过对巴塞罗那和蒙特利尔等城市的研究,认为社会组织（组织团体、自组织）是文化促进城市发展的关键所在。② 在美国城镇化过程中兴起的公园委员会及体育兄弟会、坦慕尼协会（Tammany Hall）及爱尔兰传统体育的最高组织机构GAA北美分会等都不遗余力地为爱尔兰传统体育文化在美国的传承提供有力的组织保障。

在新型城镇化的推动下,社会组织的发展更加科学,组织管理能力逐步完善,按照组织有无正式结构我们可以将社会组织划分为正式组织和非正式组织。在民俗体育文化发展中,我们不仅要依靠以正式权力（职位权力）为主要特征的政府组织从顶层进行统筹规划,而且要依靠村落、乡镇等以非正式权力（学识、资本、品德）所塑造的非正式权威来管理和传承民俗体育文化。党的十八届三中全会做出了《中共中央关于全面深化改革若干重大问题的决定》,提出了国家治理体系与治理能力现代化的战略目标。我国新型城镇化建设的推进,需要我国城镇政府职能的转变,以及政企、政事、政社的逐步分开,政府直接包揽社会事务的局面正在逐步改变,政府的社会管理重心也在逐渐下移,回归社会,形成以基层管理为核心、群众协调参与管理型的组织机制,这就为社团、自组织的发展提供了土壤。新型城镇化建设反映了城镇社区民主自治的本质要求,能够充分调动社区群众参与自我管理的积极性、主动性和创造性,保证人民群众能依法管理好自己的事务。③ 本书有一些在城镇化背景下加强体育社团培育的案例。如在城镇化建设中,南昌县政府积极培育五个村落各自成立村龙舟

---

① 〔英〕安东尼·吉登斯:《现代性的后果》,田禾译,译林出版社,2011,第18页。
② P. Cohendet and D. Grandadam, eds., "Rethinking Urban Creativity: Lessons from Barcelona and Montreal", *City, Culture and Society*, vol. 2, no. 3, 2011.
③ 李咏梅:《新型城镇化与社区文化研究》,中国农业科学技术出版社,2015,第69页。

会,并在此基础上促成了南昌县龙舟协会这个在民政部门注册的正式体育社团的成立,南昌县龙舟协会推动了龙舟文化在南昌县的传承,龙舟文化对提升南昌县在全国百强县中的排名具有积极推动作用。随着 Y 村龙舟在国内外赛场的异军突起,南昌县龙舟文化也为南昌县申报全国全民运动健身模范县提供了有力支撑。

现代社会是一个高度组织化的社会,城镇化建设是推动我国社会发展的必然要求,社会的组织化程度必然会在城镇化的步步推进中得到提升。我国在新型城镇化建设战略、传承中华优秀传统文化工程、乡村振兴战略等重大战略部署中提出要加强对传统体育文化的组织保障,2019 年 8 月出台的《国务院办公厅关于印发体育强国建设纲要的通知》进一步强调要加强对体育工作的组织保障,提出符合条件的乡镇(街道)和城乡社区要依法建立老年人体育协会、社会体育指导员协会、单项体育协会;拓展乡镇(街道)综合文化站和社区文化室(中心)的体育服务功能,积极开展贴近城乡社区生产生活、符合城乡居民健身需求的体育活动;推动农民体育协会等社会组织建设,健全农民身边的健身组织,支持和发展社区体育组织。[①] 不难发现,社会需要基本上是通过社会中各种形式的组织来满足的,新型城镇化建设对多元文化的需求,必然会推动文化组织的建设,自然也包括推动民俗体育文化组织的建设和发展。可以预见,在新型城镇化建设中,传承民俗体育文化的社会组织将进一步发展壮大,这可以为我国民俗体育文化的传承提供重要的组织保障。

(五)新型城镇化建设为民俗体育文化传承提供了公共服务

在传统的城镇化建设过程中存在重开发建设而轻公共服务的现象,城镇脏乱差,交通拥堵问题日趋严峻,公共服务设施闲置、低效运转等问题日益凸显。新型城镇化就是要把改善公共服务作为提高城镇化质量的重要工作之一。地方政府应加强城镇的公共服务管理,为居民提供完善、优质的基本公共服务,丰富公共服务的层次,营造生活舒适、包容多元文化、

---

① 《国务院办公厅关于印发体育强国建设纲要的通知》,中华人民共和国中央人民政府网站,http://www.gov.cn/zhengce/content/2019-09/02/content_5426485.htm。

富有亲和力和归属感的城镇居民生活环境。如南昌县小蓝开发区 Y 村借助城镇化建设，为以 Y 村为代表的五个村的龙舟赛提供了有利于龙舟文化传承的公共服务，主要体现在整治 Y 村新河的河道、修建 Y 村新河两岸的围栏、改造和升级人行道和便于龙舟下水的多个下水点的硬件设施。在比赛期间，当地的县政府办、县委宣传部、团县委、县财政局、县公安局、县城管委、县卫计委、县供电公司、县教体局、县城投公司及所在的富山乡、金湖管理处、银湖管理处等多个政府部门在龙舟赛期间通力协作、尽职尽责，确保了每年这五个村的传统龙舟赛成为南昌县以至南昌市民众所关注的一道民俗文化盛宴。

我国新型城镇化建设要求我国公共服务水平不断提升，首先是基本公共服务水平随着经济的发展受到重视，教育和就业更受重视。与此同时，社会保障、医疗卫生、住房保障等公共服务水平不断提高，全国实现一定水平的基本公共服务均等化。市政基础设施不断完善，市民的公交出行比例大幅提高，交通和居住条件明显改善，城市管理服务更加智能化、精细化。① 这些公共服务一方面可以由市场来提供，另一方面也需要各级政府部门下功夫，从而为民俗体育文化的传承提供更多、更优质的公共服务。我国地方政府公共服务职能在不断增强，文化以及教育服务得到提升。公共服务总体水平和地方政府服务能力不断提升，这些提升主要表现在教育服务和公共文化服务体系的建设、公共文化职能以及社会保障体系建设等方面的不断进步。但是这些进步与新型城镇化建设以及民俗体育文化的传承要求之间仍存在一定的距离。首先，新型城镇化进程中的公共服务供给还不能够完全满足民众对民俗体育文化的需求。一直以来，领导者的意愿在很大程度上影响着政府部门的决策，这使公共服务的供给领域缺乏公民参与，直接导致经济的提升与政策执行者的升迁直接挂钩。关系人民群众基本利益的公共服务却由于缺乏效益而长期受到忽视。从这个角度来看，在基础条件跟不上与人手相对短缺的背景下，农村公共体育服务的供给恰恰又是过于追求速度和效率优先的，这也导致出现一些重投入建设、轻民生工程的现象。这些现象直接导致高度依赖农村公共服务发展的民俗体育

---

① 杨庆育、陈立洲：《城镇化理论与案例研究》，西南师范大学出版社，2016，第 91 页。

缺乏外部动力。① 此外，城乡间公共服务供给的差距较大也是阻碍民俗体育文化发展的重要因素。

农民是农村公共服务的提供主体，而城市公共服务的主体是地方政府和中央，农村公共服务的资金在多数情况下是主体自筹，而城市公共服务需要的资金更多来自政府拨款。公共服务供给政策出现了严重的倾斜现象，导致城乡居民在公共服务的享有上存在严重的不平衡。所以农村民俗体育文化的发展受到了一定程度的限制。目前，农村体育公共服务已经上升到了国家战略的地位，其作为完善政府职能的重要组成部分，不仅受到了国家的重视和大力扶持，在民众心中的地位也提升了。这为民俗体育文化的发展提供一个良好的政策环境，此后，国家发布了一系列文件明确了新型城镇化背景下农村体育公共服务的发展程序和主要方向。这些措施既强化了政府对民俗体育文化的引导作用，也为民俗体育文化的发展指明了方向。因此，有利的政策扶持为农村体育公共服务以及民俗体育文化的发展提供了机遇，在新型城镇化的持续推进下，与民俗体育文化相关的农村公共服务体系将发展得更加成熟和完善。

（六）新型城镇化建设为民俗体育文化传承提供了现实路径

从国际经验和中国国内的实际情况来看，城镇化是世界经济和社会发展的必经之路，也是推动工业化和农业现代化同步发展的重要环节。党的十九大报告提出了乡村振兴战略，包含"产业兴旺、生活富裕、乡风文明、生态宜居、治理有效"的建设要求。可见，乡村振兴建设是新型城镇化建设的具体路径，不仅在一定时期内突出了新型城镇化建设的重点内容与方向，而且为乡村的政治、经济和文化等系统的有效运转注入动力。民俗体育文化本身处于乡村场域之中，并与乡村发展相辅相成、相互促进，从一定层面上说，乡村振兴的发展实际就是民俗体育文化的发展，这主要是由民俗体育文化在促进乡村振兴和新型城镇化建设中的价值所决定的。

国外普遍重视利用传统体育文化促进城镇化建设，西方现代体育在全

---

① 王驰、何元春：《地方性知识视阈下我国农村公共体育服务供给理念的反思及重构》，《北京体育大学学报》2018年第7期。

世界占主导地位的发展历程表明，率先完成城镇化和现代化的国家普遍重视利用和传承传统体育文化来促进本国的城镇化建设，并在这个过程中积累了丰富的体育文化资源，使得本国的传统体育文化顺利地实现了现代化的转型，并随着这些国家在全世界的扩张而传播到世界各地。美国在城镇化建设过程中特别注重保护和传承北美印第安人的民俗体育项目——袋棍球运动①，并按照西方现代体育的模式对其进行了项目化和赛事方面的改造，袋棍球运动及其赛事已经成为在美国、加拿大、英国和澳大利亚等国家非常流行的运动及赛事。近年来，该项目也传播到中国，并在国内的北京体育大学、首都体育学院、上海财经大学、同济大学等越来越多的高校中陆续开展。新西兰皇后镇在体育特色小镇的建设过程中，注重HAKA舞这项传统体育文化的传承与创新，将其融入当地户外集休闲体育和极限运动结合的体育特色城镇建设，并为其找到了一条合适的传承路径。

笔者从个案中总结和提炼出一些民俗体育文化参与新型城镇化建设的传承路径。如在T村拆迁并搬到城市公寓型的安置小区之后，T村舞龙活动改变了核心形式，祭拜族谱的民俗活动替代舞龙活动成为T村标志性的民俗活动，并有效地促进T村民融入城镇生活。而Y村等五个村落的传统龙舟赛也继续在当地延续，并随着这五个村被纳入城镇化中心区域而成为吸纳周边城镇居民广泛参与的一个民俗体育文化综合体。该传统龙舟赛在新型城镇化建设中找到了一条适合自身的传承路径。

当然，民俗体育文化要有效地参与到我国新型城镇化建设这个伟大的社会历史进程中，我国就不能简单地照搬照抄别国传统体育文化的传承路径，而应从本国村镇发展经验中发现共通之处，并根据自身的实际情况选择合适的传承路径。村民作为民俗文化保护和传承的主体，要树立对民俗文化的内心认同感，调动保护和传承民俗文化的积极性和主动性。在新型城镇化建设中，我们要警惕民俗体育文化失真，在迎合时代发展需要的同时，要保留民俗体育文化的内核，去其糟粕。在顺应当下发展潮流的同

---

① 袋棍球运动（Lacrosse）原本是北美印第安人部落群为了感谢造物主的庇佑而举行的一种神圣的祭祀仪式。年轻的男性以能代表自己的部族比赛为荣，认为这是战士的最高荣誉。他们相信参加袋棍球比赛可以表现对造物主的尊敬。这项运动被视为"造物主的游戏"。

时，我国更要保留民俗体育文化促进身份认同、缓释乡土情结、反馈文化信仰等功能。我国应充分利用城镇化建设带来的空间场域、经济支持、制度保障、组织保障等优势，借鉴国内外优秀民俗体育文化参与城镇化建设的成功经验，坚持在传承中创新、在创新中传承的保护路径，实现民俗体育文化与新型城镇化建设的耦合发展。

第五节 民俗体育文化传承与新型城镇化建设的互动经验

不可否认有些民俗/传统体育文化在参与城镇化建设过程中存在一些问题，如爱尔兰传统体育在帮助移民美国的爱尔兰人寻求民族认同、融入美国城市生活中也存在赌博、暴力等问题；国内的某些民俗体育文化（如国内某些地方的村际传统龙舟赛文化）在城镇化背景下的传承也存在宗族矛盾、经济利益方面的问题。但是，从国内外民俗/传统体育文化参与城镇化建设的个案来看，也有一些好的经验和做法值得我们梳理和总结。

一 经费来源方面

从本书所涉及的部分个案来看，新型城镇化进程中的民俗/传统体育文化传承的资金来源呈现多元化的面向，既有来自政府的经费支持（如政府用资金支持 G 村高跷运动）、民间团体或个人的经费支持（如爱尔兰传统体育文化在美国的传承发展）、民俗/传统体育文化自身的创收等。多元化的经费支持为新型城镇化进程中的民俗体育文化的传承提供了有力的保障。

二 政府角色方面

从国内外民俗/传统体育文化在城镇化进程中传承较好的个案来看，政府在民俗体育文化传承过程中发挥了主导性的作用。如 G 村高跷运动在当地各级党委和政府的领导和扶持下，也取得了较好的成效，成为老北京文化的一张名片。南昌县 Y 村龙舟赛在当地政府的打造下逐渐成为国内外知名的竞技龙舟赛事。

三　传承主体方面

从国外某些民俗/传统体育文化传承较好的个案总结出一个重要经验，即其传承主体不断拓展。例如，在美国和加拿大的城镇化和现代化的进程中，原先主要为北美世居民族享有的传统袋棍球运动除了继续在这些世居民族（切罗基人、易洛魁人及奥吉布瓦人）中传承以外，按照西方现代体育的模式改造之后的袋棍球五度成为奥运会的正式比赛项目，现已发展成为在欧美及世界各地的学校、民间广泛开展的体育项目，并定期举行比赛和世界锦标赛。现在的袋棍球运动的传承主体已不仅局限于世居民族，其传承主体不断扩展。这项运动成为一个国际化的体育项目。

四　社会团体方面

除了加强政府在民俗体育文化传承工作中的主导性地位以外，社会团体对民俗或传统体育文化的传承也起一定作用。在当地政府的鼓励下，南昌县依托Y村等五个村各自自发成立的龙舟会，因势利导鼓励和培育出了南昌县龙舟协会，并且该协会通过在当地民政部门注册登记成为一个正式合法的体育社会团体。近年来，南昌县龙舟协会也积极致力于推动南昌县龙舟文化的普及和活动的开展，并为南昌县竞技体育和全民健身事业的繁荣发展做出了积极的贡献。

五　文化精英方面

从国内外民俗/传统体育文化传承较好的个案来看，民俗/传统体育文化的传承需要文化精英的全情投入和志愿付出。爱尔兰传统体育在美国的发扬光大、Y村的村际龙舟赛的做强做大、G村高跷在北京这个国际化大都市的延续都有一批热心于这些传统文化的文化精英在背后默默无闻地付出。尽管T村在本村被拆迁并且村民被安置到现在的混居型小区之后，T村舞龙这个核心的民俗体育文化形式失传了，但是在T村的几位热心文化精英的倡导和组织下，T村的标志性民俗文化活动从舞龙过渡到现在的祭拜族谱，使得T村舞龙的故事还在延续。

六　公共服务方面

完善公共服务是城镇化建设水平提高的必然要求。从国内外城镇化建设中传承民俗/传统体育文化的个案来看，地方政府及社会提供了多元的服务，政府通过对城镇化建设的科学规划，为民俗/传统体育文化的传承提供必要的基础设施，如美国政府为爱尔兰传承传统体育文化所规划的公园等场地设施；朝阳区、高碑店乡"两委"积极为G村高跷建设活动中心等，地方政府及社会为G村高跷参加的各种活动提供了后勤保障服务。

七　民间信仰方面

刘易斯·芒福德主张，在城镇化建设过程中不应该废除与民间信仰（宗教信仰）相关的教堂、寺庙、宗祠、墓园等设施和机构，而应该继续保留它们，以发挥其作为城市文化"器官"的教育作用和精神寄托的心灵慰藉作用。该主张在西方许多国家的城镇化建设中得以贯彻并产生了较好的效果，所以在西方许多国家的城市社区中，这些民众精神寄托的相关载体仍然得以保留和继续发挥作用。在我国，有的地方的与民俗体育文化相关的民间信仰并没有被移除，而且较好地实现传承，如南昌县Y村等五个兄弟村落举办的传统龙舟赛中自古就包含着神灵信仰和祖先信仰仪式，在南昌县政府主办Y村传统龙舟赛的国家化实践中，南昌县政府采用西方现代体育赛事的赛会模式及具有官方色彩的仪式内容，但同时并不干预村民的民间信仰，体现了地方政府的包容和与民同乐的积极态度。Y村传统龙舟赛被纳入国家化历程之后，大量的城镇居民和周边农民也来观看该龙舟赛事，城乡居民共享龙舟文化的独特魅力、在祠堂共享龙舟宴。这既可以提升当地农民对城镇化的认同感和归属感，也可以提升城镇居民对农村、农民的亲近感和认同感，有利于缓解城乡二元结构矛盾，促进城镇化建设。

八　承载功能方面

国内外的个案充分说明源自前现代社会的民俗/传统体育文化与现代社会和城镇化进程并不是截然对立、非此即彼的关系，如果我们处理得当完全可能做到民俗/传统体育文化与城镇化建设兼容甚至是双赢互动发展。在以城镇化、现代化为表征的今天，国内外传承较好的民俗/传统体育文化的一个根本性的共同点就是这些民俗/传统体育文化仍然在城镇化进程中有效地满足了其主体的文化需求。这些民俗/传统体育文化可能进行功能的调整或转化，如Y村村际龙舟赛在当下被政府认可后成为民众对地方政府和民族国家认同的重要载体；爱尔兰的传统体育项目及G村的高跷活动成为其文化主体强化族群认同和更好地融入城镇化进程的重要手段。原先民俗/传统体育文化所承载的功能在当前城镇化背景下仍然可能有效地满足主体的文化需求，但是其外在的核心形式则由于赖以存在的共生环境的脱域而消失。如T村舞龙所承载的核心功能在T村村民搬迁至混合型小区之后可以满足村民的新需求，而舞龙这个核心的外在形式则由于其共生环境的消失而难以继续存在，村民创造性地通过保留原先舞龙所承载的主要功能，用祭拜族谱替代舞龙这个外在形式，使T村以最小的代价从舞龙过渡到祭拜族谱的阶段，祭拜族谱取代舞龙成为T村的标志性民俗文化。

第六节　影响民俗体育文化传承和参与新型城镇化建设的制约因素

通过书中个案并结合已有的相关研究成果，笔者认为影响当前我国民俗体育文化传承和参与新型城镇化建设的制约因素主要有以下几个。

一　认识方面

贺雪峰指出，在城镇化建设过程中，"乡村的价值是毋庸置疑的，但是在当前的主流话语中都没有得到足够的重视"[①]。农村蕴含着丰富的民俗体育文化资源并且这种资源在社会历史进程中发挥了重要的作用，但我们在城镇化建设过程中对民俗体育文化的认识不足，这影响了民俗体育文化在新型城镇化建设中应发挥的作用。这些认识上的误区主要有：第一，将

---

① 贺雪峰：《城市化的中国道路》，东方出版社，2014，第25页。

西方体育文化奉为圭臬的误区。在城镇化建设过程中我们盲目学习西方，认为只有西方的现代体育项目和体育设施才符合城镇化建设所要达到的风格和效果。第二，受经济利益的驱使，我们片面地将民俗体育文化的传承理解为产业化、表演化，使得民俗体育文化的传承丧失了其所蕴含的精神价值，甚至成为经济的附属品或经济增长的手段和工具。第三，我们片面地把对民俗体育文化保护仅理解为静态保护，即非物质文化遗产保护或原生态保护，以入选非物质文化遗产保护名录、非物质文化遗产集中展示和表演来衡量城镇化进程中政府部门传承民俗体育文化的工作。第四，我们没有充分认识到民间信仰与民俗体育文化的共生关系，在城镇化建设中对与民俗体育文化密切相关的村庙、祠堂等文化空间和载体的认识不够全面。第五，文化主体对民俗体育文化认同下降。年轻一代对民俗体育文化了解不够，对民俗体育文化的传承意识越来越淡薄。

二 政策法规方面

英国是西方城镇化最早的国家，这与其重视法治和政府引导密切相关。首先是将城镇化建设纳入法治的约束范围。英国人比较早认识到城市发展应遵循历史脉络，城市既要有现代文明的要素，又不能忘记过去，而应该让文明历史脉络贯通。然而相当多的人在当时并不接受这一思想，对此理解不到位。为此，英国以立法的形式来确保这一观念得以实现。据统计，20世纪初以来，英国先后颁布了40多部与城镇化建设相关的法律法规。此外，政府的引导在英国城镇化中也起到了积极的作用。[①] 一直以来，我国各级政府出台了一系列关于中国民俗体育文化传承方面的政策法规，这也在客观上有力促进了民俗体育文化的传承和发展。但笔者在调研中发现，有些地方政府部门出台的相关政策往往具有一定的条块分割的特征。如南昌市政府出于城市环境治理的善意诉求在2018年出台的《南昌市禁止燃放烟花爆竹规定》将当地禁燃和限燃的区域进一步扩大，这无形中导致禁燃限燃区域部分民俗体育文化的暂停，地方民众对该政策也有一些不同的意见。如果地方政府在出台禁燃限燃政策时倾听和吸纳与民俗体

---

① 杨庆育、陈立洲：《城镇化理论与案例研究》，西南师范大学出版社，2016，第25页。

育文化相关的政府部门（如文化部门、体育部门、宣传部门、民宗委）的意见，政策的实施效果可能更好。此外，在城镇化背景下，各级政府出台的相应的非物质文化遗产保护条例客观上促进了民俗体育文化的传承和发展，但是其中与民俗体育文化相关的某些制度设计还需要进一步完善，如关于集体类的民俗体育文化非物质文化遗产代表性传承人的认定制度——国内一般的做法是认定个别的传承人为该民俗体育文化的代表性传承人（如G村高跷、青山湖区L村双龙戏珠舞龙）——还存在需要完善之处。

三　体育发展模式方面

一直以来，我国以西方现代体育为圭臬，导致在新型城镇化建设过程中的体育发展模式以西方现代体育为首选，这不仅体现在农村社区的体育设施的建设上，而且体现在城镇社区体育设施建设和供给上。这种千篇一律的体育发展模式使得广大的城镇和乡村的体育设施和体育文化建设不可避免地产生雷同、复制现象，城镇和乡村社区的体育文化特色不突出、社区体育活动形式单一、内容老套的现象比较普遍。在我国新型城镇化建设中全面推广西方现代体育，不仅缺乏群众基础，而且不利于民俗体育文化的传承。民俗体育文化在历史进程中是作为一个文化综合体而存在的，从表面上看是有项目化的成分，但是在内核上，民俗体育文化蕴含着更为丰富的价值体系，如自强不息的奋斗精神、团结互助的道德准则以及尊老爱幼的伦理规范等。但在民俗体育文化的保护和传承实践中，我们倾向于将民俗体育文化视作一个运动项目，并对其进行项目化的整理，例如，将民俗秧歌改造为社区广场开展的健身秧歌可能就存在这方面的问题。民俗体育文化中可能夹杂一些封建迷信的成分，导致我们容易简单地将其视作封建文化来处置，没有充分发挥它们在城镇化建设中的作用，事实上民俗体育文化在某些方面仍可发挥自己的效能，只是在城镇化进程中日渐衰微。在对民俗体育文化类的非物质文化遗产（如笔者所研究的G村高跷、青山湖区L村双龙戏珠舞龙）的传承实践中，也倾向于将其进行项目化（表演项目）的传承，而忽视了对其所蕴含的精神价值的传承，割裂了其与文化主体的血脉联系进而导致该民俗体育文化的生命力不足。

四　传承经费方面

当前我国体育事业和文化事业的资金来源主要是地方政府有限的财政支出，以政府投入为主，但是资金短缺已经成为我国新型城镇化建设中民俗体育文化发展的一个瓶颈。近年来，国家针对农村文化事业大力扶持，对农村民俗文化的传承也加大投入。但是所提供的政策力度和资金对广大农村和众多民俗体育文化来说，仍然存在较大的缺口。为保护非物质文化遗产，国家制定了一系列保护政策，投入了大量资金，但是对于民俗体育文化的非物质文化遗产保护来说资金缺口仍然很大。虽然有的民俗体育文化（如舞龙）的传承对经费的要求也不高，但是有的民俗体育文化可能因经费不足而陷入困境。例如，在陕西省大荔县官池镇西里村流传了 300 多年的背花锣是一种祈雨形式的民间鼓舞表演活动。由于传承经费缺乏，从 2009 年到 2015 年当地只举办过一次群众性活动，其间虽然也举办过多次县市展演活动，但这些活动已脱离了庙会祭祀的民间信仰载体。

五　传承主体方面

虽然有的民俗体育文化可能因为传承经费不足而陷入困境，但是笔者在调研中发现，在城镇化进程中对民俗体育文化传承影响更大的因素是传承主体式微。城镇化伴随着农业活动的比重逐渐下降、非农业活动的比重逐渐上升，人口从农村向城市逐渐转移，农民原有的组织方式、生产方式和生活方式将因城市生活习惯与文化习惯而改变。农民谈论的话题、娱乐方式、社交的环境等已经失去了原有的精神文化生活土壤，以及乡土文化土壤的支撑。年轻一代对民俗体育文化了解不够，对民俗体育文化传承意识越来越淡薄，甚至是不愿意学习、传承和参与民俗体育文化活动。如笔者所调研的 G 村、青山湖区 L 村等，无论是这些村落的村民、村委会还是所在的地方政府都享受到了城镇化建设给他们带来的红利，经济状况和财政状况都有了极大的改善，但是这些村落的民俗体育文化（如高跷和双龙戏珠舞龙活动）当前仍然面临传承困境。在笔者对当地访谈中村民说得最多的就是"不是钱的问题，主要是后继无人、人员跟不上"等无奈的话语。随着这两个村热心于踩高跷活动和舞龙活动的村民年龄的增长，年轻一代又接不上，这些民俗体育文化的处境可能会更加严峻。

六 社团培育方面

韩国的"新村运动"特别注重组织建设，韩国建立全国性的新村运动民间组织，培育社会团体，把新村运动转变为以民间为主导的运动。巴塞罗那和蒙特利尔等城市积极培育文化社会团体，是文化得以促进城市发展的关键所在。各种致力于传承和弘扬爱尔兰传统体育的社会团体的发展壮大也是爱尔兰传统体育能够在美国发扬光大的重要原因。我国也有民俗体育文化社会团体发展较好，并有力地推动民俗体育文化传承的案例，如笔者所研究的 Y 村传统龙舟赛个案中所涉及的南昌县龙舟协会的成长等。但是从笔者所研究的国内其他个案来看，均不同程度存在民俗体育文化社会团体建设滞后的问题，如南昌县 D 村虽然在本村村庙门口悬挂了"D 村龙灯协会"的招牌，但是在访谈中笔者发现 D 村的舞龙协会只是一个为了组织本村的舞龙活动而临时成立的组织，并未在当地民政部门登记注册，该协会也随着 D 村舞龙活动的暂停而"名存实亡"；G 村的高跷老会虽然得到了当地村委会的支持，但是也由于未在民政部门登记注册而处于较为松散的状态。有的民俗体育文化甚至没有相关负责的社会团体（如 T 村），或者原先负责开展民俗体育文化的社会团体（如 L 村的老人协会）现在的主要职能发生了转变。

七 文化精英方面

除了南昌县 Y 村等五个村落的传统龙舟赛有一批文化精英以外，从笔者所调查的其他个案来看，在城镇化建设进程中，热心于民俗体育文化传承的文化精英也呈现出青黄不接的状态。如参与青山湖区 L 村的双龙戏珠舞龙活动的文化精英现大多数已是五六十岁的"老人"，他们的体力和精力都不允许他们参加舞龙活动，这些文化精英面对舞龙在本村失传的局面而心灰意冷，L 村的年轻一代村民更是对本村的舞龙活动越来越陌生，更不用说指望他们继承父辈在本村舞龙活动中的文化精英地位。而 T 村的 60 岁以上的村落文化精英虽然在本村被拆迁之后不能力挽狂澜复兴本村曾经引以为豪的舞龙活动，但是这几位老人仍然孜孜不倦地为重建本村标准性的民俗文化——祭拜族谱活动而"孤军奋战"。由于忙于生计等，T村的年轻一代并没有参与祭拜族谱活动的筹备和组织，他们只是作为T村的后人在正月初一参加祭拜族谱的庆典活动。北京市G村高跷活动的文化精英面临的困境也与上述案例中反映的情况相似。

八 文化脱域方面

安东尼·吉登斯将脱域界定为："社会关系从彼此互动的地域性关联中，从通过不确定的视角的无限穿越而被重构的关联中'脱离出来'。"[①] 安东尼·吉登斯进一步指出在现代性的条件下文化脱域机制的生成主要体现在三个方面：一是时空分离。由于各种时间、空间因素的缺场，时间和空间逐渐虚化，使人们的行动脱离了特定的场景。二是社会结构的"抽离化"，日常生活的许多领域从个人的经验中脱离。三是反思性。前现代社会是通过传统或习俗维持的，而现代社会依赖理性，人们往往理性地进行选择。[②] 在城镇化建设过程中，我国民俗体育文化也在经历着这三方面的脱域：一是民俗体育文化时空的分离。民俗体育文化总是依托某个节庆或祭祀活动而存在，但是城镇化导致农业人口进城务工，他们难以保证有时间参加民俗体育文化活动；民俗体育文化依赖原生村落的村庙、祠堂和原生村落的聚落结构而存在，在城镇化进程中，这些文化空间都不可避免地遭到不同程度的破坏。二是城镇化的扩张致使越来越多的村落被拆迁，越来越多的农业人口从农村向城市转移。民俗体育文化的社会结构基础出现了"抽离化"的现象，民俗体育文化也总体上逐渐走向衰落。三是民俗体育文化主体在现代性、市场经济和城镇化的浪潮中逐渐趋于理性化，他们往往基于生计等现实方面的考虑，理性地选择自己的文化行为。从笔者所调研的北京市G村高跷活动、南昌市L村和T村的舞龙活动等个案来看，在城镇化中的城中村改造和村改居建设中，这些民俗体育文化与其赖以存在的时空出现分离、民俗体育文化的社会结构基础出现"抽离化"以及民俗体育文化主体的反思性和理性化的行为都在一定程度上导致了这些民俗

---

① 〔英〕安东尼·吉登斯：《现代性的后果》，田禾译，译林出版社，2011，第18页。
② 〔英〕安东尼·吉登斯：《现代性的后果》，田禾译，译林出版社，2011，第4~30页。

体育文化出现脱域现象。尽管有的民俗体育文化能够在脱域的情况下进行自我调适（如拆迁村 T 村把舞龙活动改为祭拜族谱民俗），但是大部分民俗体育文化因为脱域而走向衰落，如 G 村高跷活动和南昌市 L 村双龙戏珠舞龙活动。

第三章
国外民俗体育文化参与城镇化建设的个案

第一节 日本城镇化进程中相扑的现代化转型

　　日本地处亚洲的东北部，太平洋西岸，地形复杂，山脉横亘，多半岛和岛屿，是一个由东北向西南延伸的狭长弧形岛国。日本河流众多，峡谷交错，平原和低地较少，大部分国土为森林所覆盖，森林面积占陆地总面积的66%。日本是典型的多山国家，位于亚欧板块和太平洋板块边界的中间，地壳变动剧烈，火山众多且活动频繁，日本平均每天发生4次有感地震，素有"火山地震之邦"的称号。正是这些频发的自然灾害，培养了日本人对环境观察的精密和敏捷，磨砺了他们对自然奥妙与神秘所特有的敏锐感觉，使他们在工作和生活中保持强烈的危机意识。日本人凡事都从最糟糕的方面去考虑，从不敢掉以轻心，并千方百计防患于未然。在气候条件方面，日本大部分地区属于温带海洋性季风气候，由于国土狭长，纵贯热带、温带和寒带3个气候带，加之受大陆和海洋气候的双重影响，日本气候变化较大，四季分明。受地形和气候的影响，日本形成从南部亚热带到北部亚寒带的风土特征，呈现出山顶是积雪，中部是红叶，山脚还是一片绿色的景观。这种得天独厚的自然景观使日本人比一般农耕民族对土地怀有更深的眷恋和亲近感，造就了他们对自然之美和季节嬗变更为敏锐的感受和观察力，并影响了日本人的美学意识和宗教意识，催生了他们与自然为友、与自然共生的自然观。①

相扑是日本传统的神道仪式与体术结合的民俗体育文化,由两名力士裸露上身,互相角力。《古事记》中的神代(日本神话),描写建御雷神和出云的建御名方神之间的"力竞",被视为相扑的起源。相扑是日本的国技和国际性的具有武术性、格斗性的体育运动。作为一项历史悠久、风格独特、蕴含着丰富精神内涵的民俗体育文化形式,相扑在日本人的心目中具有崇高的地位,因此被誉为"国技"。相扑作为日本的身体文化符号之一,其历史可以追溯到农耕文明时期。古代日本人经常在春种秋收季节举行各种仪式,向神灵祈祷保佑五谷丰登或对丰收表示感谢,相扑就是作为其中的祭祀仪式之一出现的,而其比赛形式与气候温暖、水源丰富的日本风土特征密切相关。② 后来,在经过一番改革后,相扑成为宫廷的一种隆重礼仪。到了中世纪,随着武士势力的崛起,相扑不再作为一种宗教仪式出现,而是成为一种在战场上发挥实际作用的武技盛行。武士阶层没落以后,相扑又作为一种艺术表演在神社及寺院广泛地开展。直至明治维新,相扑在经历了西方现代体育文化的冲击后,在保持其传统的组织结构和审美观念的基础上,逐渐成为一种大众性体育运动形式留存下来。

一 日本相扑的早期形态

1. 祈求丰收的民间神事相扑

1700多年前,日本民间流行祭神活动,而相扑作为一种格斗仪式出现在其中,胜者可以为自己的家乡带来幸福和丰收。活动时,牛被打扮得十分漂亮,在用金银装饰的花鞍上插着五颜六色的小旗子,迎面走来的牛就像童话里的"神牛"一样威风凛凛。当成堆的稻秸被点燃时,四周便响起人们的祈祷声、鼓乐声。随后在一阵阵呼号声中,一群长发盘顶、膀阔腰粗的彪形大汉赤膊上阵,在用草袋子砌成的圆圈内,两相角力。有的单臂将对手提起,动作有力且粗犷;有的双双倒在地上翻滚,似野兽格斗。紧张精彩的角逐,点缀着节日的喜庆,反映了人们对美好生活的向往,以及

---

① 杨伟:《日本文化论》,重庆出版社,2008,第4页。
② 王秀文:《传统与现代:日本社会文化研究》,世界知识出版社,2002,第13页。

希望相扑大力士的英勇气魄压倒鬼怪，祈求丰收和美好的生活。在农耕社会，人们受较低的生产力和认知水平所限，主要依靠自然物生活，因此人们崇拜自然，对大自然充满了敬畏感，希望能从神那里寻求力量。那时的相扑祭神活动分为两种：一种是在两个集团的代表之间进行竞赛，赢方获得提前庆祝丰收的奖励；另一种是人们虚拟与掌管丰收和歉收的神灵进行竞赛，来求得提前庆祝丰收。无论是哪种形式，相扑祭神活动都体现了人们寄希望于从神灵那里获得力量，从而得以提前庆祝丰收。

2. 专供皇室观赏的节会相扑

日本史中的 4 世纪到 12 世纪这段时期被称为古代，包括大和、奈良、平安三个时代，而奈良时代和平安时代举办宫廷祭祀活动的节会相扑（即相扑节），能够完全体现这一时期的相扑特征。《日本书纪》记载，皇极天皇元年（642 年），元正天皇为了招待古代南朝鲜百济的使者而召集健儿进行了相扑表演，之后又设立了拔出司（后改为相扑司）作为管理相扑活动的专门机构，由此可知当时朝廷已经着手制定相扑的相关制度和规则。到了圣武天皇时期，为了向神祈求风调雨顺、五谷丰登，天皇便从全国募集相扑力士，在宫内组织相扑表演，日本在这一年获得了农业大丰收，于是规定每年 7 月 7 日在宫中举行相扑祭祀仪式。到了平安时代，节会相扑与正月的射礼、五月的骑射被统称为"三度节"，成为宫廷中的重要祭祀活动。所谓节会相扑，就是把镇守全国各关所的恃力自傲的"关取"聚集到宫廷，命其在庭院中进行角逐，然后根据东、西日本两方的胜负来占卜该年稻米和小麦的收成。① 节会相扑与现代相扑的不同之处在于，节会相扑没有正规的比赛场地和裁判，只是随意在一片开阔的空地进行比赛，而胜负的关键是要把对手摔倒在地面上，或想办法使对手的膝盖或手碰到地面。另外，节会相扑设有"立会"一职，主要是为了安排比赛事项，为比赛选手服务，并不行使现代相扑中"行司"一职的权力。当选手对比赛判决有争议时，都可以提出"论"（当时的抗议制度），当时的天皇作为审判长，听取双方辩解后再做出判决，该判决被称为"天判"，没有人可以改

---

① 陈洪兵、金舒莺、刘颖编著《日本相扑与力士》，宁夏人民出版社，2005，第 19 页。

变。① 由此可见，这种长期在宫廷"皇权指导型"下盛行开来的节会相扑，确立了一些比赛的规则和形式，强制性地将全国杰出的相扑力士集中在一起，使相扑活动朝着竞技化方向发展，不仅对当时各地相扑活动的发展起到了重要作用，而且大体确定了现代相扑技巧的基本形态，塑造了现代相扑的雏形。节会相扑从较量力气的格斗逐渐发展为以竞技为目的的体育运动，在成为供天皇及宫廷大臣观赏享受的一种娱乐的同时，它也深入民心，成为一项广大民众喜爱的竞技活动。

3. 将士训练科目的武家相扑

镰仓时代、室町时代、战国时代被称为日本史上的中世纪时代，这一时期日本国家政权从贵族阶层向武士阶层转移，日本社会开始进入武士时代。随着武士势力的崛起，整个岛国弥漫着习武之风，分散在各地的相扑力士也纷纷抓住机会希望成为武士，他们依靠自身的相扑技术参加战斗，从而获取功劳。镰仓幕府成立后，幕府热衷于举办各类相扑比赛，甚至有时会安排将军观战，以此激励士气。虽然武家相扑没有节会相扑那般豪华壮丽，但能够磨炼将士们的厮杀技巧。这一时期的武家相扑不再像节会相扑那样作为一种宗教祭祀仪式出现，而是成为一种在战场上发挥实际作用的武技在武士中盛行。随着战场上战斗形式的改变，武家相扑逐渐演变成强身健体的运动方式，其中"取手"和"捕手"作为当时的两种技法备受重视。除了由武士阶层主导的武家相扑外，还有一种是由继承了节会相扑的职业相扑集团主导的奉纳相扑。奉纳相扑是为了筹措修建、修复寺院神社、桥梁等的资金而举行的，政治色彩淡化，逐渐发展成为大众乐于接受的一种艺术表演。中世纪前期是"武士派相扑"和"职业相扑集团派相扑"并存的时代；到了中世纪后期，"武士派相扑"开始不受重视，相扑比赛与武士脱离关系，成为供权力者欣赏的艺术表演，这也是后来劝进相扑形成的基础。

二 相扑作为一种艺术表演进入都市

1. 历史背景

中世纪末，劝进相扑开始兴起，各地民众纷纷于街头进行相扑表演，

---

① 生沼芳弘：《日本社会における相撲の歴史》，《東海大学紀要・体育学部》1981 年第 11 期。

一些喜欢相扑的权贵也出钱雇专业相扑力士为他们进行相扑表演。江户幕府曾一度禁止劝进相扑在都会城市活动，到了18世纪以后，才开始放松限制，有条件地允许部分劝进相扑公演。对此，在新田一郎看来，"京都、大阪地区是物资流通中心，社会剩余资本已经积累到了一定程度，消费文化由此产生。与此同时，各地都在修建道路、桥梁、运河并在沿岸地区进行填海造地开发，振兴城市经济活动被提上日程，社会资本亟待整合，作为一种补充公共投资方法，以消费文化为背景，劝进相扑重新登上历史舞台"①。"劝进"意即化缘，中世纪的劝进相扑仅仅是为修建寺院神社或者新建道路、桥梁等筹集捐款而进行的相扑表演。当时的劝进相扑是由劝进公演的主办方召集专业的相扑力士构成"劝进元"和当地的相扑力士组织起来的"寄方"以对抗的形式进行的。值得关注的是，当时的相扑比赛开始出现裁判，他们不仅要判定相扑比赛的胜负，而且要主持相扑比赛。此外，中世纪的民众除了是寺院神社举办劝进相扑公演的忠实观众，还自发地组织并参与相扑比赛，而这种民众自娱自乐的相扑被称为"街头相扑"。正是这种"街头相扑"的兴起，才使后来的劝进相扑公演变了味，发展为近代的营利性劝进大相扑，成为一种艺术表演形式。

2. 劝进相扑在都市的传承概况

如果用一句话来概括江户时代劝进相扑的基本特征，那就是确立了以营利为目的的艺术表演性质。这一时期劝进相扑公演的主办方也由寺院神社变为由相扑力士组成的相扑协会，每年都会在江户、大阪、京都3个都市分别定期举办10天左右的相扑公演，江户也成为全国相扑表演的中心。19世纪中期，美国人柯林斯因去日本江户旅行，目睹了当时日本相扑表演的情景：那时的相扑场地四周是用木板围起来的，顶上用布盖住，沿着场地周围一圈有离地数尺高的包厢，由贵族专用，而民众则围坐在场地中央一个高出地面的土台盘。表演前，9对束发梳髻的相扑力士从后台走出来，分成两排相对而坐，除了胯裆兜着一块厚布外，其余部位都裸露着……表演结束后，胜者将双手按在膝盖上向观众鞠躬，然后走下台去。而整个表演过程中都有佩带武器的士兵在一旁维持秩序。对这段时期的相扑表演，新

---

① 新田一郎：《相撲の歴史》，山川出版社，1994，第190页。

田一郎认为"当时观众的品位和要求与现在有所不同,比如江户地区出现的谷风之助和大阪地区的小野川喜三郎在比赛时留下了不分胜负的结果,而这种在相扑比赛中,相扑力士双方无人受伤,打成平局的结果越来越引人注目。有时观众也不在乎比赛结果,只是把相扑台上的表演当作一种艺术来欣赏"[1]。由此可知,这一时期的相扑主导权由武士阶层转移到市民阶层,并且相扑确立了其艺术表演的性质。

此外,江户时代国家还出台了相扑的相关法令:允许职业相扑力士在场地设入口,收取进场费。此举意味着政府准许举行以营利为目的的相扑比赛,虽失去"劝进"本意,但比赛仍以"劝进相扑"之名举行,此时的劝进相扑以职业力士为主要参赛者。这些变化使得相扑这一运动更具浓郁的艺术表演色彩,在形成一套比赛规则等规范体系后,这项运动越来越趋向于职业化,在江户、大阪、京都等消费文化大都市发展。在这种管理体制下兴盛起来的职业相扑,产生了一大批优秀的竞技者,在提高当地经济的同时,也为广大民众带来了乐趣。这个时期的相扑运动反映出文化的创造者从武士和豪商等上层阶级扩展到中小工商业者等一般庶民阶层,并且地方和农村的文化普及也有了很大发展。

三 城镇化进程中的现代相扑

1. 历史背景

日本工业化始于明治维新,工业化的发展带动了城市化的进程,也推动了相扑的现代化转型。在新政府推行的"富国强兵、殖产兴业、文明开化"等政策影响下,日本的文化、教育、思想、宗教、国民生活等各个方面广泛地受到了欧美新文化的影响,相扑一度被认为是野蛮的游戏,受欢迎程度大不如从前。在此背景下,相扑界人士依靠商业资本等新兴经济势力的扶持开始对相扑进行改革,主要是对欧美文化与日本传统文化进行调和,融入国家主义、民族主义与个人主义,创造出日本相扑的独特文化。随着日本资本主义的飞跃发展和工业化的推进,日本社会开始出现城市化和大众化局面,回归日本传统文化和思想的呼声高涨起来,"相扑是日本

---

[1] 新田一郎:《相撲の歴史》,山川出版社,1994,第190页。

精神的真髓",相扑开始被称为"国技"。

2. 现代相扑的文化性

日本城市化过程中所引发的家庭内部关系的变化、邻里关系的重构、社区文化的整合、社会生活方式的改变，以及由此引发的对传统体育文化的改造与继承、创新与发展，① 是对集体记忆的一种追寻与认同。相扑是一种快速而激烈的运动，这一点与拳击相似，但是与拳击又有所不同，因为它不仅是一种纯粹的运动，还蕴含着日本的传统文化。神道教作为与日本民族身份认同有关的宗教，以传统的民间信仰为基础，吸收儒家、佛教等思想而逐渐系统化、理论化，其神话、传说和神灵使日本的土地神圣化，并维持着日本人民与其土著神之间的特殊关系。② 相扑来源于神道教的宗教仪式，一直重视对天地神祇和祖先神的祭拜，例如，相扑比赛场地中央嵌着缀有白色纸条的四根柱子，分别代表四季之神，比赛前，裁判员对着柱子用奇特且带有韵律的声调诵念咒文来祈福。早期相扑比赛中的行为准则与其封建等级制度密切相关，主要反映对长辈或社会地位高于自己的人的谦恭和服从，以及对地位低于自己或依赖自己的人的体谅。③ 随着日本城市化的发展，这种在相扑比赛中的礼仪文化已经渗透到日本人的日常生活中，比如对长辈及不太了解的人，要使用客气、礼貌的语言表达方式；上下班遇见上级和同事时要打招呼，这些都是生活中的基本礼仪。此外，现代相扑比赛所用的场地是圆形的土俵，这样设计是为了能让相扑力士的腿脚活动更自如，不会被对手逼入死角，增强了格斗的技巧性。同时，现代相扑还保留了许多传统的礼仪规则，如比赛前用"力水"漱口，以示清洁灵魂；用"力纸"擦手，意味着清净心灵上的污点；摊开双手，表示没有携带武器。最吸引人注意的是在场上撒盐，这么做既是为了保持赛场的清洁，也是为了祈祷赛事的平安和力士的安全。

---

① 韩若冰:《日本战后城市化进程中社会习俗的解构与守成——兼论长谷川町子漫画角色的草根性》,《民俗研究》2018 年第 4 期。
② 西村秀樹:《大相撲の文化性を問う —祝祭からスポーツへ—》,《スポーツ社会学研究》2016 年第 2 期。
③ Reader I, "Sumo: The Recent History of an Ethical Model for Japanese Society", *The International Journal of the History of Sport*, 1989, p. 3.

3. 现代相扑的大众性

日本的城市化始于明治维新时期，伴随着工业化的推进而逐步发展。这一时期政府开始实行"废藩置县"制，由此出现了现代意义上的城市雏形。后来日本进行了土地改革，废除了封建土地所有制，允许土地买卖，确立了土地私有制，政府的一系列措施为城市的发展提供了空间，[1] 相扑开始从城镇郊区的表演活动发展为城市中心的娱乐项目，最后成为国民喜爱的一项体育运动。现代相扑分为职业相扑与业余相扑。职业相扑由日本相扑协会组织领导，该协会每年举办6次职业相扑锦标赛，比赛的最高荣誉为"天皇赐杯"，另外还设有"殊勋奖敢斗奖技能奖"等。每场比赛不但座无虚席，而且各大媒体都争相报道赛况，这也自然而然地为日本相扑协会带来了可观的利润，极大地促进了当地的经济发展。尽管职业相扑比赛为当地带来了不少利润，但大部分被资本瓜分，很少流入相扑力士的手里，为此，日本的职业相扑选手多次以罢工的形式来争取更好的工资和福利。[2] 在明治、大正时代，日本各地兴起有组织的业余相扑，这种业余相扑的主导力量是市民阶层，这种相扑在继承了古代相扑历史传统的同时，赋予了其增强国民体质的时代内涵。在得到日本相扑协会的大力支持后，以学生为骨干力量的业余相扑大会备受人们的喜爱，其热烈火爆的场面完全可以与职业相扑媲美。至此，现代相扑开始被日本人视作"文物国宝"，受到日本人的尊重，并被列入日本一年一度国民体育大会的正式比赛项目，在保持传统的组织结构和审美观念的基础上，逐渐成为一种大众性体育运动形式。

4. 现代相扑的国际化

日本社会制度的转型以及现代工业基础设施的快速发展，标志着日本推行的现代化项目取得了成功。相扑与日本诸多民俗体育文化能够重新被重视，在很大程度上受益于民族主义情绪的兴起，例如，在20世纪初日俄战争中，相扑被视为增强国民素质、提高爱国热情、培养男性青年为国家

---

[1] 门晓红：《日本城市化：历史、特点及其启示》，《科学社会主义》2015 年第 1 期。
[2] T. A. Green, *Martial Arts of the World: An Encyclopedia of History and Innovation*, Abc-Clio, 2010, pp. 178 – 179.

服务的有用工具。① 第二次世界大战以后，相扑开始成为日本民族体育文化，日本的相扑代表团相继出访了美国、中国、英国、法国等国家，足迹遍及几大洲，受到当地人民的热烈欢迎。当时的相扑还只是作为日本出访时用来增进两国人民之间的友谊和交流的表演项目，真正标志着相扑国际化的是外国相扑力士杰西·詹姆斯（Jesse James）在日本比赛中的首次登场。这是日本相扑文化国际化发展中具有重大意义的事件，不但促进了外国相扑力士的崛起，而且颠覆了日本相扑界的一些传统观念，为相扑文化的多元化发展奠定了基础。② 外国力士在日本不仅要学习相扑的技艺，还要学习相扑的精神和文化，接触日本的社会、风俗、人情，融入日本社会。此外，相扑的国际化自然离不开日本政府和日本相扑协会的努力，为了使相扑运动适应现代体育的要求，日本政府不得不缩短比赛开始前的仪式准备时间，而这也导致了相扑运动在国际上越来越趋向于竞技化、体育化。然而在全球化发展的今天，独特的民族文化才有吸引外国人的力量，相扑文化的魅力在于崇尚公平、态度淡定、相互尊重、重视礼仪等，因此相扑文化才是成为促进相扑运动国际化的决定性因素。

四 结语

作为日本人农耕时期生活的一部分而发展起来的民俗体育文化，相扑非但没有因日本城市化发展而消失在历史长河之中，反而在不断顺应新时代要求，尽力维护和保持着日本自古以来的风俗传统。从古代民间的宗教祭祀仪式转变为专供皇室贵族观赏享受的娱乐活动，后因武士势力的崛起成为武士军事训练的武艺，到江户时代才作为艺术表演进入都市，最后才形成现如今大众化、职业化、国际化的现代相扑。纵观其悠久历史，不难发现相扑作为一项与传统文化紧密相关的运动，深深植根于日本的宗教、文化和社会传统，正是这些独特的文化魅力加强了它在现代的吸引力。随着日本城市化的迅速发展，相扑更加明显地代表了日本的传统文化，它的

---

① W. Manzenreiter, "Cracks in the Moral Economy of Sumo: Beasts of Burden, Sport Heroes, National Icons and Living Gods in Disgrace", *The International Journal of the History of Sport*, 2014, p. 4.
② 張永涛:《日本相撲文化の国際化研究》,《AIBS ジャーナル》2013 年第 7 期。

受欢迎程度也相应地提高了，因为它不仅是一项体育运动，而且反映了日本深厚的文化底蕴和风俗习惯。

第二节　美国城镇化建设中的爱尔兰传统体育文化

美国位于北美洲中部，北与加拿大接壤，南靠墨西哥湾，西临太平洋，东临大西洋。美国原为印第安人聚居地，15 世纪末，西班牙、荷兰、英国、法国等国向北美移民并建立殖民地，在接下来的 4 个世纪中，这 4 个国家围绕殖民地和海上霸权展开了激烈的斗争。到 18 世纪中期，北美大部分土地被英国殖民。但是，随着北美殖民地的经济往来和长期交流的增加，英语成为各殖民地的共同语言，在此基础上，美利坚民族开始形成，民族意识逐渐觉醒。1775~1783 年的美国革命战争后，英国的殖民统治结束，美国成为独立的国家。2019 年 1 月，美国约有 3.3 亿人。① 1824~1924 年，共有 3400 万欧洲人移民到美国。② 从这一时期开始，大量爱尔兰人离开故土前往美国。从 19 世纪初至今，大约有 700 万爱尔兰人移民到美国，其中绝大多数是天主教徒。据估计，大约有 4000 万美国人祖籍在爱尔兰。③ 目前，在美国 51 个州中，缅因州、德蒙特州、马萨诸塞州、罗得岛州、新罕布什尔州、德拉华州以及宾夕法尼亚州等东北部州中具有爱尔兰血统的人口占所在州人口的比例超过 15%。纽约州、新泽西州、中部的大部分州以及西部的加利福尼亚州中具有爱尔兰血统的人口占所在州总人口的 11%~14.9%。波士顿、芝加哥、布法罗、旧金山等城市是爱尔兰移民最集中的城市。

数百万名爱尔兰移民成为美国社会发展变迁过程中无法回避的研究话题。移民至美国的爱尔兰人将其传统体育文化带到美国，这些传统体育文

---

① 《美国国家概况》，中华人民共和国外交部官网，https://www.fmprc.gov.cn/web/gjhdq_676201/gj_676203/bmz_679954/1206_680528/1206x0_680530/。
② Mary J. Shapiro, *Gateway to Liberty*, New York, Random House, 1986.
③ "US Immigration History Statistics", US Immigration, http://www.emmigration.info/us-immigration-history-statistics.htm.

化在帮助爱尔兰移民融入美国城镇化进程中也获得的自身的延续和发展。同时，爱尔兰传统体育文化也有效地促进了美国城镇化建设，其中比较有代表性的是爱尔兰曲棍球和盖尔足球。

一 美国城镇化进程中爱尔兰传统体育文化的在场

总体而言，美国城市社会的演变分为以下几个时期：殖民时期（1500～1776年）、城市扩张时期（1776～1860年）、步行城市时期（1820～1865年）、工业化城市发展时期（1865～1920年）、大都会主义时期（1920～1940年）、城市危机萌芽与发展时期（1940～1990年）和20世纪90年代之后的美国城市发展多样化时期（1990年至今）。爱尔兰传统体育文化在美国主要从工业化城市发展时期开始发展。

1. 步行城市时期爱尔兰传统体育文化的在场

城市扩张后期也是美国步行城市发展时期。直到19世纪50年代，美国城市街道中心依然是由货车、四轮马车、马和行人占据，人们的出行依然依靠步行。这一时期的美国城市被史学家称为"步行城市"。步行城市时期，移民至美国的信奉天主教的爱尔兰人并没有抛弃他们的信仰和文化传统。在适应新世界的过程中，爱尔兰民族文化在很多方面得以繁荣发展。[①] 当时爱尔兰传统音乐、歌曲和舞蹈还没有结构性地存在于社会中，但是在为数不多的爱尔兰移民及其与母国的情感连接中被保存下来。除了政治性和文化性的组织之外，爱尔兰移民也参加体育性组织。[②] 步行城市后期的爱尔兰移民在融入美国现代社会的过程中积极传承和延续其传统体育文化。与大多数爱尔兰移民的社会活动一样，天主教也渗透其中。教区组成的队伍开始出现并参加比赛，队伍中的成员大多是爱尔兰移民。1836年，古爱尔兰修道会（Ancient Order of Hibernians，AOH）成立，这是一个兄弟会性质的组织，AOH在建构爱尔兰移民身份以及培养社区领导方面发挥了关键作用。除此之外，禁酒运动（Temperance Movements）是另外一

---

① Kirby Miller and Paul Wagner, *Out of Ireland: The Story of Irish Emigration to America*, London: EI Entertainment, 1994, p. 110.
② Regina Dolon, *German and Irish Immigrants in the Midwestern United States, 1850-1900*, New York: Springer International Publishing, 2018, p. 133.

种吸引爱尔兰移民的社会组织。这个组织为爱尔兰移民提供了来自旧世界的亲切感,同时也提供了"新世界"的环境。① 组织相对完善的结构化的盖尔体育从19世纪50年代早期开始流行,爱尔兰曲棍球俱乐部和盖尔足球俱乐部分别于1853年和1859年在旧金山和新奥尔良等地建立。② 纽约在1857年成立了爱尔兰曲棍球和盖尔足球俱乐部。③ 这为爱尔兰传统体育文化在美国的进一步传承和发展奠定了基础。

2. 工业化城市发展时期爱尔兰传统体育文化的在场

到了工业化城市发展时期,城市的运输系统将居民区、商贸区以及工作区联系起来,城市变得比农村更具吸引力,城市中的公园、操场等设施以及各种消费娱乐场所为各个层次的消费者提供了便利。工业化和公共交通相互作用,使城市的生活模式与过去的生活模式截然不同。随着公共交通的发展,人口的流动性增强。人们对空间、便利以及良好设施的追求使得原有的社区结构和形态遭遇了急剧的变化。人们开始频繁地搬家来寻求更宜居的环境。中产阶级开始搬到郊区居住,属于工人阶级的流动人口和外国移民则拥向老城区。这种变化使得美国的城市在这一时期慢慢形成了城市中心区和外围区两个部分,最终成为美国大都市最基本和最典型的城市特征。

从19世纪后期开始的一系列的市政改革打击了腐败、降低了税收、支持了当地人的服务事业、提高了公共行政的管理水平,但是忽视了一些长期存在的社会问题,在提供社会福利方面并没有完全取代政治机器所扮演的角色。④ 这一时期,社会改革运动在城市中心区所做的努力主要体现在3个方面:宗教组织在全社会开展社会福音运动、教育改革者发起的对城市

---

① M. Deirdre and Moloney, "Combatting Whiskey's Work: The Catholic Temperance Movement in Late Nineteenth Century America", *US Catholic Historian*, vol. 16, no. 3, 1998.

② Ralph Wilcox, "The Shamrock and the Eagle: Irish Americans and Sport in the Nineteenth Century", In *Ethnicity and Sport in North American History and Culture*, Edited by G. Eisen and D. K. Wiggins, New York: Greenwood Press, 1994, pp. 55–74.

③ Ralph Wilcox, "The Shamrock and the Eagle: Irish Americans and Sport in the Nineteenth Century", In *Ethnicity and Sport in North American History and Culture*, edited by G. Eisen and D. K. Wiggins, New York: Greenwood Press, 1994, p. 70.

④ 〔美〕霍华德·丘达柯夫、朱迪丝·史密斯、彼得·鲍德温:《美国城市社会的演变》(第7版),熊茜超、郭旻天译,上海社会科学院出版社,2016,第22页。

中心区居民的文化运动以及睦邻运动。这一时期，城市美化运动兴起，城市的卫生和健康问题出现，城市的改造得以推进。这一时期，爱尔兰移民在政治上取得一定成功，在地方和国家层面的政府办公室都有爱尔兰移民的身影。到 19 世纪 80 年代，爱尔兰移民政客的身影已经遍布全美国。19 世纪后半期，移民教堂继续发挥着重要作用。移民教堂是民族身份的体现，也是形成移民团体、保护母国传统和文化的推动力量。① 除此之外，爱尔兰运动俱乐部的兴起成为推动爱尔兰民族传统体育文化在美国发展的重要力量。

(1) 这个时期爱尔兰传统体育文化在波士顿市的传承概况

1879 年 9 月，波士顿爱尔兰运动俱乐部成立，这标志着波士顿盖尔体育出现。这一俱乐部由第一代爱尔兰移民成立，其成员都是波士顿凯尔特语协会（Philo-Celtic Society）的成员。这一组织成立于 1873 年，目标是保护和促进爱尔兰文化在波士顿及马萨诸塞州的发展。② 波士顿爱尔兰运动俱乐部的主要目的是促进"保护波士顿爱尔兰人社区中的爱尔兰运动、体育和休闲"。③ 1879 年 9 月 29 日，该俱乐部举办了首次年度体育聚会，聚会还有一些具有爱尔兰特色的休闲活动。该聚会以一场爱尔兰曲棍球比赛结束，有 32 名运动员上场比赛。波士顿爱尔兰运动俱乐部的活动在 19 世纪 80 年代一直没有中断，且它的一个很重要的目的是促进爱尔兰传统体育文化的发展。

1886 年，波士顿举办了首场爱尔兰境外的以 GAA 规则来约束比赛的盖尔足球赛。这场比赛增强了在美国的爱尔兰移民的民族意识以及提升了其对盖尔体育的兴趣。两年之后，盖尔体育名声大噪。这时，推广盖尔体育的目的更偏向为复兴古爱尔兰的 Tailteann 运动会筹集资金。爱尔兰还派出一个代表团到美国进行比赛。盖尔体育在波士顿的地位主要得益于爱尔兰代表团来访美国所带来的影响。代表团在波士顿进行盖尔体育展示时，

---

① Regina Dolon, *German and Irish Immigrants in the Midwestern United States, 1850 – 1900*, New York: Springer International Publishing, 2018, p. 174.
② Anonymous, The Gael, 1901 – 9 – 292, cited by Paul Darby, "Gaelic Sport and the Irish in Boston, 1879 – 1890", *Irish Historical Studies*, vol. 33, no. 132, 2003.
③ Anonymous, Boston Pilot, 1886 – 6 – 12, cited by Paul Darby, "Gaelic Sport and the Irish in Boston, 1879 – 1890", *Irish Historical Studies*, vol. 33, no. 132, 2003.

到场的观众是整个活动中最多的一次。之后，波士顿有 4 家爱尔兰曲棍球俱乐部快速发展，到 1897 年还成立了青年爱尔兰人曲棍球俱乐部（Young Irish Hurling Club）。[1] 波士顿盖尔体育的发展还与热心的文化精英息息相关，其中最重要的是约翰·波伊尔·欧雷利（John Boyle O'Reilly）。欧雷利在 1879 年的首次比赛中担任裁判和教练，到 1890 年去世，他一直在爱尔兰曲棍球的比赛担任这两个职务。波士顿早期的盖尔体育的发展得到了他的帮助，他的组织能力也得以发挥。19 世纪后期，波士顿的盖尔体育文化成为爱尔兰移民建构族群认同的重要载体。

（2）这个时期爱尔兰传统体育文化在纽约市的传承概况

1886 年，波士顿开始成为爱尔兰传统体育项目现代模式的起源地。这一时期的爱尔兰传统体育成为爱尔兰民族主义在美国大都市区生长和发展的核心领域。[2] 1888 年，爱尔兰 GAA 首任主席提出组织爱尔兰运动员到美国比赛的想法，以此为爱尔兰失传已久但 GAA 想要复兴的 Tailteann 运动会筹集资金。这一想法最终得以实现，由 50 多名爱尔兰曲棍球运动员、盖尔足球运动员和官员组成的代表团在 1888 年 8 月 25 日抵达纽约。随后他们在曼哈顿运动员俱乐部的场地上举行了首场表演赛，之后又分别在布鲁克林、纽瓦克、波士顿、费城等地举行比赛，并在曼哈顿广场花园举行了盛大的室内运动比赛。此次巡回表演赛对盖尔体育在美国的发展起到了重要作用，也鼓励了在美国的爱尔兰人热爱盖尔体育并遵守凯尔特准则。[3] 对于纽约的盖尔体育狂热爱好者来说，此行的最重要的目的应该是提升 GAA 文化在纽约的影响力。截至 1891 年，纽约地区成立了 22 家爱尔兰曲棍球俱乐部，纽约成为这一时期全美盖尔体育的中心之一。[4] 随着盖尔体育的不断发展，为了规范和监督快速发展的俱乐部，1891 年 9 月，所有在

---

[1] Paul Darby, "Gaelic Sport and the Irish Diaspora in Boston, 1879 – 1890", *Irish Historical Studies*, vol. 33, no. 132, 2003.

[2] Paul Darby, "Gaelic Sport and the Irish Diaspora in Boston, 1879 – 1890", *Irish Historical Studies*, vol. 33, no. 132, 2003.

[3] Anonymous, "The Irish Amateur Athletes", The Irish World and American Industrial Liberator, 1888.

[4] J. T. Ridge, "Irish County Societies in New York, 1880 – 1914", *The New York Irish*, edited by R. H. Bayor and T. J. Meagher, Baltimore: Johns Hopkins University Press, 1997, pp. 275 – 300.

纽约的俱乐部同意成立"美国 GAA"。

这一时期美国城镇化发展迅速，爱尔兰区域性的组织也在美国快速发展。1849年，大量的以郡县为基础的爱尔兰体育组织在美国成立，这些组织特别强调其爱尔兰特色和根源。但是到了20世纪初期，各种组织关注盖尔体育，这毫无疑问提升了盖尔体育在纽约的人气。由凯尔特公园的所有人组成的爱尔兰人美国运动俱乐部（Irish American Athletic Club）也开始参与到盖尔体育的组织和发展过程中。1904年9月，24个组织参加了由基尔基尼社会友爱协会组织举办的会议，该会议上，具有统一的组织结构的爱尔兰郡县运动联盟（Irish Counties Athletic Union，ICAU）成立。这一组织迅速成为纽约市最主要的盖尔体育管理机构。该组织的任务主要有两个方面：一是宣传盖尔体育，二是培养郡县组织之间（尤其是在爱尔兰男性中）兄弟般的情感。① 爱尔兰郡县运动联盟组织了多场郡县之间的爱尔兰传统体育比赛，盖尔体育在纽约的爱尔兰社区中变得广为人知。从1905年开始，麦德逊广场花园球场举行多场比赛，这些比赛激发了爱尔兰裔美国人和美国本土人士的"极大兴趣"。②

（3）这个时期爱尔兰传统体育文化在芝加哥市的传承概况

随着1884年GAA在爱尔兰的成立，一套正规的规则得以制定，更具有组织特征的爱尔兰传统体育开始出现在芝加哥的爱尔兰人的各种政治、文化和社会活动中。1888年GAA组织的爱尔兰代表团访美的活动最重要成果是推动了芝加哥盖尔足球俱乐部的成立。随着盖尔体育的快速发展，1891年6月，芝加哥的爱尔兰人成立了伊利诺伊州GAA来管理整个州的盖尔体育活动，并定期组织比赛。到1891年底，芝加哥的盖尔足球俱乐部和曲棍球俱乐部已经增加到10个，成员已经有2000多名，1891年赛季平均每场比赛吸引3000～4000名观众。世纪之交，伊利诺伊州GAA已经拥有10家俱乐部，其中3个是爱尔兰曲棍球俱乐部，7个是盖尔足球俱乐部。这些俱乐

---

① Anonymous, "Irish Counties Athletic Union", *Irish American Advocate*, 10 Sep. 1904, 1. Paul Darby, Gaelic Games, "Ethnic Identity and Irish Nationalism in New York City, 1880 – 1917", *Sport in Society*, vol. 10, no. 3, 2007, pp. 347 – 367.

② Paul Darby, "Gaelic Games, Ethnic Identity and Irish Nationalism in New York City, 1880 – 1917", *Sport in Society*, vol. 10, no. 3, 2007, pp. 347 – 367.

部的赛事每场平均吸引2000~4000名观众，确保了盖尔体育在爱尔兰社区的发展，也维护了爱尔兰移民的身份特征。

爱尔兰传统体育在芝加哥的发展过程中，《公民报》（Citizen）的爱尔兰裔主编帕特里克·库格林（Patrick Coughlin）发挥了重要作用，他一直强调保护爱尔兰传统体育文化遗产的重要性，并认为这是广义上爱尔兰文化复兴和争取爱尔兰独立的重要组成部分。爱尔兰裔出版商约翰·菲尼提（John Finerty）也是在芝加哥弘扬爱尔兰传统体育文化的关键人物。到19世纪末期，盖尔体育已经成为芝加哥的爱尔兰社区中极为重要的组成部分。同时，盖尔体育与爱尔兰民族主义的联系也非常紧密。芝加哥的盖尔体育俱乐部热心于以爱尔兰著名的民族主义者或者组织来命名。《公民报》在1885年到1887年连续登载Clanna Gael的野餐广告，这些野餐广告往往涉及爱尔兰的传统体育活动。

3. 大都会主义时期及城市危机萌芽与发展时期爱尔兰传统体育文化的在场

1920年，美国联邦人口普查数据显示城市人口比例达到51.4%，农业生产萧条，移民限制令的实施使欧洲的移民潮戛然而止。郊区在极力阻止被城市中心区吞并。工业迁出城市中心区，零售业也跟着人们来到郊区，有轨电车迅猛发展，政府在道路改建、交通规范和新路铺设上投入大笔资金。新的小镇在郊区形成，制造业不断迁移到城市之外，城市空间和郊区空间的界别愈发森严。全国性的大众消费文化云集于城市，商业娱乐设施吸引了不同文化的流派，这些流派通过创作流行文化来吸引观众。经过过去两个世纪的发展，尤其是工业化改革，美国社会已经彻底从一个乡村的农业社会转变为城镇化的工业化社会。城市郊区的快速发展付出了高昂的环境代价。同时，城市郊区的社区也由于种族和阶层的不同而产生了各种矛盾。种族隔离的做法使得居民在社区发展中积累了众多的矛盾。种族群体的变迁和郊区化的发展趋势使这一时期的美国城市面临困难。郊区城镇化也在继续，工业生产的工作岗位日渐减少，而一些社区的贫困状况有所加剧。20世纪20年代，在经历了7年爱尔兰内战之后，大约有20万爱尔兰人带着政治和文化创伤移民美国。这一时期移民到美国的爱尔兰人政治意识强、宗教信仰坚定且具有浓厚的文化背景。这些人创造了这一时期美国的爱尔兰音乐黄金时代。在爱尔兰郡县联盟协会的领导下，20 世纪 30 年代初期还出现了爱尔兰音乐、舞蹈、体育和游戏的文化节。① 在这一时期的移民中，神父雷德（Father Sean Reid）是具有代表性的一名成员，他曾经是一名曲棍球运动员，在文化节上曾担任爱尔兰踢踏舞的评委。他还曾经担任两届纽约市 GAA 主席，招募了大量的运动员、边线员、裁判和赞助商为他的队伍服务。作为一个贫穷的社区牧师，他还去其他地方筹集资金来维持教堂和他所开展的项目的运行。

到了 20 世纪 30 年代，美国的爱尔兰移民人数开始呈现下降趋势。这一时期的爱尔兰移民以城市中的工人阶级或者工会组织的成员为代表。33% 的联合爱迪生公司工人、60% 的国际码头工人联合会工人、70% 的交通工人工会成员、50% 的警察、75% 的消防员以及 25% 的纽约电话公司的职员是爱尔兰移民。② 三四十年代，住在曼哈顿北部华盛顿高地的爱尔兰移民的生活相对比较安逸。已婚的爱尔兰移民一般去教堂、当地的小酒馆或去邻居家参加临时的音乐会。单身的年轻人会去因尼斯费尔礼堂跳爱尔兰舞蹈，或者去社区的酒吧，或者到凯尔特公园观看盖尔足球比赛。③ 到 60 年代，在纽约出生的爱尔兰移民后代的人数开始增加。15 ~ 44 岁的爱尔兰移民已经占了纽约市总人口的 20%。④ 六七十年代，连接年轻的爱尔兰人以及爱尔兰移民之间的纽带变得更情感化并缺少真实性。即便如此，语言、音乐、盖尔体育等传统的文化载体依然是体现爱尔兰移民身份的重要象征。⑤

---

① Linda Dowling, *Irish Immigrants in New York City*, 1945 – 1995, Bloomington：Indiana University Press, 2001, p. 36.
② WPA Historical Records Survey, Federal Writers Project, Box 3579, "Irish in New York", Folder 5, "Occupations and Location", A. Fitzpatrick, "The Irish Race in Various Industries, Professions, Etc.", 1938.
③ Robert Snyder, "The Neighborhood Changed：The Irish of Washington Heights and Inwood since 1945", *The New York Irish*, edited by Ronald H. Bayor and Timothy Meagher, Baltimore：Johns Hopkins University Press, 1996, p. 442.
④ Department of Commerce, "1960 Census of Population：Final Report, Subject Reports, Nativity and Parentage, Social and Economic Characteristics of the Foreign Stock by Country of Origin", PC (2) – 1A, table 16, p. 110, for New York State.
⑤ Linda Dowling, *Irish Immigrants in New York City*, 1945 – 1995, Bloomington：Indiana University Press, 2001, p. 88.

4. 城市发展多样化时期爱尔兰传统体育文化的在场

美国联邦政府与城市的关系开始于 20 世纪 30 年代的罗斯福时期，在 20 世纪 60 年代的伟大社会计划时期发展壮大，却在 1974 年之后瓦解。自此，联邦财政拨款不再强制要求花费在解决城市中心区的某些问题上。八九十年代，一些城市政府通过私营化、发展博彩业和旅游业来节省开支或者获得新的收入以促进经济的发展。这一时期，经济增长和房地产投资的狂热式发展使许多城市社区获得了新生。犯罪率开始下降。21 世纪初，有钱人又开始入住环绕中央商务区的住宅区。这一时期，社区开始中产阶级化。郊区的人口结构也开始发生变化，住在郊区的穷人数量已经超过住在城市中心区的穷人。很多公司搬到了城市外围，通勤的方向也整个倒转过来。乔·加罗把 20 世纪 90 年代的城市称为边缘城市。他认为大多数住在大都会的美国人并不是在砖瓦盖的厂房里或者市中心的摩天大楼里工作，而是在停车场、树林和高速公路围绕的底层玻璃墙建筑里工作，这些新的城市中心是基于通过电波和高速公路建立起来的新型交流沟通模式建立的。边缘城市将会成为后工业化以信息技术和服务业为主导的未来世界的中心。后郊区时代的发展也在 20 世纪 90 年代和 21 世纪初成为一个引起争议的话题。许多不同社会群体将其视为郊区的无序蔓延。但是，这并不妨碍城市保持其固有的特质，即经济、社会和文化的中心。到 2017 年，美国的城镇化率已达到 82.06%。①

这一时期移民到美国的爱尔兰人大多是二十出头的年轻人，未婚居多，他们来自爱尔兰各地，大多至少具有高中文凭，对爱尔兰的经济状况及就业环境不满意。纽约大主教管区于 1987 年 9 月开设了社会服务办公室——爱尔兰推广项目（Project of Irish Outreach），这一教会下属的组织在 20 世纪 90 年代以及 21 世纪初期依然活跃，主要为人们提供移民服务以及组织开展爱尔兰传统体育活动。20 世纪八九十年代，爱尔兰推广项目还成立了布朗科斯青年爱尔兰中心以及布鲁克林女王中心。除了提供幼儿看护服务之外，这两个组织都赞助了社会活动以及爱尔兰传统体育赛事、教育

---

① Statista，"Degree of Urbanization in the United States from 1970 to 2017"，https://www.statista.com/statistics/269967/urbanization-in-the-united-states/.

和语言课程等。① 20 世纪 80 年代早期，移民人数在经历了 20 年的减少之后开始缓慢增加。到 20 年代末期，盖尔公园的露天看台观众和球员人数再一次上涨。对于新移民来说，他们仍然喜欢观看和参与爱尔兰传统体育活动，如盖尔足球比赛等。他们参与爱尔兰传统体育赛事有助于建立身份认同，以及消除他们刚移民至美国的疏离感。

二 爱尔兰传统体育文化参与美国城镇化建设的经验教训

1. 思想保障上：爱尔兰传统体育文化与爱尔兰移民身份认同紧密相连

爱尔兰传统体育文化与爱尔兰移民身份认同有紧密联系，这体现在 3 个方面：一是爱尔兰移民身份认同与爱尔兰传统体育项目和赛事相联系；二是比赛场地命名体现爱尔兰移民身份认同；三是具有代表性的运动员成为爱尔兰移民身份认同的纽带。早在 18 世纪 80 年代，纽约市就有人参与爱尔兰曲棍球运动，但是直到 19 世纪 80 年代，爱尔兰曲棍球和盖尔足球才成为在美国的爱尔兰移民社区中流行的项目。19 世纪末 20 世纪初美国的爱尔兰移民对盖尔体育的参与的重要性已经远远超过了体育本身。爱尔兰曲棍球和盖尔足球是带有强烈的满足色彩的体育项目，参与爱尔兰曲棍球和盖尔足球有利于爱尔兰移民融入社区。通过参与爱尔兰传统体育项目，移民一方面能够保持自己的民族性，另一方面可以更快地融入新的生存环境。②

爱尔兰移民的体育参与不仅与特定的爱尔兰传统体育项目相联系，还与特定的场地相联系。比如，在纽约，盖尔公园是爱尔兰人参与体育运动和其他爱尔兰传统活动的重要场所。对于移民到纽约的爱尔兰人来说，在盖尔公园参与体育活动意味着生存，意味着进入了专属的爱尔兰人领域。人们对爱尔兰传统体育的参与也说明了移民到美国的爱尔兰人对成为真正意义上的"美国人"的抵触态度。③ 除此之外，有一些球场特定区域还拥

---

① Linda Dowling, *Irish Immigrants in New York City, 1945 – 1995*, Bloomington: Indiana University Press, 2001, p. 106.
② Paul Darby, "Gaelic Games, Ethnic Identity and Irish Nationalism in New York City: 1880 – 1917", *Sport in Society*, vol. 10, no. 3, 2007.
③ Sara Brady, "Irish Sport and Culture at New York's Gaelic Park", New York University, 2005.

有别名，比如圣路易的"凯里之地"（Kerry Patch）和保罗体育场的露天看台"伯克维尔"（Burkeville），这些别名或者昵称都起源于爱尔兰地名，从侧面反映了爱尔兰移民对自己身份的认同，也是整个社会对爱尔兰移民这一群体的认同。

2. 非政府组织为爱尔兰传统体育文化参与美国城镇化建设提供了支持

首先，非政府组织为爱尔兰传统体育文化参与美国城镇化建设提供了组织保障。如体育兄弟会主要致力于在快速的社会转型过程中维护爱尔兰人传统的生活方式，以此来维护并体现男子气概。体育兄弟会支持并参与爱尔兰传统体育文化在美国城镇化进程中的传承与发展。爱尔兰移民在入境美国之初难以融入美国主流社会，但是，体育兄弟会结束了这些人的孤独感，成为连接和增强爱尔兰移民社会凝聚力的重要纽带。① 其次，政治团体给爱尔兰传统体育文化提供支持。随着移民的增加，不同移民团体为了维护自己的利益，往往会寻求当地政治团体的支持。受爱尔兰大饥荒的影响，约有 13 万名爱尔兰人移民到纽约。著名的政治团体坦慕尼协会为他们提供了工作机会、法律支持、居住场所甚至公民身份，也帮助移民更好地适应美国社会。坦慕尼协会通过赞助等方式帮助爱尔兰人传承盖尔足球等传统体育项目，也帮助爱尔兰移民融入美国主流社会。最后，GAA 总部给爱尔兰传统体育文化提供支持。GAA 是爱尔兰传统体育的最高管理和组织机构，目的是促进传统的爱尔兰传统体育项目的发展，并通过它们强化自我意识和民族荣誉。居住在美国的爱尔兰人组建了民族社团，提高了成员们的自尊心，并增强了民族意识。GAA 的分支机构很快就在美国城市中建立起来。1959 年，GAA 北美分会成立，负责在美国推广爱尔兰曲棍球和盖尔足球运动。它对爱尔兰传统体育文化在美国的发展发挥了重要的作用。GAA 北美分会除了组织比赛之外，还负责在青少年和草根群体中推广GAA 运动，选拔优秀运动员。

3. 地方政府为爱尔兰传统体育文化的传承与发展提供了公共服务保障

地方政府为爱尔兰传统体育文化的传承与发展提供的公共服务主要体

---

① Carl Wittke, *The Irish in American*, Baton Rouge: Louisiana State University Press, 1956, pp. 95 – 102.

现在政府所发起的公园运动。市政公园等公共空间是爱尔兰传统体育文化得到传承与发展的必要空间载体。地方政府积极建设公共公园，为爱尔兰移民传承传统体育文化提供了场地等方面的公共服务保障。例如，1882年在伍斯特市，房地产业和商业在爱尔兰人集中居住的东区急速发展。东区的人们开始要求在他们的社区拥有发展爱尔兰传统体育文化所需要的公共场地。爱尔兰市民领导人理查德·欧弗令（Richard O'Flynn）组织了一场会议来争取人们对公共场地的支持，最终得到大约140名邻居向市政府请愿要求为体育划定专门的用地。1884年，州政府通过了购买公园用地的决议，为包括爱尔兰移民在内的居民提供了公共场地。1906年，美国成立了公园委员会（Playground Association of America）。截至1910年，美国有25个城市制定并实施了公园计划。到20世纪30年代早期，超过5万人的城市均拥有一个公共公园。① 虽然这些举措依然无法满足居民对体育活动空间的巨大需求，但是促进了美国城镇化建设，也为不同国家移民传承与发展其传统体育文化提供了场地设施保障。

三 现代体育项目及城市文化对爱尔兰传统体育文化的冲击

在纽约、芝加哥、波士顿等爱尔兰移民最先抵达和定居的城市中，移民团体受到不同程度的社会排斥，居住环境卫生条件恶劣，男性单身亚文化注重暴力和赌博等体育形式。移民的技术水平较低，这导致他们在社会中往往处于较低的阶层。为了维护自己的尊严和寻求民族认同感，参与民族传统体育活动成为爱尔兰移民团结的主要方式。但是，在这种背景下，也有一部分爱尔兰移民尤其是年轻一代移民会主动地尝试并参与美国流行的体育项目，比如棒球，来使自己更快地融入当地的生活，而公共运动健康的倡导者也提倡利用积极的体育意识来促进道德的发展，改善人们的健康状况，并通过棒球等体育项目来帮助人们培养良好的品质。因此，棒球成为爱尔兰移民获得自我价值并完善自身的重要美国流行体育项目。史蒂文·里斯（Steven Riess）发现，棒球运动成为减少城

---

① Steven Riess, *City Games: The Evolution of American Urban Society and the Rise of Sports*, Urbana: University of Illinois Press, 1989.

市社会问题的一个重要途径,对刚移民美国、住在贫民区的孩子的影响尤其明显,是促进社会融合的一个体育项目。里斯还发现,虽然爱尔兰传统的体育项目是爱尔兰移民团体参与的重要体育项目,但是棒球、篮球等现代体育项目为移民提供了更多的维护尊严的机会和融入美国社会的渠道。①

第三节　英国城镇化进程中传统体育文化的现代化

英国传统体育文化从形成到实现现代化转型经历了漫长的历史过程,总体上,此过程可划分为四个发展时期(见图3-1):初始时期、转型时期、现代化时期以及商业化时期。有关英国体育起源的文字记载可追溯至12世纪,② 1837年,维多利亚女王登上王位,英国工业革命的社会影响日渐显现,大英帝国进入巅峰时期。此后,英国大众的信仰体系和文化观念发生重大转折,英国社会向现代社会过渡。因此,12世纪至1837年被划分为英国传统体育文化发展的初始时期,而1837年至第二次世界大战结束则被划分为现代化时期。然而,英国传统体育文化向现代化过渡并非随着工业革命的爆发而一蹴而就,而是伴随着生产方式、收入盈余、居住环境、人们的健康状况以及通信科技手段等物质文明以及传统习俗、行为习惯、审美情趣等精神文明的发展演变而逐步完成,这一转型时期(1707年大不列颠国成立至1901年维多利亚时期结束)重叠于初始时期与现代化时期之间。第二次世界大战后,英国推行自由主义经济,体育业余主义逐步解体,各传统体育项目被进一步推向市场,英国传统体育文化进入商业化时期。③

---

① Steven Riess, *City Games: The Evolution of American Urban Society and the Rise of Sports*, Urbana: University of Illinois Press, 1989, p. 95.
② W. Fitzstephen, *Fitz-Stephen's Description of the City of London*, Oxford: Oxford University Press, 1772, p. 7.
③ 张天宏、孟祥波、黄福华:《论英国竞技体育的业余与职业之争》,《体育文化导刊》2013年第2期。

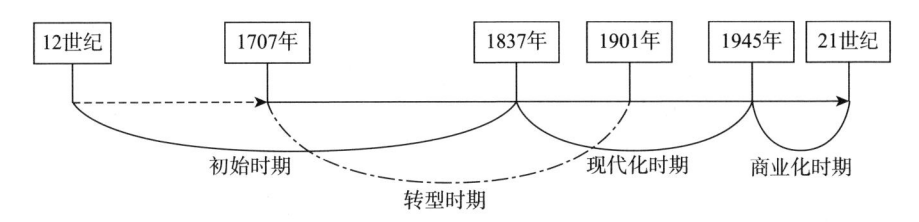

图 3-1　英国传统体育城镇化中流变的阶段划分

一　英国传统体育文化的初始形态（12 世纪至 1837 年）

1. 宗教色彩

作为历史悠久的宗教国家，英国传统体育文化紧紧依附于宗教庆典活动和教徒生活。据 W. 菲茨蒂芬（W. Fitzstephen）出版于 1175 年的著作《伦敦历史》所述，英国传统体育活动或比赛主要包括在夏季进行的跳跃、舞蹈、摔跤、投掷和搏斗，以及在冬季进行的滑雪等。[①] 此外，当时的英国已经形成在宗教节日开展体育休闲活动的习俗，如在 16 世纪末，摔跤和搏斗盛行于守灵日在各地方郊区举行的游行狂欢活动。尊卑之分是英国人在长期信奉宗教的日常生活中严守的教条之一。直到维多利亚时期，已婚与未婚人士以及长辈与晚辈之间的地位差别和社会角色仍强烈受制于此教义，而这些教义也明显地体现在与宗教相关的体育活动中。以阿什本为例，在忏悔节举办的足球比赛中，参赛者往往根据各自的年龄、婚姻状况和出身背景组队；在科夫堡，新工匠学徒一般在忏悔节被介绍给公众，活动及筵席经费由前一年结婚的成人负担，学徒之间的足球赛则被安排在圣灰节，各队队员在场上的位置根据各自在行业内的地位决定。

2. 乡土特色

漫长的农耕生产方式为英国传统体育带来了浓郁的乡土特色。第一，传统体育在项目类别上存在明显的地缘性。1801 年出版的《英格兰人的体育与消遣》记载，18 世纪，几乎每个村落都有各自的传统体育项目，各地比较流行的体育项目包括足球、摔跤、棍击、九柱戏、板球、掷环、拔

---

① W. Fitzstephen, *Fitz-Stephen's Description of the City of London*, Oxford: Oxford University Press, 1772, p. 7.

河、狩猎、耕犁、饵兽（狮、鹿、熊）等。然而，这些项目中没有一项是在全英范围内普遍开展和流行的。第二，传统体育项目的开展存在时节性。年轻男性组织和参与各种体育比赛的时间多集中在农务较少的播种期和收割期之间，以及寒冷的冬至期。第三，传统体育是英国乡村闲暇生活的重要内容。英国乡村小酒馆是主要的社交场所，多项传统体育项目，如台球和保龄球，在酒吧文化里扮演着重要角色。此外，赌博是英国乡村流行的消遣方式，充满未知的体育比赛则为赌博提供了极佳的平台。第四，传统体育的运动对象常常与动物相关，其中包括各种以狩猎为基础的"田间运动"，如猎兔、猎鹿、射鸟，以及残忍血腥的"虐畜游戏"。

3. 阶级秩序

封建社会制度下森严的阶层等级秩序是影响英国传统体育发展的重要因素。一般来说，上等阶层青睐的体育项目比中下等阶层的体育项目"高贵"。例如，同样以动物为运动对象的体育项目中，上等阶层人士热爱赛马、狩猎，中下阶层人士则热爱玩弄牲畜。因此，体育参与成为上等阶层证明其高高在上的社会地位和经济优势，并以此排除中下阶层的重要手段。即使在同一体育项目中，不同阶层的参与方式也因参与者的社会地位而异。在宗教庆典活动夹杂的体育运动中，上等阶层多以募捐的方式参与组织体育比赛，很少亲身参与比赛，而下等阶层往往为了赢得奖金而参加比赛并全力拼搏。例如，在拳击比赛中，参赛双方一般来自下等阶层的屠夫、矿工或面包工等，而上等阶层则常常以比赛胜负下注赌博。在划艇比赛中，来自下等阶层的参赛者在河上奋力争胜，贵族和富人在河岸的酒吧包厢里观赏比赛，或赞助比赛，或下注赌博。①

4. 尚武野蛮

体育运动可以展现男子气概。然而，由于英国长期处于战乱，人们长时间处在紧张的军备状态下，因而军事武力和男子气概被大力推崇，这也导致许多英国传统体育项目较为野蛮。例如，男性青年所青睐的赤身搏斗。在当时的赤手拳击比赛中，参赛者可以任意攻击对手的任何部位。这

---

① Holt Richard, *Sport and the British: A Modern History*, Oxford: Oxford University Press, 1989, p. 20; J. A. Cuddon, *The Macmillan Dictionary of Sports and Games*, London: Macmillan, 1980, pp. 652 – 654.

类比赛经常会在集市等公共场合就地展开，比赛中出现死伤现象也并不罕见。在 19 世纪 20 年代的西约克郡，拳击比赛规定男性在搏斗中必须至筋疲力尽为止，女性则在一旁呐喊助威，有时还会参与到搏击比赛中。[①] 棍打也是当时流行的另一项较为野蛮的传统体育项目，参与双方一手持粗木棍攻击对方头部，另一手持柳木盾防卫。有时拳击、摔跤和棍打会被混合在一起进行竞赛。虽然当时的英国传统体育项目充斥野蛮行为，但相关的法律保护和监督依然欠缺。

二 转型时期的英国传统体育文化（1707～1901 年）

1. 文明进程与传统体育转型

大不列颠王国于 1707 年成立，自此，英国趋于集权化，贵族实施去军事化策略。在这样的历史背景下，英国社会的文明进程进一步加速，其中一个重要特点是，上等阶层十分注重个人行为和修养，而这种自我约束逐渐影响到中下阶层。英国多项传统体育在长达数个世纪的文明进程和文化变迁中发生变化。[②] 在"文明"观念的影响下，英国上流社会摒弃有失教养的"暴力体育"，如各类形式的决斗和搏斗。从 18 世纪开始，英格兰的社会名流喜爱创造高雅的社交语言和礼仪文化，以及精致而复杂的音乐和舞蹈以排挤其他阶层。威尔士和苏格兰的乡绅为了融入更"高贵"的英国上流社会，竭力纠正其地方英语口音，并逐渐摒弃地方传统文化，同时取消对传统节日庆典活动的募捐。到了 18 世纪下半叶，许多历史悠久的传统体育项目，如各种"虐畜游戏"、摔跤、木剑术和足球等，被乡绅认为低级粗俗而受到了抵制或摒弃。

2. 体育禁制运动与传统体育转型

第一，自 18 世纪初起，势力日渐庞大的新教把大多数以休闲娱乐为目的的传统体育项目视为亵渎神灵和不务正业的体育项目。因此，宗教庆典活动中的"虐畜游戏"被温和的身体锻炼项目（如舞蹈、吹笛和箭术等）

[①] Holt Richard, *Sport and the British: A Modern History*, Oxford: Oxford University Press, 1989, p. 19.

[②] Elias Norbert, *The Civilising Process: The History of Manners*, London: Urizen Books, 1978, p. 192.

取代。① 第二，生物科学发展以及"物种平等"的提出使动物权益成为英国中产阶级最为关注的社会问题之一。1824年，防治动物虐待协会（Society for the Prevention of Cruelty to Animals，SPCA）成立，一部分"虐畜游戏"，如斗鸡，随之于1832年被禁制。在SPCA的努力下，英国议会于1835年颁布了《动物虐待法令》（Cruelty to Animals Act），掷鸡、饵牛和斗牛等大多数"虐畜游戏"在数年内均正式被逐一禁止。第三，工业革命催生的新兴资产阶级为了延长工人的劳动时间，积极联合宗教组织推动体育禁止运动，受影响较大的体育项目包括拳击、摔跤和足球。第四，商业团体联合抵制部分扰乱社会秩序的传统体育项目，特别是街道足球。1835年英国颁布《公路法令》（Highways Act）禁止在街道上踢足球，违者被罚款高达40先令。

3. 城镇化与传统体育转型

18世纪中期至19世纪晚期，在工业革命的影响下英国农业经济逐步解体，传统的乡村社会结构随着城镇化进程的加速发生很大变化。一方面，乡绅的社会地位大幅降低，原因是"天主教解放运动"导致乡绅在英国教会的权力主导地位下降，火车用于农产品的全国配销导致乡绅收入锐减，民主治理模式的推行蚕食了乡绅的地方势力。另一方面，以企业资本家、城镇职工、工商业界精英为主要成员的新兴资产阶级群体不断壮大，他们进入乡村生活的愿望随着客运火车的普及得到实现。这种城乡交融的二元生活方式对英国传统的乡村"田间运动"（如狩猎、射鸟、垂钓）产生较大影响。以狩猎为例，18世纪以前，乡绅最喜欢猎鹿、野兔，而很少有人猎狐。但是从19世纪初开始，猎狐因对运动者的体力需求低、运动着装精美，并能展现运动技术和组织技巧等优点而成为英国，特别是英格兰乡村上等阶层和精英阶层的重要社交工具。新兴资产阶级通过猎狐运动获取当地社会的认同和声望，同时，旧地主和乡绅提供场地和条件以供娱乐，使得狩猎在19世纪的大部分时间成为乡绅和新兴资产阶级精英融合和团结的重要方式。相反，一些传统体育项目，比如板球和赛马，慢慢被转

---

① R. D. Storch, *Popular Culture and Custom in Nineteenth Century England*, London: Croom Helm, 1982, p. 3.

移到城镇进行，虽然保证了比赛的正常开展和运营收入，却减少了很多原有的田园情怀。

三 英国传统体育文化的现代化转型（1837～1945年）

1. 体育观念现代化

第一，体育运动促进身心健康。19世纪上半叶，英国的工业化发展导致严重的环境污染问题，公民的身体健康状况成为英国民众关注的重大问题。医学界提出体育运动是锻炼身体的重要方法之一，英国民众日常生活中的体育运动逐渐从赌博成风的社会文化中剥离出来，成为一种健康的生活方式。"健康的精神寓于健全的体魄"这一理念逐渐深入人心。第二，体育锻炼塑造道德品格。19世纪晚期，斯宾塞把达尔文的进化论引入社会和教育系统。"适者生存"的理论对体育运动的支持不单体现在教育系统科学思想的形成上，还在很大程度上帮助青少年形成良好的道德观念，特别是有利于男子气概的培养。[①] 第三，体育运动增强民族精神和培养爱国热情。斯宾塞还阐释了民族精神与身心健康的关系：身心强健的国家公民是国家繁荣的前提。同时，体育运动蕴含的竞争精神也很好地迎合了战争时期英国社会发展的需求，加速了中上阶层的社会融合。

2. 竞技体育发展与传统体育现代化

自维多利亚时期起，英国竞技体育可划分为绅士体育（或业余体育）与职业体育。运动竞技成为维多利亚时期贵族绅士阶层彰显其尊贵的社会地位和追求骑士精神的重要手段和方式。绅士体育把业余原则作为运动竞技的真正精神内核，认为运动选手应尽情地参与和享受比赛的过程而不是为了获取利益。绅士体育在从组织形式上促进现代体育形成的同时，更好地传承了多项英国传统体育，例如业余田径联合会（Amateur Athletic Association）于1880年建立后，到1928年，有41000名观众在斯坦福桥观看了英国皇家田径队与美国田径队的比赛；英格兰橄榄球联合会（Rugby Football Union）于1871年成立，掀起了国内的橄榄球观赛热潮，更加丰富了

---

① J. Weeks, *Sex, Politics, and Society: The Regulation of Sexuality since 1800*, London: Longman, 1981, pp. 38–40.

英国大众的酒吧生活；随着伦敦大学划艇大赛于1829年在亨利举行，英国各大学划艇俱乐部如雨后春笋般组建起来。职业体育在此阶段尚未对业余体育构成很大威胁，但已经在一定程度上得到社会大众尤其是以工人为主的"草根阶层"的认可。绅士坚决拒绝金钱进入运动竞赛领域的同时，职业体育向制度化和市场化发展，当时业余程度最高的板球、橄榄球、田径和划艇等体育项目也逐渐市场化。

3. 学校体育发展与传统体育现代化

随着体育观念的转变，到了维多利亚中后期，体育活动已经深受各所大学欢迎。学校体育的发展促使许多传统体育项目（如田径、高尔夫、足球、橄榄球）得到了更快速的发展并逐步融入现代体育模式。各大学不但争相加大力度投入建设体育场地设施，还相继开展校际体育比赛，如剑桥大学和牛津大学早在1829年就已经开始两校之间的校际划艇比赛，1839年又开始校际板球比赛，校际体育比赛从此成为两校重要的传统习俗。此外，学校体育发展对多项传统体育的规则，尤其是橄榄球和足球规则的完善也起到了非常重要的作用，如足球的越位、防守犯规、进球得分规则都是在英国公立学校和大学里实现统一的。

4. 大众体育发展与传统体育现代化

第一，女子体育。在维多利亚时期，女子体育的日渐兴起宣告体育参与并非男性专利，英国女性参与体育运动以展示现代风貌已经成为一种较为普遍的社会现象。英国女子体育始于新式私立女子学校，后来发展到体育俱乐部女性会员制，再到社区妇女体育，对多项传统体育的发展起了很大的促进作用，其中最为明显的是网球和高尔夫。参与体育运动为英国女性提供了一种崭新的生活方式。例如，1879年，一家妇女杂志设计推荐了一套时尚的女式网球服装：乳白色紧身长袖胸衣、袖口刺绣镶边、绣花镶嵌的苏格兰风格短裙、古金色的束身宽袖方领外套。[①] 在高尔夫球俱乐部的活动间歇，女性还可以在休息室内打桥牌和喝下午茶等。第二，工人体育。19世纪下半叶，随着城镇化进程加剧，英国城市人口密度大增，工会

---

① Holt Richard, *Sport and the British: A Modern History*, Oxford: Oxford University Press, 1989, p. 89.

的介入保证了工人阶层的闲暇时间，而宗教对个人行为的约束力又渐渐衰减，此前大力提倡禁止体育运动的社会力量转而支持适度发展体育运动以促进工人阶级在城市街道进行"理性消遣"。从此，英国工人体育进入快速蓬勃发展时期，并促进了多项传统体育项目的普及和发展，如以半职业形式的社区足球联赛、板球联赛，以及酒吧里取代了"虐畜游戏"的拳击比赛得到普及与发展。第三，体育博彩。随着城区的持续扩大，体育博彩越发成为中下阶层重要的消遣方式，除了历史悠久的赛马和灰狗赛跑外，赛鸽、垂钓、保龄球和台球等传统体育也受到维多利亚时期的体育博彩业青睐。

四　结论

英国传统体育不断变化以适应社会发展，适者生存是现代化转型的真实写照。初始时期的英国传统体育文化展现了宗教社会内部的权力秩序，乡土社会的地缘性、时节性、乡村闲暇生活及人与动物特征，封建社会森严的阶层等级划分，以及战争年代的血腥和暴戾。在转型时期，文明化、工业化和城镇化重新定义了传统体育文化赖以生存的社会母体，能顺应时势实现价值延续的传统体育文化得以留存，反之则被禁止直至消失。得以传承的传统体育文化最终在现代社会实现理性化，伴随着体育职业化、商业化和全球化的历史进程不断发展并流传至今，在世界范围内广泛传播。

第四章
国内民俗体育文化参与城镇化建设的个案

第一节 南昌市 L 村舞龙在城镇化中的传承

一 问题的提出

舞龙是我国民间喜闻乐见的民俗体育活动,具有悠久的历史和丰富的文化内涵。舞龙活动在江西省南昌市青山湖区也曾非常盛行,辖区的许多村落都有独特的舞龙活动,在当地具有广泛的群众基础。江西省文化厅2010年的报道显示,青山湖区全区有60多支龙灯队,舞者有3000多人。[①]1985年青山湖区塘山镇塘山村委会下辖的L村的《双龙戏珠》舞龙活动入选中央电视台春节专题节目。之后,L村舞龙活动多次参加省内外各种民俗体育相关的竞赛和大型文艺演出,赢得了省内外的一致好评。青山湖区因其浓厚的舞龙文化而多次被评为省级和国家级灯彩之乡、舞龙之乡,其辖区的L村舞龙活动更是入选省级市级非物质文化遗产。L村舞龙活动为青山湖区在1992年、2003年、2008年、2011~2013年、2014~2016年、2018~2020年被江西省和文化部授予"中国民间艺术(灯彩)之乡"和"舞龙之乡"的荣誉称号做出了突出贡献。2007年6月,L村双龙戏珠舞龙活动被南昌市文化广电新闻出版旅游局认定为南昌市第一批市级非物质文化遗

---

① 《赣风鄱韵踏街巡游 展江西民间艺术风采》,江西省旅游和文化厅官网,http://dct.jiangxi.gov.cn/art/2010/7/7/art_14513_412344.html。

产（传统舞蹈类，遗产编号：Ⅲ-1-3）；2008年5月，其又入选江西省第二批省级非物质文化遗产名录（民间舞蹈类，遗产编号：Ⅲ-5）。按常理来看，当前青山湖区的舞龙活动及L村的舞龙活动应该是开展得如火如荼，但现实的情况恰恰相反。近年来，在城镇化和南昌市城区扩张的过程中，青山湖区的许多村落陆续被整体拆迁，村民被就地安置到政府为他们建设的农民安置房中居住。随着这些自然村落的消失，青山湖区的舞龙活动总体上也开始走向衰落。就L村的舞龙活动而言，尽管曾经有过辉煌的历史，获得过多种荣誉，也有省市级非物质文化遗产的头衔，但是L村舞龙活动也难逃衰败的命运，随着L村在2010年被整体拆迁，L村舞龙活动也从村民的日常生活中消失了。在当前城镇化的滚滚浪潮中以及中央及地方各级政府日益重视村落优秀传统文化的大背景下，一个全国著名的灯彩之乡和舞龙之乡的舞龙活动总体上呈现衰落的趋势，即使是当地集各种光环和荣誉于一身的L村双龙戏珠舞龙活动也难逃逐渐衰落的命运。那么，在城镇化进程中，L村双龙戏珠舞龙活动为何会走向衰退？其背后的社会结构性原因是什么？这些疑问是构成本章经验问题的起点。

城镇化进程中民俗体育文化衰退是一个较为突出的问题，对此学界进行了富有成效的探讨，取得了一批有价值的研究成果。如王洪珅等从自然环境和社会环境维度探讨了影响民俗体育文化发展的原因[1]；万义从农村经济结构转型、劳动力人口迁徙、群众生活方式、组织体系及思想观念等方面指出了城镇化进程中民俗体育文化面临困境的原因[2]；高亮等从生态环境、经济环境、社会环境及制度环境层面分析了民俗体育文化在快速城镇化进程中所面临的问题[3]；郭星华等侧重于从西方外来文化冲击的角度探讨民俗体育文化在城市化和现代化进程中走向衰落的原因[4]。这类研究

---

[1] 王洪珅、韩玉姬、梁勤超：《少数民族传统体育文化发展的生境困境与消弭路径》，《体育科学》2019年第7期。
[2] 万义：《村落少数民族传统体育发展的文化生态学研究——"土家族第一村"双凤村的田野调查报告》，《体育科学》2011年第9期。
[3] 高亮、麻晨俊：《村落舞龙传承的问题、机遇与对策分析——以骆山村"骆山大龙"为分析个案》，《体育与科学》2014年第4期。
[4] 郭星华、陈维：《非遗传承的困境与路径选择——以土家族摆手舞为例》，《广西民族大学学报》（哲学社会科学版）2020年第2期。

成果对我们思考城市化进程中我国民俗体育文化衰落的原因和对策均具有重要启发价值，但仍有以下问题值得进一步展开探讨：第一，文化空间等共生体系、民俗体育发展取向、价值内涵和文化主体流失等方面因素是如何影响民俗体育文化传承的；第二，如何从理论上进一步总结民俗体育文化变迁（兴衰）的根本原因；第三，在对城镇化导致民俗体育文化衰落的分析基础上，如何提出针对性的对策建议。鉴于此，本章尝试考察城镇化进程中L村双龙戏珠舞龙活动的衰退个案，试图探寻城镇化进程中我国民俗体育文化衰退的深层次原因并提出相应对策建议。

二　L村概况

1. 地理位置

L村位于江西省南昌市青山湖区，地处青山湖区东北部，属亚热带季风气候，东邻南昌高新技术产业开发区，南至北京东路，西含青山湖，北倚赣江。21世纪初，随着南昌市城市建设的加快，南昌城区向周边扩散，L村逐渐被纳入南昌市城区的版图，加上该村地理位置优越，迅速成为拆迁征收的对象。2008年，L村被整体拆迁，大概在2010年搬到地方政府为他们建设的安置小区——DX农民公寓居住。该小区是一个城市公寓型农民社区，也叫村改居社区。由于仅仅安置了L村村民，因而也是一个单一性的城市公寓型农民社区，这有别于多个村落集中安置在一起的混居型、城市公寓型农民安置社区。

2. 行政区划

随着南昌市城区的扩张，南昌市政府对青山湖区管辖的区域也多次进行了调整，如扬子洲乡、桃花镇、长巷镇等被划到南昌市其他区，而周边一些城郊乡镇则被划到青山湖区。在L村被拆迁之前，它和邻村D村、H村在行政划分上是归南昌市青山湖区塘山镇塘山村村委会管辖。2010年L村拆迁并安置到DX农民公寓之后，其仍然是和邻村D村、H村隶属塘山镇塘山村村委会管辖。虽然村民的户籍由农业户口转变为城镇户口，但在行政上仍然归塘山镇塘山村村委会管辖。

3. 人口概况

L村有300余户家庭，常住人口1400余名。在现在的L村安置小区，将近 90% 的居民是 L 村本村的村民。尽管计划生育政策也曾在 L 村实施，但 L 村村民普遍认为生育两个孩子比较合适，一男一女就更为理想，大多数 L 村村民甚至不惜被罚款也要生育一男孩。所以，国家全面放开二胎的新政策对 L 村几乎没有影响，L 村及其所在区域的绝大多数农村家庭都是 2 个孩子为主，一男一女或 2 个男孩，L 村一般的家庭以四口之家为主。

4. 住房概况

在 L 村被拆迁之前，许多村民建了两层的楼房，面积为 300~400 平方米。当地的住房安置方案是按拆一还一的标准来分配安置房，因此 L 村村民一般都能获得 300~400 平方米的安置房，3~4 套住房。随着南昌市城区的扩张，L 村周边的村落也陆续被拆迁，L 村村民将其多余的住房出租，主要是租给附近被拆迁、尚未分得安置房的村民居住（如邻村 H 村被拆迁后许多 H 村村民租住在 L 村的安置小区），因此 L 村所在的社区仍然是一个"熟人社会"①。

5. 经济概况

青山湖区经济水平原本在南昌市都位于前列，辖区的塘山镇和湖坊镇是经济最发达的两个龙头乡镇。随着近年来实体经济不景气以及青山湖区辖区的调整，青山湖区的经济实力有所下降，其中湖坊镇的经济实力下降较为明显；得益于土地出让和拆迁，塘山镇的经济状况仍然较好。在 L 村被拆迁之后，村民们失去了土地，也获得了少量的土地补偿金。② 现在 L 村村民收入主要是靠在市区或其周边打工，一般家庭打工收入和房租的总收入为 120000 元左右。L 村等村落的拆迁也给村委会带来了村集体资产，主要是安置小区的店面和两栋写字楼，这些不动产为塘山村村委会所有，每年可以为村集体增加约 1600 万元的收益。③

6. 娱乐生活

L 村在 2008 年被拆迁，2010 年 L 村村民搬到安置小区 DX 农民公寓居

---

① 费孝通：《乡土中国》，三联书店，1985，第 8 页。
② L 村的住房是按照"拆一还一"的标准来补偿，但 L 村当时的土地拆迁补偿标准为 100000 元/亩，L 村一般的家庭所拥有的土地有 1~2 亩，所以实际上 L 村每个家庭获得的拆迁补偿金较少。
③ 信息提供人：塘山村委会干部 HSQ、LCM。访谈时间：2018 年 12 月 21 日。访谈地点：塘山村委会办公室。

住，自此 L 村村民的工作方式和生活方式与城市居民基本相同。现在村民在业余时间的娱乐活动主要有打牌、打麻将、K 歌、玩手机等。在 DX 农民公寓内，有村民活动中心、老人协会等。晚上也有不少老年人在小区广场跳广场舞。经济条件改善的同时，L 村村民们的生活质量也得到了较大提升，村委会每年组织 L 村老年人到国内外旅游。在对 L 村村民的访谈中也会发现，村民们普遍反映虽然现在物质生活水平提高了，但是精神文化生活仍然较为匮乏。

7. 社会流动

L 村村民现在居住的 DX 农民公寓位于南昌市比较中心的位置，地理位置较优越。尽管村民的文化水平普遍偏低，一般以高中学历为最高，但他们仍然很容易找到一份工作，他们既可以在市区打工，也可以在周边的南昌市高新技术开发区找到工作。因此，L 村村民几乎很少在外地打工，在他们看来，没有必要到外地打工，在当地打工收入未必比外地低很多，而且还可以兼顾家庭，因此，L 村的社会流动小，主要局限于南昌市区范围内。所以，L 村村民普遍的做法是利用其"地利人和"的优势，在当地找工作就业，同时也能兼顾家庭，这也成为当前 L 村村民就业方式的首选。

8. 社会关系

"城市化改变了人们的社会关系。乡村的血缘社区关系淡化，契约性的利益关系强化，传统的农民转变为现代的独立个体，传统的村民转变为现代的农民。"[①] 这在 L 村体现得更为明显，原先 L 村是建立在血缘/宗族共同体和信仰共同体基础上的宗族村落，L 村村民"上楼"之后，居住方式更加独立和分散，村民普遍感受到人与人之间的关系不如以前那么亲密。血缘和宗族观念、祖先及神灵崇拜观念的淡化，导致现在的 L 村村民的生产生活更多地依赖于世俗社会，特别是外部世界的各种社会关系和资本。在村落外部，由于生存和工作的需要，村民与外部的联系主要是同事关系、朋友关系和同学关系，这些社会关系成为其在社会上立足的重要社会资本。

9. 社会分层

作为一个宗族村落，以前 L 村的社会分层主要来自先赋性的血缘因素

---

① 周穗明：《现代化：历史、理论与反思——兼论西方左翼的现代化批判》，中国广播电视出版社，2002，第 10 页。

和外置性的权力因素,即村里德高望重的老人作为村落文化精英热心于村落公共事务而受到大家尊重,村里的村干部则作为地方政府代理人也受到大家尊重。当然,L村文化精英有时候也身兼村干部,如L村文化精英LZM也曾担任塘山村书记多年。随着市场经济和城镇化的推进,L村社会分层的主要指标转移到后天性的经济、政治、社交等因素上,原先村里老人所拥有的村落文化精英的地位开始衰退。现在L村村民可以分为两类,一类是普通村民阶层,另一类是能人阶层。L村能人主要由经济能人、社交能人和政治能人三类村民组成,当然,这三类能人并不是绝对泾渭分明的,有的村民可能集多种能人属性于一身。

三 村落拆迁之前L村舞龙的概况

1. L村所在区域舞龙活动概况

2010年以前,青山湖区的村落民俗文化盛行,几乎每个村都有自己的民俗文化,舞龙活动更是当地喜闻乐见的民俗文化。如本案例中的L村的舞龙活动、J村的舞龙活动、H村的舞龙活动、C村的舞龙活动、北刘村的舞龙和轿舞等。其中L村和J村联合申报的双龙戏珠舞龙、北刘村的轿舞同时入选第二批江西省非物质文化遗产名录;L村的邻村H村的舞龙活动历史悠久,一直持续到2014年H村被整体拆迁;C村农民组成的江西舞龙队代表江西省参加第五届全国农运会舞龙比赛并荣获了一金三银的佳绩。所以,L村所在的青山湖区被多次评为江西省和文化部的灯彩之乡、舞龙之乡在某种程度上算是实至名归。据L村舞龙活动的骨干人员LCB介绍,这个时期,青山湖区许多村落内部自发的舞龙活动主要是在元宵节期间依托于祠堂或村庙来组织的[①],也就是说,舞龙活动是村落民间信仰的重要组成部分。此外,这个时期的青山湖区政府及其下属的各个乡镇、村委会也积极组织辖区的村落舞龙活动,目的是在新年后上班的第一天(一般是正月初八)给全市、全区人民拜年。

总体来看,这个时期青山湖区舞龙活动有以下几个方面的特点:一是当地过年期间舞龙活动盛行,舞龙闹元宵、舞龙拜年的习俗浓厚。据LCB

---

① 信息提供人:LCB;访谈时间:2018年12月21日、29日。

和当时在青山湖区政府上班的 L 阿姨介绍："那个时候过年玩龙灯多热闹，多有年味啊！现在冷清很多了。"① 二是许多村落舞龙活动期间的各种配套活动丰富多彩，如北刘村的轿舞就是和本村的舞龙活动一起表演，H 村舞龙活动也与游神赛会同时表演等。三是地方政府重视并积极组织本区域的舞龙队参加各种文化表演和竞赛活动，在政府的推动下，青山湖区先后获得省级和国家级的灯彩之乡和舞龙之乡殊荣，L 村的双龙戏珠舞龙活动也先后入选了省级和市级非物质文化遗产名录。

2. L 村舞龙活动概况

（1）政府组织的舞龙活动

①区政府组织的舞龙拜年活动

青山湖作为灯彩之乡，舞龙活动在当地群众中具有广泛的基础，深得广大干部群众的喜爱。大概在 2010 年以前，当时青山湖区政府的主要领导比较重视和推崇舞龙活动，积极倡导和组织辖区各个村落的舞龙队伍在正月初八即上班第一天给全区和全市人民拜年。有了区政府的重视，各个乡镇政府、村委会和村民的积极性也就更高。在这个时期，正月初八青山湖区的舞龙贺新年活动成为南昌市的一道亮丽风景线，给当地老百姓留下了满满的回忆。据当时在青山湖区上班的 L 阿姨介绍："当时我们青山湖区你晓得多热闹啊！爆竹声响个不停！区政府堆满了一个房间的爆竹和香烟，用来迎接前来拜年的舞龙队伍。"② 当时 L 村舞龙活动的骨干人员 LCB 在回忆到青山湖区政府舞龙拜年的盛况时说："多的时候有 30 多条龙灯前往区政府拜年。"③ L 村舞龙队和其他村落的舞龙队伍一样，也要先后到青山湖区政府、所在乡镇政府及村委会拜年，区政府、乡镇政府及村委会领导也向舞龙队伍发表新年贺词作为回礼，政府一般是给每支前来拜年的舞龙表演队伍赠送 4 条香烟，作为劳务费慰劳舞龙队伍的辛苦表演。正如 L 村村民 LCB 所说："舞龙队伍来区政府拜年，什么也不回赠给舞龙队伍不符合情理，拿点别的（如红包）不像那么回事，所以区政府、镇政府和村

---

① 信息提供人：LCB、L 村的外嫁女 L 阿姨；访谈时间：2018 年 12 月 21 日。
② 信息提供人：L 村的外嫁女 L 阿姨；访谈时间：2018 年 12 月 21 日。
③ 信息提供人：LCB；访谈时间：2018 年 12 月 21 日。

委会一般是回赠几条香烟给每支前来拜年的舞龙队伍。"① L 村舞龙队伍在给地方各级政府拜完年之后，在回本村的路上，也要顺便给附近的工厂企业拜年，L 村村民 LCB 说道：

>到政府拜完年后，我们都到周边的企业和工厂②继续拜年，他们同样也是以燃放爆竹的方式热情迎接我们舞龙队伍，一般也是以回赠 4 条香烟的方式来答谢舞龙队伍的精彩表演。当然获得香烟不是最重要的，主要是好玩，图个过年的喜庆和热闹。这个时期大家舞龙灯也舞得有劲，自己村里的龙灯既被本村村民和亲友们认可，也被地方政府和周边工厂企业认可，再辛苦也是开心的。③

当时区政府热心于组织辖区各个村落的舞龙队给全区和南昌市人民拜年，就是为了热闹和喜庆。LCB 个人比较认同当时区政府的这种做法，并认为这个时候区政府组织的舞龙活动更为纯粹，没有过多的展示政绩的色彩。LCB 说："就是为了图个喜庆，正月初七或初八上班第一天，给全区全市人民拜年，给辖区的企业和各个单位拜年；就是为了一个热闹的气氛，老一代区政府的领导有一种积极致力于弘扬这些传统文化的情怀。"④

②政府下达的舞龙比赛和表演任务

1985 年 L 村舞龙队伍表演的《双龙戏珠》入选中央电视台春节专题节目，使得 L 村舞龙队伍名声大噪。随着 L 村舞龙活动的社会影响力越来越大，L 村所在的青山湖区也先后多次获得省级和国家级灯彩之乡、舞龙之乡等荣誉称号。这个时期，L 村双龙戏珠舞龙队除了每年参加青山湖区等各级政府组织的舞龙拜年活动外，也经常承接来自上面各级政府下达的舞龙比赛任务或表演任务。L 村双龙戏珠舞龙队多次参加省内外各种庆典活动和大型文艺演出并屡获殊荣，如 2007 年 L 村双龙戏珠舞龙队代表江西省

---

① 信息提供人：LCB；访谈时间：2018 年 12 月 21 日。
② 当地许多村民在周边的企业和工厂打工，这些企业和工厂也和周边村落有各种各样的联系和相互依存的关系，也可以说村落与周边的企业和工厂之间还是属于费孝通所说的"熟人社会"。
③ 信息提供人：LCB；访谈时间：2018 年 12 月 21 日。
④ 信息提供人：LCB；访谈时间：2018 年 12 月 29 日；访谈地点，LCB 办公室。

参加江苏海安举行的"龙舞太平"中华经典龙舞展示赛，荣获金奖。此外，L村舞龙队还参加了2005年在南昌市举行的中国（江西）国际傩文化艺术周巡游表演、2003年举行的南昌青山湖金秋灯彩（烟火）节、第七届全国"村长"论坛"走进青山湖——CCTV乡村大世界"大型文艺晚会等许多演出活动。而L村双龙戏珠舞龙队被邀请到各个中小城市去演出更是不胜枚举，并获得了广泛的好评。①

（2）L村村民自发的舞龙活动

除了每年正月初八青山湖区政府组织各个村落的舞龙活动进行拜年以外，更隆重和热闹的是各个村落在元宵节期间自发组织的舞龙闹元宵活动。和附近许多村落一样，在拆迁之前，L村内部举行的舞龙活动主要是依托于本村的民间信仰体系（祖先和神灵信仰）而开展的，其重要的载体是村庙和祠堂。在L村被拆迁之前，既然是以祭拜祖先和神灵名义开展的，那么L村舞龙活动主要是由村里德高望重及热心于村落公共事务的老人来组织的，这些老人是本村落的文化权威，受到村民们的尊重。LCB说："在'文革'后，我们村的舞龙活动主要是由村里的一些热心村落公益事业的老人倡议复兴和组织的，到了后来（20世纪90年代以后）村里条件好了，村里也有类似于老人协会的非正式机构，舞龙活动主要是由他们来组织。另外，这个时期我们的老村支书LZM②在延续和打响我们村舞龙活动的社会名声方面发挥了重要作用。"③ 在"文革"结束后，L村舞龙活动仍然非常有特色，在进行舞龙活动的同时，村民们还表演其他的一些民俗文化活动，如挑花篮、划旱船、蚌壳舞等，从90年代以后，L村的挑花篮、划旱船、蚌壳舞等民俗文化活动相继没落，只剩下舞龙活动还在延续。在舞龙活动期间，除了前往村庙和祠堂表演以外，还要挨家挨户进行舞龙表演，舞龙队伍一到村民家门口，该户要持续不断地燃放烟花爆竹欢迎舞龙队伍，并赠送几盒香烟给舞龙队伍。L村舞龙在该村的表演时间一般是晚上，持续3天，从正月十三晚上到正月十五晚上。其中的重头戏是正月十三晚上

---

① 信息提供人：青山湖区文化馆LZY、LCB；访谈时间：2018年12月21日。
② LZM老村支书已离世，他在这个时期担任本村村支书近20年，对本村的舞龙等民俗活动非常重视和支持。L村村民们对LZM为L村舞龙活动所做的贡献均给予了较高的评价。
③ 信息提供人：LCB；访谈时间：2018年12月29日；访谈地点：LCB办公室。

的舞龙表演，因为在当天晚上的舞龙表演之前，L村要大摆通村酒席，每家每户都要请自家的姻亲以及与自己的生产生活有密切联系的朋友前来参加宴席并观看本村的舞龙表演。许多村民在回忆此场景时激动之情溢于言表，认为这天的L村通村酒席和舞龙表演是每年全村最热闹的时候，比大年三十都热闹。正月十四晚上和十五晚上仍然在本村内部进行舞龙表演，直到正月十五晚上舞龙表演结束后，L村该年度的舞龙活动才告一段落，村民们收拾好舞龙器械并将收到的香烟在舞龙队员中进行平均分配。LCB回忆道："多的时候，在舞龙表演结束后每个舞龙活动的队员可以分得3~4条香烟。当然得到香烟不是最重要的，主要是搞热气氛，有过年的氛围。"①

（3）入选非物质文化遗产名录

2007年6月，青山湖区塘山镇L村双龙戏珠舞龙活动被南昌市文广局认定为南昌市第一批市级非物质文化遗产；2008年5月，该项目成功入选江西省第二批省级非物质文化遗产名录。不过，据江西省龙狮协会副秘书长、江西A大学竞技舞龙队主教练，同时也是新认定的双龙戏珠舞龙的市级代表性传承人ZZQ老师介绍，双龙戏珠跟普通的舞龙一模一样，只不过它在多年前申报了非物质文化遗产，它没有什么特别之处，只是因为它申报并立项了。从双龙戏珠舞龙的动作套路来看，双龙戏珠舞龙所表演的一些动作套路是所有的民间舞龙中都很常见和普通的。②据青山湖区文化馆LZP馆长介绍，青山湖区政府大概是在2006年启动了非物质文化遗产保护的相关工作。当时青山湖区的领导和区政府也比较提倡舞龙活动，这个时期L村的舞龙已经在南昌市比较知名，而且L村的《双龙戏珠》也在中央电视台演出过，因此青山湖区政府就打算以舞龙项目来申报省市级非物质文化遗产项目。在当时的青山湖区，就经济实力来看，L村所在的塘山镇和湖坊镇是当地最为富裕的乡镇，因此区政府决定以塘山镇L村的舞龙和湖坊镇的J村舞龙组合为双龙戏珠舞龙申报省市级非物质文化遗产。虽然L村和J村联合申报具有一定的行政干预色彩，双龙戏珠舞龙的根源也确实是在L村，但在LZP馆长看来，当时青山湖区政府以塘山镇和湖坊镇这

---

① 信息提供人：LCB；访谈时间：2018年12月29日；访谈地点：LCB办公室。
② 信息提供人：ZZQ；访谈时间：2019年3月19日；访谈地点：ZZQ办公室。

两个经济条件最好的乡镇的舞龙联合申报，也是希望这两个龙头乡镇能继续引领整个青山湖区辖区乡镇的社会、经济、文化等各项事业腾飞。① 其实 L 村村民也深知，青山湖的双龙戏珠舞龙活动之所以能够入选省级市级非物质文化遗产名录，主要还是靠他们村的舞龙活动。村民的这种观点也不无道理，因为，一方面，L 村舞龙活动闻名已久，先后多次入选中央电视台春节专题节目和参与国内的各种舞龙活动比赛及文化会演活动；另一方面，双龙戏珠舞龙活动被认定为南昌市第一批市级非物质文化遗产和江西省第二批省级非物质文化遗产项目，之后在 2007 年 8 月公布的南昌市第一批市级非物质文化遗产和 2008 年 9 月公布的江西省第二批省级非物质文化遗产项目代表性传承人名单中，青山湖双龙戏珠舞龙赫然在列，而且只有 L 村的村民 LCR 被认定为该项目的代表性传承人。因此，可以说，青山湖区双龙戏珠舞龙的这一省级市级非物质文化遗产基本上是在 L 村舞龙活动的基础上形成的。

四　双龙戏珠舞龙活动的衰退及其原因

1. 村落拆迁之后双龙戏珠舞龙活动在 L 村的消退

（1）上海世博会表演——L 村双龙戏珠舞龙活动的绝唱？

2010 年上海世博会期间，"赣风鄱韵"江西活动周在上海世博园区精彩上演，江西省经过精心选拔从本地区的国家级和省级非物质文化遗产项目中选择了 8 个大项 12 个小项，其中青山湖区的双龙戏珠舞龙成功入选并参加这一文化表演盛会。整个江西省只有两支舞龙队伍参加表演②，L 村的舞龙表演队作为其中一支，也是南昌市选派的唯一一支舞龙表演队伍，在世博会期间专场表演了一个星期。江西省各级政府非常重视，力争向全世界展示江西的文化，L 村所在的区政府和镇政府接到上级下达的表演任务后，投入了较大的人力、物力、财力，从 L 村精心挑选了 20 余名经验丰富、年富力强的村民组成了双龙戏珠舞龙表演队伍，并从江西 B 大学聘请

---

① 信息提供人：LZP；访谈时间：2019 年 5 月 29 日；访谈地点：青山湖区文化馆。
② 另一支参加上海世博会江西活动周的舞龙队表演的舞龙是入选江西省第四批省级非物质文化遗产名录的崇义三节龙，详见《世博会：赣风劲鄱韵足》，江西省文化厅官网，http://dct.jiangxi.gov.cn/art/2013/11/19/art_14513_415790.html。

了专业的舞龙教练指导村民训练新的舞龙表演阵式和技术①,力争向全世界展示江西独特的文化。当时负责表演龙珠的 L 村村民 LCB 介绍,当时他们的舞龙队伍集中训练一个多月,尽管每天只有 100 多元的劳务补助,训练也非常辛苦,但是村民们都非常卖力,积极性非常高。确实,从当时的报道来看,上海世博会的江西活动周取得了圆满的成功,L 村的双龙戏珠舞龙活动也赢得了国内外观众的一致好评。② 在 L 村村民看来,能够代表江西省甚至是中国参加这种国际性的文化展演活动,是他们值得骄傲和引以为荣的事情。但是在代表地方政府去表演双龙戏珠舞龙时,L 村的队员已经察觉到本村双龙戏珠舞龙活动的前景不容乐观。对此,LCB 说:"每次上级政府指派下来的表演任务都是我们这批老队员在表演,虽然我们在帮政府进行舞龙表演时会获得一些劳务补助,但年轻人还是不愿意来,而且在训练期间也很难保证每次队员都能到齐。"③ LZP 馆长也意识到这个时候的双龙戏珠舞龙队员的积极性、凝聚力和体力等方面都开始走下坡路。④

(2) L 村舞龙活动在当前安置小区消退

这个时期,无论是世博会表演还是其他的各种文化展演,均是上面指派下来的(政治)任务,是外部力量强推的结果,从 L 村村民自发组织的双龙戏珠舞龙活动来看,确实如这些老队员所料,2010 年上海世博会表演之后,L 村的双龙戏珠舞龙活动就在本村消失了。2010 年底,L 村的安置房建好之后,村民们陆续搬进安置小区居住,形成了现在类似于城市公寓型的农民社区。L 村的安置小区由 20 栋 6 层楼的多层公寓组成,小区配有物业服务中心、社区活动中心和社区活动广场等。L 村是当地一个较大的村落,有 300 多户家庭约 1400 名村民。拆迁之后的 2011 年元宵节期间,也有一部分对舞龙活动念念不忘的村民(主要是村里的老人)试图借助成功参加世博会江西活动周表演的契机重新恢复本村的舞龙活动,但是令这

---

① 信息提供人:ZZQ;访谈时间:2019 年 3 月 19 日;访谈地点:ZZQ 办公室。
② 《世博会江西活动周今日开幕》,大江网,http://bbs.jxnews.com.cn/thread - 385762 - 1 - 1.html。
③ 信息提供人:LCB;访谈时间:2018 年 12 月 29 日;访谈地点:LCB 办公室。
④ 信息提供人:LZP;访谈时间:2019 年 5 月 29 日;访谈地点:青山湖区文化馆。

些热心于舞龙活动的村民失望的是，一个拥有1000多村民的村落居然找不到20~30个舞龙的队员。当时积极致力于恢复本村舞龙活动、玩了近30年舞龙的L村村民LCB抱怨道："我们当时挨家挨户叫人来舞龙灯，不是这个村民家里有事情，就是那个村民家里有事情，这舞龙活动又不是我个人的事情，不搞就算了！"① 这些热心于复兴舞龙活动的村民在试图复兴本村舞龙活动的努力中处处碰壁，他们的积极性也受到了较大打击。自此，这些热心于复兴舞龙活动的村民也就不再提L村复兴舞龙的事，甚至其中有的村民私下里天天提醒自己："都一把年纪了，不要再想着去玩龙灯了！不要再去玩龙灯了！"② L村最后的一批对舞龙怀有深厚情感和美好记忆的村民都开始对本村舞龙活动持有如此消极的态度，更不用说新一代的村民了，从此，L村舞龙活动从村民的日常生活中消失了，到现在为止也看不出其在L村复兴的迹象。

（3）尴尬的双龙戏珠舞龙及L村代表性传承人

当前，双龙戏珠舞龙活动虽然在L村消失了，但是双龙戏珠舞龙表演还继续存在，只不过是换了一种存在方式，即主要在政府组织的非物质文化遗产展演场合下继续传承，因此，现在在各种媒体上仍然可以看到青山湖区双龙戏珠舞龙活动活跃在各种展演场合的报道。只不过地方政府部门不再请L村村民来表演了，而是聘请地方高校的竞技舞龙队伍来表演，如在2019年4月30日的罗家镇民俗文化旅游节开幕式上，青山湖区文化馆就邀请来自江西A大学的竞技舞龙队表演双龙戏珠舞龙这一省级和市级非物质文化遗产。在本次表演现场，笔者也访谈了省级及市级非物质文化遗产青山湖区北刘轿舞的代表性传承人LYZ老师。当笔者向他请教如何看待青山湖区的双龙戏珠舞龙每次请高校的竞技舞龙队伍表演的现象时，他也表示了忧虑，认为这已经不是在当地的传承，而是脱离了L村的现实土壤的双龙戏珠舞龙。③ 所以，现在L村双龙戏珠舞龙活动面临的一个尴尬处境就是双龙戏珠舞龙活动在L村内部已经消失，但是冠以双龙戏珠之名的舞龙活动在政府主导的非物质文化遗产展演中仍频频"上演"。有研究指

---

① 信息提供人：LCB；访谈时间：2018年12月29日；访谈地点：LCB的办公室。
② 信息提供人：LCB；访谈时间：2018年12月29日；访谈地点：LCB的办公室。
③ 信息提供人：LYZ；访谈时间：2019年4月30日；访谈地点：罗家镇文化广场。

出，一旦非遗项目离开了其产生和世代传承的地域，民众对其接受度也将明显降低。① 对 L 村的双龙戏珠舞龙而言，这种情况也有较为明显的体现。L 村双龙戏珠舞龙活动的骨干人员 LCB 也无奈地表示，现在我们村的双龙戏珠的名气还在，人家只是借了我们村舞龙的一个名而已。② 在本次双龙戏珠舞龙表演现场，笔者也随机询问了几位观众，他们均不知道正在表演的舞龙活动是来自 L 村的双龙戏珠舞龙。

双龙戏珠舞龙在 L 村的消退也导致政府部门在 L 村认定的双龙戏珠非物质文化遗产的代表性传承人处于"无事可干"的尴尬境地。按道理来说，代表性传承人是非物质文化遗产的重要传递者和承载者，承担着积极开展该非物质文化遗产传承活动的责任。江西省对非物质文化遗产代表性传承人所要履行的义务做了如下规定："（一）采取收徒、培训、办学等方式传授技艺，培养传承人；（二）妥善整理、保存相关的实物、资料；（三）配合文化主管部门和其他有关部门开展非物质文化遗产调查；（四）在开发利用过程中有效传承非物质文化遗产的文化内涵，保持传统工艺流程整体性和核心技艺真实性；（五）参与非物质文化遗产公益性宣传。"③ 但是笔者对双龙戏珠舞龙的省级和市级代表性传承人 LCR 及 LZP 馆长进行访谈后发现，LCR 自从被认定为省市一级的代表性传承人以来，基本上没有参加过上述相关活动，而且 LCR 本人对代表性传承人所应承担的义务和职责均不太清楚。④ 双龙戏珠舞龙和北刘轿舞是青山湖区仅有的两项入选省级非物质文化遗产名录的民俗体育文化事项，而与双龙戏珠舞龙代表性传承人"无事可干"形成鲜明对比的是，北刘轿舞的代表性传承人 LYZ 老师则忙于参加北刘轿舞在各种场合的展示和传承活动。在青山湖区文化部门组织的 2019 年非物质文化遗产进校园活动中，LYZ 老师除了向学生传授轿

---

① 崔家宝、周爱光、陈小蓉：《我国体育非物质文化遗产活态传承影响因素及路径选择》，《体育科学》2019 年第 4 期。
② 信息提供人：LCB；访谈时间：2018 年 12 月 29 日；访谈地点：LCB 的办公室。
③ 《江西省非物质文化遗产条例》，江西省非物质文化遗产网，http://www.jxfwzwhycw.com/content.aspx?fd=8&fn=%E6%94%BF%E7%AD%96%E6%B3%95%E8%A7%84&sd=&sn=&ad=289。
④ 信息提供人：LCR；访谈时间：2019 年 5 月 9 日；访谈地点：青山湖区 DX 农民公寓社区活动中心。

舞的技艺以外，也向学生传授了舞龙的技艺。① 双龙戏珠舞龙既然入选省级和市级非物质文化遗产名录，其代表性传承人理应参与非物质文化遗产进校园这一具有积极意义的活动，但是双龙戏珠舞龙的代表性传承人 LCR 表示他并不知道也没有收到参加这项活动的邀请。② 对此，LCR 也表示："如果区里找到我去参加传承活动，我也愿意参加。"可以看出 LCR 这批村民对双龙戏珠舞龙是有感情的，也愿意参加传承推广双龙戏珠舞龙的活动。

2. 双龙戏珠舞龙活动在非物质文化遗产传承场域中存在的问题

虽然双龙戏珠舞龙被列为省市级非物质文化遗产，但其仍然存在较多隐患，所以 LZP 馆长在介绍双龙戏珠舞龙在非遗传承场域中的总体状况时说："实话实说……大不如前，没有塘山镇的经济实力，没有 ZZQ 老师的高校舞龙队的支持，青山湖区双龙戏珠舞龙岌岌可危。"③

（1）代表性传承人认定过程中的隐患

非物质文化遗产代表性传承人的认定应该本着实事求是、客观的原则，以该文化遗产中最具代表性的传承人被认定为目的。《江西省非物质文化遗产条例》规定，非物质文化遗产代表性传承人应当符合下列条件：（一）熟练掌握其传承的非物质文化遗产；（二）在一定区域或者领域内被公认为具有代表性、权威性、影响力；（三）积极开展传承活动。④ 而在双龙戏珠舞龙代表性传承人的认定和产生过程中，存在不够严谨的倾向。首先是在 L 村内认定双龙戏珠舞龙代表性传承人的过程中存在一定的隐患。笔者在 L 村访谈部分村民以及 LCR 本人时发现，LCR 虽然也曾经是双龙戏珠舞龙的队员，但他并不是对双龙戏珠舞龙技艺及知识掌握最好的村民。就此问题笔者也专门咨询了 LZP 馆长，她认为在当时的历史条件下，在认定非物质文化遗产代表性传承人的过程中也存在不够严谨之处。因为当时

---

① 《开学第一课江西南昌市青山湖区非物质文化遗产进校园》，人民网，http://jx.people.com.cn/n2/2019/0221/c375315 – 32668084.html。
② 信息提供人：LCR；访谈时间：2019 年 5 月 9 日；访谈地点：青山湖区 DX 农民公寓社区活动中心。
③ 信息提供人：LZP；访谈时间：2019 年 5 月 29 日；访谈地点：青山湖区文化馆。
④ 《江西省非物质文化遗产条例》，江西省非物质文化遗产网，http://www.jxfwzwhycw.com/content.aspx? fd = 8&fn = % E6% 94% BF% E7% AD% 96% E6% B3% 95% E8% A7% 84&sd = &sn = &ad = 289。

非物质文化遗产作为一个新生事物，L 村村民、塘山村委会和地方文化部门都对其认识和重视不足，基层只是出于应付上级的需要而随便报送了一个村民到区文化馆，而当时文化部门也确实没有进一步核实村委会推选出来的人选是否实至名归。① 虽然当时对 L 村的双龙戏珠舞龙代表性传承人的认定有其历史原因，但这也导致 L 村中真正有资格成为双龙戏珠舞龙代表性传承人的村民被忽视。此外，随着 LCR 及 L 村其他舞龙活动的骨干人员的年龄增长，他们也逐渐难以履行传承双龙戏珠舞龙的职责。由于双龙戏珠舞龙在 L 村失传了近 10 年，L 村现有的中青年一代村民几乎对本村的舞龙活动没有任何情感，更没有掌握双龙戏珠舞龙活动的相关技艺和知识。这就给双龙戏珠舞龙带来了一个比较迫切的问题，即 L 村下一代的双龙戏珠舞龙代表性传承人没有着落。其次是来自当地高校竞技舞龙队的教练 ZZQ 被增设为青山湖双龙戏珠舞龙的代表性传承人是否合适的问题。2018 年 11 月，经过青山湖区文化馆推荐，江西 A 大学竞技舞龙队主教练 ZZQ 老师被南昌市文广局认定为双龙戏珠舞龙活动的市级非物质文化遗产代表性传承人。接下来青山湖区文化馆将向江西省文化和旅游厅推荐 ZZQ 老师为双龙戏珠舞龙的省级非物质文化遗产的代表性传承人，据说正常情况下也可以获批。按照这种思路，如果 ZZQ 老师带队帮助其他的舞龙类非物质文化遗产项目进行表演，那么他也就有资格被认定为该项目代表性传承人。以这种方式来认定舞龙类非物质文化遗产代表性传承人对该民俗体育文化的传承而言到底是好事还是坏事？再次是作为集体项目的双龙戏珠舞龙只认定个人为代表性传承人的隐患。L 村双龙戏珠舞龙活动作为 L 村动员全体村民参与的村落标志性文化，一直以来都是以集体的方式传承的。而地方政府出于各方面的考虑只对双龙戏珠舞龙这类集体项目设置和认定了个别的代表性传承人，而且在认定双龙戏珠舞龙的代表性传承人的过程中也不够严谨。即便 L 村认定的某个双龙戏珠舞龙活动代表性传承人是实至名归的，也可能会影响村里掌握了双龙戏珠舞龙丰富知识和技艺的其他村民的积极性。笔者在调研中发现，北京市朝阳区某个城中村的高跷这一非物质文化遗产认定个人为代表性传承人后，高跷从该村的村落集体

---

① 信息提供人：LZP；访谈时间：2019 年 5 月 29 日；访谈地点：青山湖区文化馆。

文化逐渐演变为该代表性传承人的家族文化，出现了从村落公共文化朝着私有化和家族化的方向转化的趋势。

(2) 去主体化倾向

地方政府出于善意"保护"双龙戏珠舞龙活动这一省级、市级非物质文化遗产的目的，每年都负责组织该民俗体育文化事项参加各种展演活动。这充分体现了地方政府部门为保护和传承该民俗体育文化所做的积极努力，但是在双龙戏珠舞龙这项非物质文化遗产的传承和保护中也有去主体化的倾向，主要表现在以下两个方面。

第一，从文化主体的现实生活中脱离。L 村的双龙戏珠舞龙活动是农耕文明的产物，几百年来，L 村的双龙戏珠舞龙活动能够在该村得以绵延传承，并不在于它的技术动作多么复杂，关键在于它与 L 村的生产生活密切相关，是在 L 村的现实生活土壤中孕育发展而来的一种民俗体育文化，它从来就没有脱离过 L 村的社会现实，也忠实地服务于村民的现实生活。自从入选省市一级的非物质文化遗产后，双龙戏珠舞龙活动逐渐从 L 村村民的现实生活中脱离，成为一个政府主导下的表演项目。在西方现代体育席卷全球的今天，我国主要是按照西方现代体育的模式和取向对村落民俗舞龙进行改造，这带来的客观效应就是越来越多的高校成立了竞技舞龙队伍。据统计，江西省最早成立竞技舞龙队的高校是江西 B 大学，到目前为止，有 6 所南昌的高校中成立了竞技舞龙队。这些高校的竞技舞龙队伍也非常愿意服务地方，助力地方文化的繁荣发展。从地方政府来讲，它们每年也需要各种非物质文化遗产的集中展示，于是，地方政府很容易和高校竞技舞龙队"走到一起"，通过高校竞技舞龙队以双龙戏珠舞龙的名义在各种舞台上进行表演来展示地方政府在传承和保护双龙戏珠舞龙活动工作中的成就。至于双龙戏珠舞龙活动是否正宗、是否与 L 村村民的现实生活相脱节，是否满足了 L 村村民的现实需求，则不是地方政府部门主要考虑的。对于双龙戏珠舞龙与 L 村脱离的现象，除了北刘轿舞的代表性传承人 LYZ 老师表示忧虑以外，常年带队帮助青山湖区文化馆表演双龙戏珠舞龙的 ZZQ 老师也意识到这是当前双龙戏珠舞龙在非物质文化遗产语境下进行传承存在的一个弊端。[①] LZP 馆长也注意到请

---

① 信息提供人：ZZQ；访谈时间：2019 年 3 月 19 日；访谈地点：ZZQ 办公室。

高校的学生来表演双龙戏珠舞龙的劣势："这些孩子（大学生）还是与 L 村村民的气质不同，他们缺乏农村的生活土壤、生活空间的熏陶，就是表演不出农村人的那种接地气的感觉！"①

第二，文化主体缺位。地方政府在保护和传承双龙戏珠舞龙活动工作中存在的另一个隐患就是该非物质文化遗产的文化主体长期处于缺位的状态。如前所述，作为双龙戏珠舞龙活动代表性传承人的 L 村村民 LCR 一直没有得到政府的征召参与到该非物质文化遗产的保护和传承中。此外，自 2010 年世博会表演之后，地方政府部门再也没有找 L 村村民来帮他们进行双龙戏珠舞龙表演。笔者也咨询过青山湖区文化馆 LZP 馆长和 L 村村民现在不请 L 村村民来表演双龙戏珠舞龙的原因，他们共同的感慨是"队员难以召集"。LZP 馆长认为现在 L 村村民要求的每日误工费较高，相比之下，高校竞技舞龙队的出场费②则低很多，LZP 馆长也认为高校竞技舞龙队在队员的组织管理、年龄、时间和技能上都有 L 村村民难以企及的优势。从此，青山湖区双龙戏珠舞龙只是挂了青山湖区塘山镇 L 村的名，只有塘山镇当地的部分民众知道在这些场合表演的双龙戏珠舞龙活动是源自 L 村。笔者在 L 村的访谈中向多位村民提到每年政府都会组织很多场双龙戏珠舞龙表演，并询问他们是否知道，是否会关注这些展演。这些村民都回答不太清楚或不知道，也表示不会去关心这些展演活动。其中一位村民的回答具有代表性：

> 政府搞的双龙戏珠舞龙活动又不是我们村搞的舞龙活动，跟我们没有多大关系，也跟我们村的双龙戏珠舞龙没有多大关系，只是挂了我们村舞龙的名而已。③

从 L 村村民的上述反应来看，村民们普遍认为双龙戏珠舞龙的保护传承及每年的各种表演是政府的事情。通过与 L 村双龙戏珠舞龙活动的骨干人员

---

① 信息提供人：LZP；访谈时间：2019 年 5 月 29 日；访谈地点：青山湖区文化馆。
② 如 ZZQ 老师和北刘轿舞的传承人 LYZ 老师透露，他们在 2019 年 4 月 30 日举行的青山湖区罗家镇首届罗家赶集民俗文化旅游节开幕式上进行表演，每个队员的劳务补助是 200 元/天。
③ 信息提供人：LCB；访谈时间：2018 年 12 月 29 日；访谈地点：LCB 的办公室。

和青山湖区文化馆 LZP 馆长的访谈发现，在被评为省市一级非物质文化遗产之后，地方政府的相关部门也没有到 L 村进行双龙戏珠舞龙活动的调研、采风或是访谈。可见，当下双龙戏珠舞龙活动在非物质文化遗产保护和传承实践中并没有 L 村的代表性传承人及 L 村村民的参与，L 村村民作为双龙戏珠舞龙的文化主体，一直处于备受冷落和缺位的状态。对此，有学者担忧非物质文化遗产"逐渐从自在的民间习俗'发展'成为各种展演式的'官俗'，会导致非物质文化遗产保护的去主体化倾向，并进一步导致非物质文化遗产的保护陷于某种程度上的本末倒置的窘境之中"。[①] 这种忧虑在双龙戏珠舞龙上面也有较为明显的体现，所以 ZZQ 老师认为双龙戏珠舞龙以非物质文化遗产的方式来传承虽然有很多好处，但也导致其脱离了当地的群众基础。[②]

此外，双龙戏珠舞龙活动非物质文化遗产保护的逻辑起点是建立在一个不平衡的关系场域上的，即作为非物质文化遗产保护者的地方政府处于相对强势的地位，而需要得到保护的非物质文化遗产的文化主体 L 村村民则是处于相对弱势的地位，在具体的非物质文化保护实践中，两者间的地位差距被不断放大。这也加剧了在双龙戏珠舞龙的传承和保护实践中的去主体化倾向，地方政府部门会倾向于忽略 L 村村民的感受和诉求。在表面上看，双龙戏珠舞龙活动貌似开展得如火如荼，但是也导致 L 村村民沦为边缘化的"路人甲、路人乙"，这会打击他们参与双龙戏珠舞龙活动保护传承工作的积极性。

(3) 沦为表演项目

据青山湖区文化馆的 LZP 馆长和 ZZQ 介绍，作为省级和市级非物质文化遗产项目，双龙戏珠舞龙每年要参加大大小小的政府组织的各种文化展演 5~6 场。[③] 在访谈中发现，即使是作为双龙戏珠舞龙的省级、市级传播基地和传承基地的青山湖区文化馆对双龙戏珠舞龙也缺乏具体的中长期发

[①] 吕俊彪：《非物质文化遗产保护的去主体化倾向及原因探析》，《民族艺术》2009 年第 2 期。
[②] 信息提供人：ZZQ；访谈时间：2019 年 3 月 19 日；访谈地点：ZZQ 办公室。
[③] 如 2018 年青山湖区双龙戏珠舞龙活动表演的场次有 3 月 2 日元宵节在青山湖区凯菲特广场举行的"双龙戏珠闹元宵惠民演出"活动、6 月 1 日在省美术馆举行的江西非物质文化遗产展示活动、6 月 16 日第六届"红五月"旅游文化艺术节闭幕式、9 月 28~30 日首届文昌里非物质文化遗产展演、10 月 20 日在南昌市文化馆举行的南昌传统表演艺术类非遗展演等。

展规划，青山湖区文化馆每年对其传承主要工作之一就是组织其参与各种非物质文化遗产展演，完成上级政府所要求的非遗进校园、进基层、进乡村等。双龙戏珠舞龙活动也就逐渐沦为一项充满政绩色彩和西方现代体育取向的表演项目。

第一，政绩化/任务化的表演项目。地方政府部门有承担传承双龙戏珠舞龙活动这类非物质文化的职责，这也是他们的中心任务之一。青山湖区文化馆连续多年被江西省文化厅命名为青山湖区双龙戏珠传承基地，被南昌市文广局命名为青山湖区双龙戏珠舞龙的传播基地；青山湖区塘山镇综合文化站也连续多年被南昌市文广局命名为青山湖区双龙戏珠舞龙的传承基地。上级政府部门主要是以量化的方式对这些基地进行年度考核，上级政府部门在对青山湖区文化馆这个双龙戏珠舞龙的传承和传播基地的考核上就对基地建设、传承活动、宣传信息等都有明确的量化和考核要求。LZP馆长介绍道，在青山湖区文化馆获得了双龙戏珠舞龙传承基地和传播基地的头衔之后，上级部门对他们在传承双龙戏珠舞龙中所做工作的考核越来越严格和规范。如，明确规定："作为双龙戏珠舞龙传承基地和传播基地必须组织、举办和参加各种形式的展演、展示等活态传承活动，而且每年不少于3次；并且在区级及以上报刊或广播、电视等主要媒体上至少有1篇非遗相关报道。"① 每年为了完成上面的考核，展示本部门在非物质文化遗产保护工作中的业绩，青山湖区文化馆不得不完成任务式地将双龙戏珠舞龙这项被列为省市一级的非物质文化遗产的活动在各种节日庆典中集中展示，并且每次展示活动前后都要在相应的网站或公众号上进行宣传报道以达到"痕迹管理"的效果。②

第二，西方现代体育取向的表演项目。就双龙戏珠舞龙活动每年参加各级政府举办的各类展演来看，表演者一般是来自当地高校的竞技舞龙队队员，从根本来说，在这些场合表演的是竞技舞龙，是一种按照西方现代

---

① 信息提供人：LZP；访谈时间：2019年5月29日；访谈地点：青山湖区文化馆。
② 如由中共青山湖区委、青山湖区人民政府主办，青山湖区文化馆承办的2019首届青山湖区罗家赶集民俗文化旅游节开幕式上，也表演了双龙戏珠舞龙。并且在该活动举办前后，各大媒体、政府网站、门户网站和政府部门的微信公众号等报道了双龙戏珠舞龙助力2019首届青山湖区罗家赶集民俗文化旅游节的多则相关新闻。

体育模式改造而成的体育项目。ZZQ 老师介绍，青山湖区文化馆等相关部门也没有要求他们必须表演原来的双龙戏珠舞龙，所以现在他们主要是运用竞技舞龙中更为高超的技术、更复杂的动作并结合一些武术套路来表演双龙戏珠舞龙。①中国民间的舞龙习俗与这种竞技舞龙是两种截然不同的取向，中国民俗中的舞龙蕴含着丰富的价值观念和意义体系，是一个更为复杂的文化综合体。如果我们满足于对双龙戏珠舞龙进行这种竞技体育项目化的保护和传承，认为这就是我们要竭力传承的双龙戏珠舞龙活动，就会落入"碎片化"传承的误区，而忽略了其中蕴含的其他优秀文化遗产，容易导致双龙戏珠舞龙活动丧失其精神内涵而沦为一个徒有其表的躯壳。此外，在非物质文化遗产表演场域中，双龙戏珠舞龙的表演是在现代音乐伴奏下进行表演的，这也与民间的传统舞龙在锣、鼓、唢呐等民间器乐伴奏下表演大相径庭。对此，江西省资深的锣鼓艺人 WXR 老师认为双龙戏珠舞龙以西方器乐伴奏不能体现我们民俗传统的韵味，舞龙就应该以锣、鼓、唢呐等伴奏才能有那种龙的气势和威严。②对此，LZP 馆长也说道："现在的双龙戏珠舞龙表演用现代音乐来伴奏，我觉得少了龙的韵味，在这种音乐伴奏下的舞龙表演也很僵硬。"③双龙戏珠舞龙趋向于竞技舞龙的标准化、同质化也会导致其失去文化特色，这也与联合国教科文组织颁布的《世界文化多样性宣言》和《保护非物质文化遗产公约》中尊重文化多样性的宗旨相背离。

在当下来看，每年双龙戏珠舞龙活动都要在多种政府部门主办的场合中展演，也确实能带来该民俗体育文化的一时繁荣。但是在这些表面繁荣景象归于平静之后，地方政府部门、被请来进行表演的高校竞技舞龙队、观众也难免陷入任务疲劳、表演疲劳、审美疲劳，这也不利于双龙戏珠舞龙这一非物质文化遗产的传承和发展。对此，ZZQ 老师认为竞技舞龙队员代表双龙戏珠舞龙进行非物质文化展演是"小菜一碟"，一旦这种表演场次多了，队员也就没有多大的积极性而沦为应付式的表演。对观众而言，双龙戏珠舞龙总是表演这些套路和动作，看多了难免出现审美疲劳和新鲜

---

① 信息提供人：ZZQ；访谈时间：2019 年 3 月 19 日；访谈地点：ZZQ 办公室。
② 信息提供人：WXR 老师；访谈时间：2019 年 4 月 30 日；访谈地点：罗家镇文化广场。
③ 信息提供人：LZP；访谈时间：2019 年 5 月 29 日；访谈地点：青山湖区文化馆。

感降低。在我国日益重视非物质文化遗产保护的背景下，青山湖区文化馆作为双龙戏珠舞龙的省级、市级传承基地和传播基地，为了完成上级交代的任务或为了展示其在传承非物质文化中的政绩，不得不疲于应付双龙戏珠舞龙等非物质文化遗产的展演、汇报演出和填写各种考核材料等。青山湖区文化馆的非遗保护和传承工作任务较重，该馆的工作人员也较少，能参与到双龙戏珠舞龙传承中的工作人员就更少。所以，分管龙舞传承工作的 LZP 馆长对双龙戏珠舞龙传承工作的感慨是"光杆司令一个，疲于应付"。此外，LZP 馆长也认为，即使是在非物质文化遗产场合下的双龙戏珠舞龙表演次数再多，也不如它在原有村落的自娱自乐接地气，村落的自在开展才是最重要的，也是最具生命力的。[①]

3. 原因分析

迄今为止，双龙戏珠舞龙总体上处于衰退状态，一是双龙戏珠舞龙在 L 村消失；二是在非物质文化遗产保护场域中，其也面临着诸多困境，导致这种现状的原因主要有以下几点。

（1）原有自然村落的解体

拆迁之前的 L 村是一个典型的单姓宗族村落，村民聚族而居，在村落内部有村庙和祠堂。L 村的村民主要从事水稻种植等农业生产活动，而且村民全部居住在本村，到了年终更是一年中最为空闲的时间。原先 L 村有其原生性村落结构，如村庙、祠堂、聚族而居的格局等，L 村舞龙也要遵循这些原生性村落结构及长幼有序的原则来进行表演。所以，在拆迁之前，L 村通过村落的民间文化权威很容易在元宵节期间组织起本村的舞龙活动。这个时期的舞龙活动要到村庙和祠堂进行表演，也要挨家挨户登门表演，舞龙队每到一户进行表演时一般会齐声高喊"龙灯子进屋、发人又发福"的祝福语。在舞龙表演期间，L 村也要在祠堂大摆筵席，邀请全部村民及其亲朋好友前来共享通村宴。从住房结构来看，L 村被拆迁之后，地方政府为了节约用地，为 L 村村民建设的安置小区不再是原先村民居住的独栋住房，而是城市型的多层公寓单元房。从居住格局来看，原先 L 村聚族而居的格局也不复存在，现在 L 村村民是以随机抽签的方式获得安置

---

① 信息提供人：LZP；访谈时间：2019 年 5 月 29 日；访谈地点：青山湖区文化馆。

房。从整个村落的结构来看，L 村的祠堂没有得到重建，村庙也基本上处于即将消失的状态，在搬到安置小区之后，部分村民也多次表达了希望地方政府允许 L 村在现在的安置小区重建祠堂和村庙的诉求，但地方政府明确表态不允许在现有的安置小区重建祠堂和村庙。由此，L 村原有的宗族血缘聚落和居住格局被破坏，这就使得 L 村双龙戏珠舞龙失去了其赖以延续的村落结构基础。

（2）信仰体系和信仰载体的破坏

在 L 村拆迁之前，L 村的民间信仰主要有神灵崇拜和祖先崇拜。L 村的村神是关公、杨泗将军和三爹，被供奉在 L 村的村庙中。在拆迁之前，基本上 L 村的每个家庭都在自家的客厅供奉祖先的牌位，有许多家庭甚至还请了一尊佛像用于平时的祭拜，村民主要是在初一、十五或是重要的节日期间祭拜祖先和神灵。L 村被拆迁并安置到现在的城市公寓型小区居住后，每个家庭的住房都是按照城市小区的标准来装修，原先许多家庭供奉的神灵也基本上被送回附近的庙宇中，村民供奉的祖先牌位也因与现在城市风格的家庭住房不适应而取消了。对此 LCB 介绍道，在拆迁之后也想搞祭祖和续修族谱的活动，但是村民们积极性不高，反应非常冷淡，他们也只好作罢。在拆迁之前，L 村舞龙活动主要是依托于本村的村庙和祠堂来举行的，也就是依托于村落的祖先和神灵崇拜等民间信仰而开展的。拆迁后，L 村原来的村庙和祠堂也随之拆掉，地方政府规划建设的安置小区中并没有村庙和祠堂的位置，也不同意为村民重建祠堂和村庙。对此，原来的村主任 LCB 也很无奈，他说："重建祠堂需要占用较多的土地，我们也知道在安置小区是不可能重建的。但是原先我管 L 村的时候，我们准备将村庙建在安置小区的后面，村里所有的老人联名向地方政府打了申请，但地方政府还是不允许。在远离城市的农村或山区可以，在城乡结合地带和城市里根本不允许。我们是家族庙、村庙，国家不允许你单独去建一个庙。"① 可见，L 村被拆迁后，其民间信仰的两个重要载体村庙和祠堂都遭到了破坏，L 村的祠堂不复存在，地方政府不同意在现在的安置小区重建

---

① 信息提供人：LCB；访谈时间：2018 年 12 月 29 日；访谈地点：LCB 的办公室。

村庙，L 村村庙目前只是临时安置在附近闲置的厂房里，也是放一天算一天。①

随着城镇化进程中村民民间信仰载体的破坏，L 村村民的民间信仰逐渐淡化，这在年轻一代的村民中尤其明显。据 LCB 介绍，现在只有一些村里的老人会在初一、十五及重要的节日期间前往村庙敬香，现在 L 村青年一代的村民普遍走向世俗化，不再信仰神灵和祖先，只有极少数的一些老人在初一、十五到临时安置的村庙敬香或是在清明节、大年三十下午去南昌市瀛上公墓祭拜自己的祖先。笔者在 L 村进行访谈时，有村民提到村里的有些年轻人缺乏敬畏之心，什么事情都敢做，甚至铤而走险，走上了犯罪的道路。而长幼有序、团结友爱、礼义廉耻等传统伦理和行为规范，在 L 村被拆迁之前都主要是依靠 L 村的舞龙活动及其源头，即祭祖和祭神等村落民间信仰体系来潜移默化向村落社区成员传递和灌输的。

（3）村民们生活方式和谋生方式的改变

随着 L 村被纳入南昌城区范围内，这个自然村落的拆迁和终结也在所难免，从而给 L 村村民的生活方式带来了巨大的改变。虽然在拆迁之后，L 村在行政上仍然是一个村落，由塘山镇塘山村村委会管辖，但是村民们在户籍上已经成为南昌市城市居民，其平时的工作方式和生活方式基本与城市居民无异。在 L 村被拆迁之后，L 村村民主要就近在市区或当地的工厂企业打工，上班时间比较固定，L 村舞龙以往是在正月十三到十五期间进行表演，这期间村民们都开始上班，而且不容易请到假。如 LCB 所说："就算给村里的年轻人 200～300 元一天的误工费，有时间可能有人愿意来，碰到正好要上班，请假划不来，请假还不止扣这么点钱。"② 成为城市居民之后，L 村村民的社会关系极大地拓展，每个家庭更加独立于村落和传统的姻亲之外，在工作和生活中主要是依靠外部的新型社会关系，对村落原有的家族、血缘和信仰共同体的依赖程度越来越低。据 LCB 介绍，虽然 L 村有 1400 余名村民，但是拆迁之后有一部分村民并不住在安置小区。"现在城镇化后，村民也更加分散了，不像原来大家住在一起。有的村民

---

① L 村村庙被临时安置在附近畜牧场闲置的厂房里，因为该单位的土地原先是属于 L 村的。
② 信息提供人：LCB；访谈时间：2018 年 12 月 29 日；访谈地点：LCB 的办公室。

在外面买了商品房；有的是为了上班或子女上学方便而不住在本村的安置小区。大家分散以后，凝聚力就差了很多，如果要组织大家来本村舞龙，有一些村民要上班、做生意、出外等，这就很难召集到人。"① LCR 和 LCM 也认为，现在村里找不到人来舞龙，特别是年轻人要上班，而舞龙活动只是每年元宵节搞几天，即便是给一定的误工补助，也难以吸引年轻人参加。②

（4）村落文化精英及老人协会号召力下降

原先 L 村的 LZM 在担任塘山村村支书期间为 L 村舞龙的传承和发展做出很大的贡献，作为村落文化精英也在舞龙活动中具有崇高的威望。L 村村民对 LZM 的贡献给予了高度评价，认为 LZM 书记是热心于本村舞龙活动的文化精英，L 村舞龙以至于当地舞龙活动的盛行都与他的积极努力密切相关。在他的带领下，L 村热衷于舞龙活动的老人也成立了负责组织本村舞龙活动的老人协会（类似于灯会的一个非正式的机构）。所以，一个村的舞龙要发展，文化精英和相关的组织机构的存在显得尤为重要。笔者在调研中发现，原先负责组织 L 村村民自发开展舞龙活动的那批老年人（笔者称之为村落的文化精英）已经 70~80 岁，甚至有的老人已经离世了（如 LZM 书记），他们的身体和精力都不允许他们再出面号召村民复兴舞龙活动。此外，城镇化进程和市场经济给 L 村带来的直接影响就是村民们的金钱观念越发深入。LZP 馆长回忆，当时他们需要 L 村村民来参加表演活动时就非常难召集，只有老书记 LZM 这位最具威望的民间文化精英才能勉强召集到人，而且村民们每次总是要向文化馆讨要误工费，后来 LZM 书记离世了就请不动 L 村的村民来表演了。与 L 村合作申报双龙戏珠舞龙的 J 村村民也比较在意误工补助，随着该村舞龙活动有威望的领头人 LDD 老人早些年离世，文化馆也就难以召集 J 村村民参加双龙戏珠舞龙表演了。③现在无论是在 L 村还是 J 村，说话有分量的已经不是那些老人，而是在经济和社会资本等方面占据优势的中青年一代村民，这些原有的村落文化精

---

① 信息提供人：LCB；访谈时间：2018 年 12 月 29 日；访谈地点：LCB 的办公室。
② 信息提供人：LCR、LCM；访谈时间：2019 年 5 月 9 日；访谈地点：青山湖区 DX 农民公寓社区活动中心。
③ 信息提供人：LZP；访谈时间：2019 年 5 月 29 日；访谈地点：青山湖区文化馆。

英逐渐在 L 村边缘化。尽管村民们在表面上仍尊重这些老人，但是老人们叫村里年轻人来舞龙的时候，他们就以各种理由来推脱，村里的老人们也知道年轻人的工作和家庭事务较多，也只好知难而退。随着村里老年人地位的边缘化和话语权的丧失，现在 L 村的老年人协会的职责已经发生了转变，其主要任务就是组织老年人平时跳广场舞、打牌，配合村委会组织老人们 1~2 次的国内外旅游，在重阳节和冬至当日也帮助组织对本村老人的慰问和聚餐活动。①

L 村原先参加双龙戏珠舞龙活动的那批村民大多数已有 50 多岁，也开始步入老年人的行列，他们是否能够接手上一批村里老年人的工作，担负起重新复兴本村舞龙活动的职责呢？对此，原先 L 村舞龙活动的骨干人员 LCB 也无奈地表示：

> 要我们这批人再去以队员的身份参加舞龙活动是不现实的，但是要让我们接替上一辈老人的工作，负责把村里的舞龙活动重新搞起来，恐怕也是非常困难的，我们是有心而无力。没有上级政府部门的支持，光靠我们这些老人家的推动可能也不行，我们在村里年轻一代村民中的号召力下降了，年轻人也不会听我们的号召，我们这些老人家何必自讨没趣呢？等我退休了以后，我当然也要加入村里的老人协会，但也只是参加老人协会组织的一些旅游、打牌等娱乐活动，恐怕我们这些人以老人协会的名义再来组织舞龙活动不太现实。②

总体来看，随着社会的急剧变迁，原先积极致力于 L 村舞龙活动的村落文化精英逐渐边缘化，老人协会的主要职责也发生了变化，这都导致他们难以获得舞龙事务上的话语权，L 村舞龙活动自然难免会处于衰退的状态。

（5）地方政府在传承双龙戏珠舞龙活动中的误区

不可否认，近年来地方政府能够自觉地介入双龙戏珠舞龙活动和保护工作中，也取得了一定的成绩，但是在具体的工作中也存在一些误区。首

---

① 信息提供人：LCR、LCM；访谈时间：2019 年 5 月 9 日；访谈地点：青山湖区 DX 农民公寓社区活动中心。
② 信息提供人：LCB；访谈时间：2018 年 12 月 29 日；访谈地点：LCB 的办公室。

先是认识存在误区。第一，地方政府在介入民俗体育文化传承工作时，尚未正确认识保护与发展的关系。地方政府致力于对双龙戏珠舞龙活动进行非物质文化遗产保护，但是忽视了如何去延续其生命力和进行活态传承。第二，地方政府部门对双龙戏珠舞龙活动的项目化（碎片化）认识倾向。地方政府只看到了双龙戏珠舞龙活动可以作为一个表演项目的外在形式，而对其缺少一个更为整体的认识，容易忽视其本身蕴含的其他更多的优秀文化遗产，如与L村双龙戏珠舞龙相配套的其他富有特色的挑花篮、划旱船、水族姑娘表演，以及通村宴等配套活动。第三，对民俗体育文化的价值认识不够。政府部门更多认识到的是民俗体育文化作为一个项目的文化遗产价值，而对民俗体育文化所蕴含的内在价值认识不足。民俗体育文化的核心功能是其长期形成的运动文化符号及其中蕴含的意义，如地方社会治理、地方民众的精神寄托等，即使是在当今社会仍然有其存在的价值。其次是在具体的传承保护工作中也存在一定的偏差。地方政府部门对双龙戏珠舞龙的认识偏差导致在具体的保护和传承工作中，也出现一定的偏差，主要体现在：第一，项目化及政绩化的传承取向。每年组织了多少次双龙戏珠舞龙活动展演、受众有多少、有多少媒体报道地方政府组织的双龙戏珠舞龙传承活动等成为衡量地方政府部门传承双龙戏珠舞龙的重要考核指标。地方政府对双龙戏珠舞龙活动的项目化传承也导致其蕴含的丰富价值并没有得到充分挖掘和利用。第二，在对双龙戏珠舞龙的非物质文化遗产保护工作中，也存在对该项目代表性传承人的认定和考核不够严谨，忽视了双龙戏珠舞龙活动的文化主体及其赖以传承的现实土壤、忽视了对双龙戏珠舞龙活动所蕴含丰富价值的传承及忽视了从整体上对双龙戏珠舞龙活动进行传承等方面的问题。第三，重申报、轻保护的现象。在许多地方的非物质文化遗产申报工作中存在重申报、轻保护的倾向，在青山湖区文化馆的非物质文化遗产保护工作中也存在着这一误区。据LZP馆长介绍，2019年青山湖区文化馆申报的有关非物质文化遗产的项目将近20项，他们很难有精力到双龙戏珠舞龙的发源地L村进行采风或调研，即使需要去基层调研，他们更迫切需要调研的是那些处于濒危状态的老宅子等文物。而且仅仅是文化部门去基层调研并没有多大效果，地方民众也不太配合，只有上级部门的领导亲自带队去调研才能产生实质性效果，如带来政策或资金扶持等。① 在现有的人力、物力、财力等非常有限的情况下，双龙戏珠舞龙即便是省级非遗项目，文化部门也确实是力不从心。

（6）政府经费投入不足

在非物质文化遗产保护的经费投入中，江西省作为一个欠发达省份，尽管近年来对非物质文化遗产保护日益重视，相关的经费投入也逐渐增加，但是总体来看，用于非物质文化遗产保护方面的经费仍然非常有限。LZP馆长主要分管青山湖区非物质文化遗产的保护工作，其中既包括诸如双龙戏珠舞龙等活态的非物质文化遗产，也包括如老宅子、老民居等亟待抢救的静态的文物。在LZP馆长看来，辖区的老宅民居等更需要得到保护，而且其中所需的经费数额更大。尽管青山湖区文化馆也先后被江西省文化旅游厅和南昌市文广局授予双龙戏珠舞龙传承基地、双龙戏珠舞龙传播基地等称号，但是这些基地也没有相应的经费配套。而且江西省省级非物质文化遗产代表性传承人每年只有5000元的经费补助，而市级非物质文化遗产代表性传承人则没有经费补助。LZP馆长告诉笔者，随着南昌市行政区域的调整，青山湖区原先一些经济状况较好的乡镇陆续从青山湖区分离出去，青山湖区的总体经济实力也有所下降。在青山湖区经济状况更好的时期，区政府投入了专门的经费来组织辖区的舞龙队伍来给全市人民拜年，这也就带动了整个青山湖区舞龙活动的盛行。随着青山湖区经济状况的下滑，每年青山湖区用于非物质文化遗产保护工作的专项经费也是非常有限的。这些有限的经费根本就难以有效地开展双龙戏珠舞龙等非物质文化遗产的保护和传承工作。原先与塘山镇联合申报双龙戏珠舞龙的湖坊镇近年来随着实体经济的不景气，经济状况也大不如前，为此，青山湖区文化馆只好求助于双龙戏珠舞龙的发源地——塘山镇政府。塘山镇的经济状况在历史上就一直较好，特别是随着近年来该镇许多村落的拆迁、土地转让，塘山镇的经济状况也继续处于青山湖区领先的地位。据LZP馆长介绍，双龙戏珠舞龙出来表演一次要花几万元人民币，2018年双龙戏珠舞龙表演的开销高达30余万元。这些经费开销主要是来自塘山镇政府的支持，

---

① 信息提供人：LZP；访谈时间：2019年5月29日；访谈地点：青山湖区文化馆。

而且青山湖区文化馆必须向区文广局汇报并由分管领导出面给塘山镇政府做工作，才能够获得塘山镇政府的经费资助。LZP 馆长也觉得总是请分管领导向塘山镇政府"化缘"也不太现实，对于开展双龙戏珠舞龙活动的经费缺口，塘山镇政府也不可能总是有求必应。① 值得庆幸的是，双龙戏珠舞龙是源于塘山镇这个经济实力较为雄厚的乡镇，如果塘山镇经济状况不好或像湖坊镇一样下滑，那么，对双龙戏珠舞龙的非物质文化遗产保护和传承将更加困难。

（7）根本原因是双龙戏珠舞龙活动没有在 L 村发挥应有作用

从 L 村的现状来看，城镇化建设和村落的整体拆迁导致了村落的解体，村民之间的关系逐渐疏离化，村落伦理道德水平总体上在下降，金钱观念愈发深入人心，村落的凝聚力也在逐渐下降。舞龙活动在历史进程中一直承载着提升社区伦理道德、维护社区秩序、加强社区凝聚力等方面的功能，显然，曾在 L 村世代延续的舞龙活动可以有效地消解当前 L 村在拆迁及城镇化进程中所遇到的这些问题。笔者在访谈部分村民后也发现，村民们普遍认为如果能够重新恢复村里的舞龙活动，对当地村民来说也是好事。如 LCB 认为如果能重新将村里的双龙戏珠舞龙活动搞起来，人与人之间的关系也会亲近很多，大家又会因为舞龙重新聚在一起，也会更加亲密。现在村里平时都比较冷清，过年时候年味更是淡了很多，如果能搞起来，年味会更浓一些。村里的中老年人还是喜欢这些东西，如果能够重新搞起来，村里的老人能再看到双龙戏珠舞龙表演，他们的身体和精神都会好很多。② LZP 馆长也认为舞龙活动一直以来就表达了村民们对和谐美好生活的期许，村民们也有这方面的精神文化需求。③ 所以，无论是从化解城镇化进程中给 L 村带来的一些潜在的问题还是从村民们自身的需求来看，双龙戏珠舞龙活动在当前的 L 村仍然有其存在和延续的价值。从地方政府在保护和传承双龙戏珠舞龙活动的工作角度来看，它们将更多注意力聚焦在组织双龙戏珠舞龙活动参加各种非物质文化遗产的汇报演出上，而对如何在 L 村将双龙戏珠舞龙活动与村民们的实际需求结合起来，以及如

---

① 信息提供人：LZP；访谈时间：2019 年 5 月 29 日；访谈地点：青山湖区文化馆。
② 信息提供人：LCB；访谈时间：2018 年 12 月 29 日；访谈地点：LCB 的办公室。
③ 信息提供人：LZP；访谈时间：2019 年 5 月 29 日；访谈地点：青山湖区文化馆。

何利用它来化解 L 村在拆迁后所出现的一些问题的探索和尝试仍然较为欠缺。这就造成了当前 L 村的部分村民有复兴本村舞龙活动的精神文化需求，但是政府在这方面的引导和介入不够，从而导致双龙戏珠舞龙活动与 L 村村民的需求脱节，进而造成了目前双龙戏珠舞龙在 L 村仍然处于失传的状态。

五　基于本个案的几点思考

1. 城镇化进程中如何保留民俗体育文化赖以延续的空间载体

我国农村民俗体育文化在历史上能够一直延续下来，相当一部分是依托于村里的祠堂、村庙等载体来组织和开展的，是村民们的民间信仰和精神寄托的重要组成部分。在 L 村被拆迁以前，L 村的双龙戏珠舞龙活动是依托于村庙的民间信仰而传承的，L 村的祠堂和村庙是该村双龙戏珠舞龙活动得以延续的重要空间载体。在城镇化建设过程中，大量的村落被整体拆迁，为了节约土地，地方政府或开发商一般的做法是为拆迁村落的村民们建设城市公寓型安置小区，并将这些村民集中安置在这种小区居住，这就导致原有村落的居住结构的瓦解。L 村及其附近村落在城镇化建设和被整体拆迁过程中就是采取这种拆迁安置方案，而且随着土地的逐渐紧张，政府或开发商只能给村民们规划建设安置房，甚至连安置房都不够在村民中分配，更不用说为这些拆迁村落保留建设祠堂或村庙的用地。如 L 村的邻村 H 村在 2015 年拆迁后，现在政府给 H 村建设的安置房面积都不够 H 村村民分配。[①] 村民们也意识到村庙、祠堂等这些家族庙、家族祠堂是属于小传统，不是官方所推崇的大传统，因此，在拆迁安置过程中还难以为拆迁村落安置这些村落传统的文化空间。有研究认为，政府提供固定的传承场所是非遗项目活态传承的重要保障，有利于传承活动定期、定点举行，是激发当地民众参与积极性的有效途径。[②] 这个固定的传承场所不能简单地理解为民俗体育文化表演的体育场地这类物理空间，我们更不应该忽视与其存续密切相关的村庙、祠堂等这类文化空间载体。在我国大力弘

---

① 信息提供人：LCB；访谈时间：2018 年 12 月 29 日；访谈地点：LCB 的办公室。
② 崔家宝、周爱光、陈小蓉：《我国体育非物质文化遗产活态传承影响因素及路径选择》，《体育科学》2019 年第 4 期。

扬传统文化的背景下，如何妥善安置民俗体育文化赖以延续的民间信仰和文化空间载体是今后我国城镇化建设过程中需要考虑的问题。要在正视民俗体育文化所依赖的这些文化载体中存在一些封建迷信成分的基础上，在实践中做到去其糟粕、取其精华，为民俗体育文化的存续保留文化空间载体。

2. 关于政府传承民俗体育文化工作的思考

青山湖区作为灯彩之乡，地方政府部门能够积极致力于当地舞龙活动的传承和发展，并积极组织 L 村双龙戏珠舞龙活动等当地的民俗体育文化申报各级非物质文化遗产，先后出台了一系列相关的举措来促进当地民俗体育文化的传承，也投入了一定的人力、物力和财力，这充分说明当前我国各级政府能够主动、自觉地介入民俗体育文化的传承发展工作，并取得了一些积极的成效。但是从本案例来看，地方政府在民俗体育文化的传承和发展中仍然存在一些亟待理清的问题，主要有：第一，地方政府如何重新审视和评估民俗体育文化的当代价值并使其与当前民众需求相契合。第二，对地方政府传承民俗体育文化工作如何进行更为科学的考核评价。项目化整理是不是衡量地方政府传承民俗体育文化的主要目标，以量化的方式来对地方政府部门的传承工作进行考核是否合适。第三，地方政府部门如何更严谨地认定和考核代表性传承人以使其实至名归；集体类的民俗体育文化是否可以将传承团体认定为代表性传承人；① 在传承民俗体育文化的工作中如何关注民俗体育的文化主体及其相关的文化土壤等。第四，如何克服非物质文化传承中"重申报、轻保护"的误区。LZP 认为，在对民俗体育文化进行非物质文化遗产保护中普遍存在这一现象，她也无奈地表示只能尽力而为，在经费有限的情况下，作为文化部门只能基本保证完成传承人的培训、上面下达的及本部门自办的活动、在特定的民俗节日开展的相应民俗体育活动等。第五，双龙戏珠舞龙入选省市级非物质文化遗产，并在政府主导的非物质文化遗产传承场域进行展演，这固然有助于提高全社会对其重视程度，但政府部门更重要的工作是如何使双龙戏珠舞龙真正地

---

① 如北京市在 2019 年出台了新的《北京市非物质文化遗产条例》，并首次规定团体也可以作为传承人，这对于集体共同传承的非物质文化遗产项目来说具有积极、长远的扶持作用。

回归村落、回归其文化主体，使其更接地气、更具生命力。LZP 馆长就提到区文化馆计划邀请已被认定为双龙戏珠舞龙市级代表性传承人的 ZZQ 老师带领表演双龙戏珠舞龙的竞技舞龙队到 L 村与掌握了舞龙技艺的村民进行切磋，相互取长补短，只有这样，双龙戏珠舞龙才能更好地传承。①

3. 经费支持是不是影响民俗体育文化传承的重要因素

有学者提出"某项民俗体育文化所在地的经济状况是其得以传承的物质条件中贡献率最高的要素"②的观点。青山湖区作为灯彩之乡，在区经济状况较好的时期，区政府曾多年持续投入经费来组织辖区的舞龙队伍给全市人民拜年，也引领并带动了当地舞龙的文化盛行。随着近年来青山湖区经济状况的下滑，这个活动也停止了。这给地方民众传递的信息是上级政府部门都不重视了，地方民众也就进一步丧失了舞龙的积极性。在 LZP 馆长看来，如果现在区政府领导重视，由区政府划拨专项经费来组织这种舞龙拜年的活动也是区财政可以承受得起的，而且辖区各个村落派出十几支甚至是几十支舞龙队伍也是不成问题的。一旦政府给予经费支持恢复这个舞龙拜年的活动，就可以将辖区的舞龙氛围重新点燃，也有助于各个村落恢复舞龙活动的习俗。③ 从非物质文化遗产保护来说，江西省的各级政府在非物质文化遗产保护的经费投入总体上是非常有限的，其中能够投入民俗体育文化这类非物质文化遗产保护的经费就更少。所以从这个角度而言，政府能否提供相应的经费支持是影响民俗体育文化能够有效传承的重要因素。

但是就村落自己开展的民俗体育文化而言，活动经费并不是影响村落民俗体育文化绵延传承的主要因素。在中华人民共和国成立前，农村的物质生活条件相对较差，但是村落民俗体育文化能够顺利传承。在当前城镇化和拆迁过程中，L 村村民和村集体的经济状况得到了极大的改善。据村干部 LCM 介绍，现在村里有钱后总是想方设法为村民谋点福利，如每年的冬至日村集体邀请全村 60 岁以上的老人享用"百叟宴"，村集体每年为村

---

① 信息提供人：LZP；访谈时间：2019 年 5 月 29 日；访谈地点：青山湖区文化馆。
② 崔家宝、周爱光、陈小蓉：《我国体育非物质文化遗产活态传承影响因素及路径选择》，《体育科学》2019 年第 4 期。
③ 信息提供人：LZP；访谈时间：2019 年 5 月 29 日；访谈地点：青山湖区文化馆。

里 60 岁以上的老人发放生活补贴等。当笔者询问村干部 LCM 和 LCR 经费不足是不是 L 村双龙戏珠舞龙活动现在失传的重要原因时，他们均表示不是钱的问题，"原先我们村那么穷的时候，舞龙都搞得很好。我们村舞龙失传的原因有很多，但是与经费问题关系不大。现在实在是搞不起来了，如果能够重新玩起来，这是好事，我们村里也非常愿意资助这个活动"①。另外，随着工业园区和城市建设的深入发展，现在 L 村所在的塘山村委会及塘山镇政府经济实力也较为雄厚。L 村、塘山村及塘山镇的经济实力并不能改变双龙戏珠舞龙活动在 L 村失传的局面。从这个角度而言，虽然所在地的经济状况对民俗体育文化传承具有重要影响，但也不至于成为民俗体育文化得以传承的物质条件中贡献最大的要素。

4. 如何发挥民间协会的作用

在 L 村刚刚搬到安置房居住之初，也有一些热心于舞龙活动的老一辈村民以老年人协会的名义试图借着 L 村村民在上海世博会表演双龙戏珠舞龙的契机召集村民把自己村落的舞龙活动重新置办起来，但他们的努力还是失败了，所以不难理解 L 村村民发出了"没有上级政府部门的支持，光靠我们这些民间力量的推动可能也不行"的无奈感慨。② L 村村落内部原先的那批热衷于舞龙活动的文化精英和负责组织舞龙活动的老年人协会在复兴舞龙活动的事情上没有号召力，他们只能寄希望于上级政府的强力推动。正如 LCB 所说的，只要上面把（重新恢复舞龙活动）指令下达到我们村里，我们村里的舞龙活动不搞也得搞，花再多的钱也得搞。③ 在咨询部分 L 村村民如何才能够复兴本村舞龙活动的访谈中，他们普遍认同的观点是指望上面的强力推动，在某种程度上，L 村村民也产生了对地方政府"等、靠、要"的思想依赖。事实上，光靠政府这一外力的推动毕竟是难以长久的，而且从文化发展的规律来说，政府的角色不应是行政干预，而应是积极引导、提供政策和扶持等。从历史经验来看，L 村舞龙活动之所以能在历史上延续了几百年，并不是因为政府强力干预的结果。千百年来

---

① 信息提供人：LCR、LCM；访谈时间：2019 年 5 月 9 日；访谈地点：青山湖区 DX 农民公寓社区活动中心。
② 信息提供人：LCB；访谈时间：2018 年 12 月 29 日；访谈地点：LCB 的办公室。
③ 信息提供人：LCM、LCB；访谈时间：2018 年 12 月 21 日；访谈地点：LCB 的办公室。

中国广大的农村地区之所以能够积累丰富的民俗体育文化资源，一个重要的原因是民间组织发挥了巨大的作用，其中有代表性的就是村落的宗族组织或是为了负责本村民俗体育文化组织而成立的临时性机构（如 L 村的老人协会）。在城镇化和现代化进程中国外传统体育的发展经验也表明，民间协会（团体）在当地传统体育的现代化发展和传承中发挥了积极的作用。如在美国城镇化进程中，来自爱尔兰的移民为了在快速的社会转型过程中维护传统的生活方式，以此来维护爱尔兰族群的民族认同，他们在美国成立了"体育兄弟会"，体育兄弟会不是政府机构，而是由爱尔兰移民组成的非正式组织，其宗旨是支持、组织并参加爱尔兰的传统体育活动。在这个民间协会的组织下，爱尔兰的传统体育在美国的爱尔兰移民中奠定了较好的基础，并得到了较好的发展，并有效地帮助这些移民融入美国城镇化潮流中。①

因此，无论是从历史经验还是异域经验来看，民间协会或团体对民俗体育文化的传承至关重要，已有很多学者充分意识到了这一点。就舞龙活动而言，江西省早在 2005 年就成立了龙狮协会，但据江西省龙狮协会的资深会员 WXR 老师介绍，现在江西省龙狮协会更多地热衷于组织龙狮赛事这些可能带来经济效益的活动，而对村落自己开展的舞龙活动的介入还远远不够。② 笔者也采访了江西省龙狮协会的副秘书长 ZZQ 老师，他坦言就江西省龙狮协会负责人而言，他们也乐意帮助村落舞龙活动的开展和传承，但是在实际操作中，他们会遇到很多困难而力不从心，因为他们仅仅只是一个民间协会，不是政府机构，如果没有地方相关政府部门的支持配合，他们也难以开展工作。③ 笔者也就此问题采访了青山湖区文化馆 LZP 馆长，她认为就地方相关政府部门而言，其应该和这些民间协会协调配合促进民俗体育文化的传承，但是在实际工作中，他们作为文化部门也有难处。这至少需要区（县）文广局甚至是区（县）政府层面来介入才有可能，如区文广局和乡镇的主要领导沟通协调好才可能使这方面的工作产生

---

① Steven Riess, *City Games: The Evolution of American Urban Society and the Rise of Sports*, Urbana: University of Illinois Press, 1989.
② 信息提供人：WXR；访谈时间：2019 年 4 月 30 日；访谈地点：罗家镇文化广场。
③ 信息提供人：ZZQ；访谈时间：2019 年 4 月 30 日；访谈地点：罗家镇文化广场。

实质性效果。① 另外，在 L 村内部，原先负责 L 村双龙戏珠舞龙活动的老年人协会的职责已经转变，也缺乏动员村民复兴双龙戏珠舞龙活动的号召力。在这种情况下，如何重构 L 村的老年人协会，发挥其在村落舞龙事务上的组织领导作用仍然是一个值得探讨的问题。综上，从本个案来看，在具体操作层面如何发挥与民俗体育文化相关的专项协会及村落内部协会的积极作用，如何发挥政府在其中的联动及配合作用，这方面的探索还不够。

5. 如何发挥村落能人群体和新乡贤的作用

一直以来，包括 L 村双龙戏珠舞龙活动在内的许多村落民俗体育文化之所以能够顺利延续，也与村落内部的民间文化精英的积极推动有密切关系。在城镇化和市场经济观念日益渗透进 L 村的背景下，L 村原来热心于组织和参加双龙戏珠舞龙活动的文化精英已经逐渐边缘化。从 L 村的现实情况来看，曾在 L 村世代延续的双龙戏珠舞龙活动在当下仍然可以有效地消解当前城镇化进程中 L 村所遇到的一些问题。但是要复兴 L 村的双龙戏珠舞龙活动，一个最直接的问题就是谁来组织。L 村原先的文化精英已没有号召力，这就需要当下在村落内部有号召力的村民来负责组织。现在 L 村说话有分量和有号召力的是村落的能人群体，这些能人群体主要包括在经济上、政治上和社会关系上掌握较多资源的中生代村民，但是他们对出面组织本村舞龙活动的意愿并不强烈，甚至有研究认为"能人群体较注重现代体育项目而忽视传统民间项目的发展"。② 虽然 L 村双龙戏珠舞龙活动可以满足当前村民的部分需求，但由于缺乏有号召力的组织者，L 村双龙戏珠舞龙活动仍然处于衰落的状态。

L 村双龙戏珠舞龙的兴衰给我们带来的启示是，在我国民俗体育文化的传承中，需要有一个热心组织该活动的牵头人或领军人物。是否可能在有条件的村落（如 L 村），由村里的新乡贤或能人群体为主体组建负责该村民俗体育文化传承的各种形式的理事会、协会，如负责本村落舞龙活动的机构为"某某村灯会"。同时，完善这类协会的制度建设，以协会的制度章程形式明确这些负责本村落民俗体育文化传承的理事会、协会的功能

---

① 信息提供人：LZP；访谈时间：2019 年 5 月 29 日；访谈地点：青山湖区文化馆。
② 邢文涛、郑国华、祖庆芳：《从宗族到能人：农村体育治理主体的嬗变》，《武汉体育学院学报》2016 年第 10 期。

定位、责任权利等。笔者在近期考察南昌市某工业园区的一项若干个自然村落间的传统龙舟赛的个案时发现，这些村落各自成立了由村落能人群体和热心龙舟事务的村民（新乡贤）组成的龙舟会，并随着近年来该传统龙舟赛事的国家化，以这些村落的龙舟会及其骨干成员为基础成立了南昌县龙舟协会这一在民政部门注册的正式社团组织。该龙舟协会的成长经验表明，在新时期，村落能人群体和新乡贤在村落民俗体育文化的传承中仍然可以发挥其积极作用，只不过在实践中还需要探索符合各地实际的可操作性对策。

6. 民俗体育文化的根本出路在于其价值的传承或转化

当前，在我国城镇化建设的现代化进程中，农村社会发生前所未有的变迁，甚至有越来越多的自然村落逐渐走向终结。这也导致了村落的社会文化环境及村民的生产生活方式等方面的急剧变化，这对我国民俗体育文化产生了前所未有的冲击。但是，无论是西方传统体育的发展经验，还是我国的部分民俗体育文化在当下顺利实现转型的个案（如上文提到的南昌市某村际传统龙舟赛事的国家化实践的个案）均表明，作为农耕文化产物的民俗体育文化并不与城镇化及现代化相悖，民俗体育文化如果能够实现自我调适，也完全可以与城镇化和现代化建设相得益彰。所以，在城镇化和现代化进程下，民俗体育文化不应该也不可能回归"过去"，而应面向未来。在对我国民俗体育文化的传承和发展实践中，也不乏部分民俗体育文化通过项目化的改造取得了较好的效果，如我国的龙舟竞渡经过竞技项目化的改造成为一个在国内外具有广泛参与度的新兴竞技体育项目（竞技龙舟）；土家族的丧葬舞经过项目化的改造和处理，社会影响力提升并成功地走向了国际舞台。但项目化的路径不应是我们民俗体育文化的主要出路，我们更不能采取"一刀切"的项目化发展路径。

习近平总书记多次提出要对中国传统文化进行创造性转化和创新性发展，并指出，"按照时代的新进步，推动中华文明创造性转化和创新性发展，激活其生命力，让中华文明同世界各国人民创造的丰富多彩的文明一道，为人类提供正确的精神指引和强大的精神动力"。[①] 习总书记对中国传

---

① 马述强、梁晓华：《习近平在联合国教科文组织总部发表演讲强调让中华文明同世界丰富多彩的文明一道为人类提供正确的精神指引和强大的精神动力》，《光明日报》，2014年3月28日。

统文化的这一重要论述也为我国民俗体育文化的传承指明了未来的发展方向，即对民俗体育文化的传承最为重要的不是外在表现形式的项目化改造，而是对其核心精神的传承，而民俗体育文化的核心精神就在于其所蕴含的意义和价值。民俗体育文化一直以来蕴含着丰富的价值，其中也有不少至今都未过时，仍然有发挥作用的余地。如民俗体育文化可以促进地方社会的治理，倡导良好的道德观念，为地方民众提供精神寄托，甚至是帮助民众融入城镇化和现代化进程等。我们也可以对民俗体育文化的价值或功能进行适当的调整和转化，以使其在新时期发挥新的作用。如上文提到的南昌市某工业园区中若干个村落间的传统龙舟赛经过地方政府的主办后，在继承其原有价值的同时进一步转变其蕴含的意义，该龙舟赛成为一个展示地方政府的经济文化建设成就、助力地方城镇化建设的重要符号，这也使该传统龙舟赛的村落认同功能顺利转化为对民族国家和地方政府的认同。因此，民俗体育文化的项目化路径固然是一种可能的选择，但在我国民俗体育文化的传承实践中应该因地制宜，我国民俗体育文化的根本出路在于传承或调整民俗体育文化所蕴含的意义和价值以满足新时期民众的新需求，这也是今后我国在传承民俗体育文化中的重点和难点。

根据罗纳托·罗萨尔多的同代人理论，对某个文化而言，如果只有同代人有记忆，但是下一代人没有这种记忆或是记忆逐渐淡化，则该文化容易走向消亡。① 对于双龙戏珠舞龙的未来，LZP 馆长认为要使其真正地实现活态传承，其根本还是需要在 L 村恢复起来。② 如果双龙戏珠舞龙在近期的处境还没有改善，随着 L 村对双龙戏珠舞龙活动留有记忆和情感的这一代人的老去，双龙戏珠舞龙活动在 L 村可能就更难恢复。就目前情况来看，尚不具备双龙戏珠舞龙活动能够在 L 村复兴的土壤和条件。地方政府肩负着传承优秀传统文化的职责，也确实为我国民俗体育文化的传承做了不少工作。但是从青山湖区这个全国灯彩之乡及舞龙之乡的舞龙活动总体走向衰弱、作为省级和市级非物质文化遗产的双龙戏珠舞龙活动衰退的个

---

① 〔美〕罗纳托·罗萨尔多:《伊隆戈人的猎头：一项社会与历史的研究（1883－1974）》，张经纬等译，北京大学出版社，2011，第 104～106 页。
② 信息提供人：LZP；访谈时间：2019 年 5 月 29 日；访谈地点：青山湖区文化馆。

案来看，在城镇化和现代化滚滚洪流中，无论是地方政府、民众还是相关的协会在传承我国民俗体育文化的思想认识和工作实践中仍然都有许多值得总结和探索的问题。

第二节 一个城中村高跷活动在城镇化发展进程中的传承

一 问题的提出

随着城镇化建设的快速推进，城市版图不断向农村延伸，农民土地被地方政府或房企征用，这些村落的原住民在失去土地后不得不加入城市就业大军。已有的村落社区从封闭走向开放，大量外来人口进入居住或就业。这些区域通常被称为"城中村"。它既是城镇化的一道风景，也记载了原住民在城镇化浪潮下的命运转换，更成为城市政府利益博弈中一块"烫手的山芋"，城市文化和农村文化在此汇集，从而兼具城市与农村文化的特征。被卷入城镇化浪潮中的城中村如何接续和传承本村落已有的民俗体育文化，已成为当前我国新型城镇化建设和乡村振兴战略所关注的重要议题之一，为此，本节选取了北京市朝阳区G村这个北京市著名的城中村的高跷为研究对象，探寻在城镇化和国际化大都市建设过程中高跷传承的现状，以期能为城镇化建设过程中民俗体育文化的传承提供一些借鉴和参考。

二 城镇化对G村的影响

1. 地理位置

G村位于朝阳区的东部，是北京市朝阳区GBD乡下属的一个自然村落。G村历史悠久、文化底蕴深厚，古老的京杭大运河北端的通惠河穿境而过，是元代、明代、清代漕运码头，是皇粮、木材等商品集散地。现在G村地处北京长安街东延长线上，距天安门仅8公里。20世纪90年代末以来，我国城镇化建设的快速推进和北京城区的东扩，使这里成为典型的城乡接合部。村庄北依京通快速路，南傍广渠路，西临东四环，东靠京五环。

2. 经济概况

20世纪70年代末以前，GBD乡以种植业为主，是北京的蔬菜供应地之一。80年代后期，农村工业化进程加快，工业企业快速发展。随着国家和北京市的部分重点工程建设落户G村，G村的土地被陆续征用，这使G村逐渐变成了一个"农村无农业，农民无耕地，农转居无工作"的"三无"村。十余年来，在当地政府和村委会的领导下，G村已形成具有国际民俗接待产业、非物质民俗文化产业、古典家具文化产业、医药物流销售产业、通惠人家餐饮产业等五大产业集群的北京知名城中村。2012年，全村经济总收入28.05亿元，人均收入2.63万元，成为远近闻名的富裕村。①

3. 人口概况

除了有8000多外来流动人口以外，G村本地常住人口有6200多人。由于20世纪80年代以来计划生育政策的实施，G村常住居民的家庭人口结构一般为三口之家。国家二胎政策实施以来，在访谈中发现，由于北京较高的生活成本和压力，G村的许多年轻村民的二胎生育意愿较低，他们觉得生育和培养一个孩子会影响生活质量。随着G村土地被征用，G村村民由农业人口转为城镇居民，通过自谋职业生存。

4. 娱乐生活

G村自古就有着丰富的娱乐和民俗文化资源。近年来随着村史挖掘，村内逐步恢复和传承了民俗节日和文化活动，恢复了元宵灯会、二月二民俗文化节、端午节、中元河灯节等传统节日庆祝活动，将节日当中的传统习俗很好地保留和传承下来。在文化活动方面有金秋表彰大会、金秋艺术节文艺汇演、红歌联赛等系列活动，在这些活动和比赛当中，百年高跷老会、百人腰鼓队、威风锣鼓队、交谊舞队、广场舞队等群众文体队伍大展风采。

---

① 《高碑店村》，百度百科官网，https://baike.baidu.com/item/%E9%AB%98%E7%A2%91%E5%BA%97%E6%9D%91/7389959? fr=Aladdin。

5. 民间信仰

G 村的民间信仰较为丰富,村里有娘娘庙、将军庙、龙王庙、朝阳庵姑子庙和五圣庙五座庙宇,供奉着村民信仰的神灵。其中娘娘庙香火最盛,其庙会规模最大,在周边影响力最强,也最为热闹,时间从每年的五月初一到初五。在祭拜这些神灵时,二闸的钢铃舞狮、隆福寺和小郊亭的文狮、朝外二道街的少林、G 村高跷表演等精彩上演,而本村的高跷就是其中的重头戏,以祈祷神灵保佑风调雨顺,村民幸福安康。中华人民共和国成立后为了破除封建迷信,娘娘庙中的神像被拆除,娘娘庙在"文化大革命"期间被拆,现在成了西社区的停车场,将军庙、龙王庙、朝阳庵姑子庙和五圣庙等也在破除迷信的运动中先后被拆除。

6. 住房结构

在城镇化和北京城市建设过程中,G 村的土地被征用,但是 G 村的村落结构基本上得以保留。近年来,在国家新型城镇化建设、美丽乡村建设等政策的指引下,在乡党委和政府的正确领导下,G 村在本村原址的基础上对村民的住房进行改造升级。经过几年的整体规划和改造,G 村的每个农户的住房均为商住一体的三层连栋住宅,每户的三层都有个露天"小阳台",一楼可以作为店面出租。实现了 G 村村民人不离村可上楼、足不出户能致富,顺利地完成城中村改造和村民住房改造,让村民享受城镇化和改革的成果。

三 G 村高跷活动历史概况

G 村高跷老会始建于清光绪十二年(公元 1886 年),至今已有一百多年的历史,见表 4-1、表 4-2。G 村是通惠河边一个大的村落,中华人民共和国成立前村落拥有五座庙,民间信仰繁盛,每年的娘娘庙会非常热闹,而高跷就是庙会上的一个重头戏,庙会的兴衰决定了高跷老会的繁荣与沉寂。高跷以功夫好著称,一般高跷由 12 个人表演,而 G 村的高跷增加了 2 个角色,共 14 人,角色扮相齐全,生、旦、净、末、丑行行都有,文武双全,自成一家,其中最著名的戏目包括《西厢记》《打渔杀家》等。中华人民共和国成立后,这支队伍曾在 1949 年、1954 年参加了国庆庆典活动。中华人民共和国成立后为了破除封建迷信,娘娘庙中的神像就被拆除了，1956年"公私合营"之后庙会逐渐消失，高跷活动也逐渐少了。"文革"期间基本上处于文化沉寂阶段，没有什么活动。1979年和2003年进行了两次重整，一直传承至今。G村高跷在传承过程中，表现为沉寂与再生交替；在内容与形式上，传承与创新并举；在机制上自生、竞生与共生协同；在动机上，自娱、娱人与娱神一体；在经济来源上，商会资助、村民集资、村委会资助、个人资助、企业赞助等多种多样。

表4-1 G村高跷活动内容

G村高跷	活动内容	备注
走会程序	前辕门、前引和把头、钱粮把、武跷、文场、后辕门	程序不能乱
武跷	基本动作：蹲、扳、蹦、扭、耍、逗、耸、瞭等 惊险高难的动作：劈叉、摔叉、拿大顶、蝎子爬、鹞子翻身、单腿跳、过高凳、叠罗汉、"逗坡"、跳台阶等	"张铲头"曾踩着高跷到自来水塔上摘铃铛。三个跟头就可以跳下娘娘庙前的13级台阶
文跷	走场、跳花篱笆（不同阵型、不同舞姿）、堆山子（哪吒山子、药王山子、宝塔山子）	卸下高跷，在戏台上表演堆山子有一定的风险
角色	和尚、傻公子、老妪子、小二哥、渔翁、膏药、渔婆、俊锣、丑鼓、樵夫、文扇、武扇、花子和老太太	增加"鲶鱼姥姥、嘎鱼舅舅"两个角色。形成创新和对传统"老理儿"的突破
演唱	主要是渔翁和樵夫 有群曲、问答、单曲三种方式	《西厢记》、《打渔杀家》、《八仙过海》、《白蛇传》等曲目
会规与仪式	开屏仪式，祭拜开练；会头得是有钱有势、德高望重者；供奉"祖师爷"	会规很严，上跷不准抽烟、吃东西等
功能	对外，耗益买脸、公益助善；对内，整合村落，提高村落认同感，成为区域性宗教信仰的重要辅助部分	很多"走会"都是赈灾助善；为娘娘庙会的"娘娘"送架

资料来源：《高碑店民俗文化志》以及部分G村老人的访谈。

表4-2　G村高跷老会传承历程

发展阶段	标志性活动	备注
1886~1948	国泰民安阶段经常参加妙峰山花会活动、庙会活动。也参加京城的一些"走会",如北海、先农坛、中山公园等	高跷老会名头很盛,参加北京城的一些大型的花会活动。在村落里专为娘娘庙会准备的"娘娘送架"仪式,是娘娘庙会的压轴节目
1946~1948	抗战胜利后办了三届庙会,高跷重新走会	第一次重整高跷老会
1949~1955	参加1949年、1954年国庆庆典活动	比较辉煌时段
1956~1964	1956年后"公私合营",庙会逐渐消失,高跷与庙会是共生的	响应高跷活动的人减少
1965~1979	破四旧,作为"封、资、修"产物而停办	文化性沉寂
1979~1989	1979年恢复高跷表演;1987年、1988年、1989年三届龙潭杯花会表演赛冠军	第二次重整,1987年张印资助2000元参加比赛
1990~2002	忙于发展经济,高跷老会活动少	沉寂期
2003~2008	发展高跷老会,买行头、上保险;2005~2007年四次出访外国	新型城镇化战略、文化兴村战略、新农村建设、北京奥运等契机促进了高跷活动的开展
2009年至今	入选北京市市级非物质文化遗产名录	得到政府认可,激发了活动热情

四　G村高跷活动传承现状

1. 传承主体

中华人民共和国成立前,GBD高跷活动的主要学习者和表演者是本村从事养鱼、卖鱼农副业的村民,所以北京民俗博物馆编著的《高碑店村民俗文化志》记载GBD高跷时提到:"在村(G村)里学高跷的人主要也是卖鱼的,卖鱼的人脸白,好化妆。"[①] 在G村的高跷表演期间,G村民通过观看、与表演者互动等各种方式参与到高跷活动中。因而,高跷是G村中

---

① 北京民俗博物馆:《高碑店村民俗文化志》,民族出版社,2007,第115页。

重要的民俗体育文化，是为 G 村村民所共享、共有的民俗体育文化，G 村所有村民均是其高跷的传承主体。GBD 高跷老会传承至今，现有队员 40 多名，能上跷的队员已有 50~60 岁。为让孩子们也喜欢上这门艺术，近年来，GBD 借助本村高跷入选北京市市级非物质文化遗产的契机，积极地通过非遗进校园、成立少儿高跷队等方式吸引青少年加入。

2. 传承经费

中华人民共和国成立以前，G 村以养鱼、卖鱼为村落的主导产业和村民的主要收入来源。这时期 G 村高跷的经费来源是以渔行的捐助为主、以村民的集资为辅。渔行为 G 村高跷活动的开展提供了有力的经费保障。高跷会缺钱了，就去渔行募捐筹款，如果经费还不够，村民们则自愿捐助。在城镇化建设过程中，随着 G 村土地被征收，G 村被纳入北京城市版图及城镇化进程中，无论是所在的地方政府、村委会，还是村集体和村民经济条件均得到了极大的改善。从 2003 年开始，G 村村委会每年投资 10 万元用于资助 G 村的高跷表演活动。自从 G 村的高跷入选北京市市级非物质文化遗产以后，上级政府部门每年也为 G 村的高跷活动开展提供了较为充裕的经费保障，如北京市文化部门为 GBD 高跷等非遗项目设立了专项资金进行扶持。G 村高跷表演队参加一些具体的文化展演活动，相关政府部门也会在经费上给予支持，如 G 村高跷表演队参加了由北京民俗博物馆主办的"六合催春——幡鼓齐动十三档"民间花会，北京市和朝阳区文化部门对参加演出的队伍给予了经费支持。

3. 组织机构

在城镇化进程中，当地政府在带领农民走向富裕的同时，注重农民健康高尚的精神生活。在当地党委、政府的坚强领导下，G 村恢复了具有百余年历史的 GBD 古庙会，当地政府鼓励村民成立了包括高跷老会在内的 12 个群众体育社会团体和群众文化队伍，使当地农民远离"麻将桌"，倡导积极健康的生活方式。就 G 村的高跷老会来说，其组织机构较为完备，人员分工明确，设有会头 1 人，管账的 1~2 人，负责对外联络的村民 1 人，负责地勤的村民 1 人等。G 村村民 ZAG 担任高跷老会会长，负责全面事务，副会长 ZAD 协助，还有一名后勤人员帮助管理器械，组织结构比较简单。G 村的高跷老会机构的办公地点设在村里的文化活动中心，高跷的文场训练一般是在村文化活动中心的一楼大厅进行，而走场和武场训练在文化活动中心门口的空地进行。

4. 传承场域

原先 G 村的高跷活动主要是依托于本村的民俗节日、民间信仰（庙会）、朝阳区的十三档花会等场域传承的。自从 21 世纪初 G 村高跷恢复，特别是入选非物质文化遗产名录之后，G 村高跷的传承场域也发生了重要变化。现在 G 村高跷主要是在政府主办的各类非物质文化表演场域中传承，这类演出既有传统的"二月二"、端午节等节庆，也有新兴的"漕运庙会"，以及各种政府部门组织的表演活动。比如高跷会为迎接《中国影像志·G 村》拍摄，参加朝阳区文化局举办的十三档非遗会演等活动。这些活动有政府背景，高跷会一般都会遵照安排好的时间进行演出。由于 G 村高跷队的队员平时要忙于工作或学习，他们接到表演任务之后一般只能在每周五晚上聚集在一起排练。

5. 传承方式

为了更好地完成上级政府部门下达的表演任务，以及更方便地交流和传递信息，G 村的高跷老会也组建了一个微信群，课题组成员 SFL 博士在获得对方的信任之后也加入该微信群。通过对 G 村高跷老会会长 ZIG 先生等人的访谈以及 SFL 博士在该微信群长时间的观察发现，G 村的高跷队只有接到表演任务之后才会在业余时间训练，如果没有比赛或表演任务，则村民们基本上不会将其作为一种休闲娱乐方式在本村自发地传承，因此，现在的 GBD 高跷已成为一种演出驱动型的高跷。由于在非遗展演场域中所表演的高跷脱离了其赖以维系的文化母体，因而现在更多的是作为一种项目化方式，以表演项目的形式传承，原先 GBD 高跷中所蕴含的丰富的社区伦理道德、精神文化价值尚未得到更为充分的挖掘。

6. 承载功能

首先，G 村的高跷活动具有认同功能。G 村高跷代表着 G 村人的脸面，这一文化活动具有强烈的"耗财买脸"的特征，代表着 G 村人强烈的文化自信和自我认同。G 村高跷通过娘娘庙会展示其精湛技艺，通过外出表演和参加比赛并获奖来提高其在村落外部的社会认同。G 村高跷以入选非物质文化遗产等方式被当地政府承认，各级政府在举办一些国内外活动时经常需要选择 G 村高跷这一非遗项目进行表演从而使其获得了国家层面的认同，成为一个展示村落特色文化的名片。其次，具有文化展示功能。2002 年恢复的具有百年历史的 G 村高跷老会连续走出国门，舞动伦敦、悉尼、洛杉矶，受到了国际友人的一致好评，成为展示和弘扬中华优秀传统文化的窗口。G 村被认定为北京唯一的国际民俗旅游接待社区、2008 年奥运会定点接待村等，成为老北京文化的一个品牌，在国际文化交流中，G 村高跷也成为北京这个国际大都会及中华优秀传统文化的杰出代表。此外，可以促进当地的城镇化建设。文化是衡量城镇化建设水平的重要指标。G 村高跷老会组织的活动可以起到促进社区内部融合、城乡融合，构筑社区特色文化的作用。高跷活动可以将社区的各个方面整合起来，促进城乡一体化，形成区域特色文化。在本村高跷文化的推动下，G 村被授予"全国民主法治示范村"、"全国绿色小康村"、"全国文明交通示范村"、"首都文明村"、"北京最美的乡村"等荣誉称号。

五 讨论

总体来看，G 村在其传承实践中既积累了一些好的经验，也存在着一些潜在问题，因此，有必要对其进行总结和探讨。

1. 好的经验

（1）经费来源方面

从本节的研究发现，在城镇化进程中，尽管有的村落的村集体经济收入剧增，但是出于各种原因，所在村落投入民俗体育文化传承工作中的经费不够，也在一定程度上影响了民俗体育文化的传承和发展。随着城镇化建设的推进，G 村村民经济条件得到了极大的改善。踩高跷活动需要青壮年参加，而青壮年需要工作和照顾家庭，大多数没有太多的闲暇时间，而参加踩高跷活动所获得的劳务费不足以维持高跷活动的长期开展。从市场层面来看，踩高跷难以获得足够的经济利润，更何况 G 村高跷主要在于"耗财买脸"，不收什么费用，甚至是无偿表演，靠市场很难生存。庆幸的是在 G 村，当地的"两委"在享受到城镇化和改革的红利之后，积极地从经费上支持本村高跷活动的传承工作。G 村高跷老会会长 ZIG 先生也提到，一直以来各级政府，特别是 G 村委会对高跷活动传承工作提供了有力的经费保障，这也是当前 G 村高跷活动能够恢复并传承至今的一个重要因素。

（2）组织机构方面

在城镇化建设过程中，G 村所在的各级党委和政府对传统文化的传承和弘扬工作均非常重视。在当地政府的推动和扶持下，暂停多年的 G 村高跷在 21 世纪初得以顺利恢复。当地政府也积极推动重新组建 G 村高跷老会，并注重发挥党员干部在 G 村高跷老会中的先锋模范作用，如高跷老会前任会长 ZWX 以前一直是 G 村有一定政治资本的党员，并在群众中有较好的口碑。G 村两委一直大力支持 G 村高跷老会，并把加强对高跷老会活动的组织领导列为他们重要的日常工作来加以落实，这与中华人民共和国成立前的 G 村高跷"耗财买脸"的价值观是一致的，与办高跷老会的传统是一脉相承的。20 世纪 80 年代末，原 G 村党支部书记 SDS，将已经放下 20 多年的高跷老会进行恢复与重整，以"恢复历史的本来面貌，继承和发扬民族的传统文化，弘扬民间的传统艺术"之名进行重整，经费主要来自村委会。21 世纪初，新上任的党支部书记 ZF 为挖掘古村文化、提升 GBD 古典家具村品牌知名度，让 G 村的高跷这一民俗体育文化"搭台"，是为了经济"唱戏"。在 2009 年 G 村高跷入选北京市非物质文化遗产名录之后，各级党委和政府部门对 G 村的高跷文化的传承更加重视，这其实也是党和国家对非物质文化遗产工作日益重视的必然结果。

（3）公共服务方面

虽然各级党委和政府为 G 村高跷的传承提供了坚强的领导和组织保障，其中也积累了一些好的经验和做法，但政府的功能不是简单地大包大揽。首先，北京市和朝阳区政府注重培育群众文化品牌，充分发挥当地村民在朝阳区文化品牌建设中的主体作用，形成了"G 村二月二民俗文化节"这个老百姓喜闻乐见的文化品牌。借助该文化品牌的影响力，鼓励 G 村争创"一乡一品、一社区（村）一特色"，并使得 G 村的高跷脱颖而出，成为 G 村乃至朝阳区的文化特色品牌。其次，在公共服务方面，朝阳区、GBD 乡及 G 村两委积极地为 G 村高跷"搭台"和提供公共服务。例如，为了在城镇化过程中留住村民的乡情，朝阳区为当地村民建设了乡情陈列室、文化活动中心和乡艺术团，为 G 村高跷老会的重建和高跷活动的传承提供了有力的场所保障。朝阳区政府也成功地培育出包括 G 村高跷在内的十三档民间花会，这在一定程度上为 G 村高跷的传承提供了共生文化土壤。在 G 村每年举行的各项大型庙会活动中，北京市、朝阳区、GBD 乡和 G 村两委均为庙会提供了有力的后勤保障和志愿者服务。此外，朝阳区组织编纂的《G 村志》入选"中国名村志文化工程"首批 27 部全国名村志，这同时也是全市第一部入选的全国名村志。《G 村志》中记述了 G 村非物质文化遗产高跷秧歌的发展历程和文化内涵。①

（4）功能转换方面

在以城镇化和国际化为表征的现代化进程中，位于国际化大都市的北京市 G 村这类传统的村落社区发生了前所未有的剧变甚至消解，但这并不意味着当地的民俗传统文化的消解。相反，G 村人以自己的努力坚守村落标志性的民俗体育文化——高跷，尽管其中也或多或少存在一些问题。G 村的高跷之所以能够延续至今，根本的原因在于对其所承载的功能进行了适当的调整和转换，以满足新时期各方力量的文化需求。这主要体现在：①在村民需求方面，G 村高跷满足了在城镇化和国际大都市建设进程中村民的个人和集体认同的需求，也帮助村民有效地融入城镇化进程。②在政府层面，政府将 G 村高跷列入北京市非物质文化遗产，并通过各类非物质文化遗产在国内和国外的表演场域来展示老北京文化、中国文化的多样性和特殊性。政府也积极地将 G 村高跷与当地的城镇化建设、美丽乡村建设、大运河文化建设等相勾连，使其有效促进当地的城镇化建设水平的提高。

2. 潜在问题

（1）传承主体问题

20 世纪 70 年代末，计划生育政策的实施使得 G 村年轻一代的人口数量下降，虽然近年来国家放开了三胎政策，但是考虑到在北京的住房压力、子女教育成本的压力等，G 村许多年轻一代的村民二胎的生育意愿较低。村里的年轻人由于工作、家庭等方面的原因，能够参与 G 村高跷传承工作的村民也是少之又少。在访谈中，许多队员表示他们这一代人年龄大

---

① 《〈高碑店村志〉入选"中国名村志"》，北京朝阳文明网，http://bj.wenming.cn/chy/wmbb/201806/t20180627_4737056.shtml。

了,但是年轻一代始终没有跟上,村里的高跷活动后继乏人。此外,G村高跷在传承中,其传承主体逐渐走向私有化、家族化、内卷化,这就导致原先作为G村整个村落全体村民的民俗体育文化逐渐成为张姓家族的事情。而随着计划生育政策的实施,张姓家族的年轻一代的男性数量较少,这些年轻人也对参与本村的高跷活动热情不高。从张姓家族的人口结构来看,ZWX这一辈有四兄弟,ZIG这一辈有六兄弟,但是到了他们子女这一代,只能生育一个孩子,这一代中只有ZY这个男丁加入高跷队伍。近年来,虽然G村高跷也试图通过非遗进校园等方式拓展传承主体,但目前来看进展仍然不太顺利,难以吸收到一批较为稳定的青少年后备队员参与到高跷学习和训练当中。就以ZY本人来说,ZY大学毕业后在北京工作,虽然他赶上了国家的二孩政策,生育了两个儿子,但是他也坦言,现在孩子的学习压力非常大,他也不会强逼他的两个孩子继承高跷的技艺。

(2) 组织机构方面

虽然党和政府的领导是G村高跷能够延续的重要力量,但是G村高跷的开展还需要高跷老会及文化精英来组织。自古以来,G村高跷老会有较为浓厚的封闭观念和村本位意识,一直都规定只有本村人才能加入。现在城镇化使得G村变大了,社区(外来)人口大大增加。高跷老会的组织者和主要成员都已经快50岁,本村的年轻人普遍对参加高跷活动和加入高跷老会缺乏兴趣。在这一背景下,如果G村高跷老会还坚持村本位意识,排斥热心于这项民俗体育文化的非本村人员和青少年加入,那么可以预见,随着现有的高跷老会的组织者和主要成员的年龄增大,高跷老会将成为一个空壳,高跷老会的组织者及主要成员面临着青黄不接、后继乏人的困境。此外,从国内外民俗传统体育文化传承较好的个案来看,一个普遍的经验就是相关社会组织的建设和培育。G村的高跷老会有悠久的历史,现在恢复并得到政府的肯定,但尚未在民政部门正式登记注册,这也不利于G村高跷活动的传承和发展。此外,从国内外民俗传统体育文化传承较好的个案来看,其成功都离不开一批积极致力于当地民俗传统体育文化传承的文化精英的全身心的自愿和义务投入。G村高跷传承的家族化、私有化和内卷化的倾向,也影响了本村内外部其他文化精英参与高跷传承和发展工作的积极性，因此，如何激发其他文化精英的参与热情也是一个事关 G 村高跷传承的重要现实问题。

（3）传承场域问题

首先，从民间信仰来看，高跷是 G 村民间信仰的重要组成部分，民间信仰的兴衰决定了高跷的繁荣与沉寂。近年来，当地政府为恢复 G 村庙会做了大量的工作，借助 2007 年启动的古漕运码头复建工程，G 村启动了龙王庙和将军庙的恢复工作。但是在访谈中发现，这些庙会与旧时 G 村民的民间信仰不可同日而语，村民们关注度低，对周边地区的影响力也小。重修的龙王庙和将军庙基本不开放，更多的是作为旅游景点而存在，已经没有香火了，基本脱离了村民的民间信仰体系。漕运庙会可以复兴传统漕运文化，但国家化的呈现形式基本与人们的信仰体系无关，所以村民关注度相对较低。其次，与庙会相关的花会尚未真正复兴。由于 G 村民间信仰体系的衰落，依托于民间信仰体系（庙会）的花会氛围也淡薄了，老北京的 108 个"花会"行会组织只能留存在人们的记忆当中。现在间断举办的 GBD 漕运庙会所聚集的"花会"组织并不多，具有老北京传统的很少，舞狮子、舞龙等活动还是从外地花钱请来的。2019 年朝阳区文化委员会组织的十三档花会（农村地区全民健身传统文体活动展示汇报），民众参与度比较低，它只是以国家非遗保护名义而由政府牵头举办的，社会影响力也较小。GBD 民俗文化群落没有发展起来。GBD 的华夏民俗园、华生天桥都是民俗文化的集中之地，但只在开业时举办了高跷、飞车、中幡、摔跤以及京剧、评剧、梆子等非物质文化遗产的表演，并没有使得活动常态化，没有促使各种民俗文化形成一种良好的共生关系。此外，在历史上，G 村高跷与周边其他村落的民俗文化之间通过走街串户形成了互相走访和互相竞争的共生关系，在旧时，表演者为了表达敬意也需要竞相表演绝活，农村地区的泥土场地或菜地也可以使表演者不容易受伤。现在城镇化过程中，G 村邻近的其他村落基本已被拆迁，G 村虽然作为一个城中村得以保留，但周边已经被高楼大厦包围。G 村高跷队员基本上是在水泥路面表演，这也为 G 村高跷的传承带来了安全隐患。有一位队员抱怨道："现在都是硬地了，原来的邻近村落和集市消失了，现在只能走（水泥）地高跷。"

（4）传承方式问题

现在 G 村高跷主要在非物质文化遗产表演场域中传承，也带来了一些潜在的问题，主要有：首先，缺少在原生村落的自在传承。民俗体育文化要真正实现活态传承，其生命力还是在民间，不能脱离民间的文化土壤和文化主体的积极参与。但就目前来看，G 村高跷主要是少数一些热心于 G 村高跷表演的张姓村民在传承，其他民众并没有被吸纳到高跷这项民俗体育文化的传承中，这也导致 G 村高跷去主体化传承的倾向。其次，在非物质文化遗产的认定中，北京市和朝阳区政府出于拯救传统文化的目的将 G 村高跷列为北京市非物质文化遗产项目，并认定了 G 村民 ZWX 为该非物质文化遗产的代表性传承人，并给予一定的经费补贴。但是，课题组在采访 ZWX 本人时，他也认为，高跷在历史上传承至今主要是靠大家，给某一个村民非物质文化遗产传承人的头衔不合适，也不利于 G 村高跷的传承发展。这反映出一个问题，那就是像高跷这类需要集体传承的民俗体育文化活动，与某些个人传承的民俗文化不同，现在 G 村设置一个代表性传承人也存在一些不利于该集体性民俗体育文化传承的因素。此外，G 村的高跷主要是以非物质文化遗产表演项目的方式来传承，这种项目化和任务化的传承方式，在某种程度上忽视了其所蕴含的丰富的伦理道德和精神价值的传承，而这也是我国民俗体育文化今后在传承过程中要解决的重点和难点问题。

（5）自身特色问题

G 村的高跷以功夫好著称，有极为讲究的一套"把式"，角色扮相完整、文武双全，自成一家。G 村人将自己的生活生产特色融进了高跷表演，最有特色的就是"鲶鱼姥姥"和"嘎鱼舅舅"两个角色。G 村的高跷分为文场和武场，每个队员均具有自身的特色和绝活。现在文场的唱段后继乏人，武场的表演难度降低，绝活的传承越来越少。以前的表演有一些荤段子（都是男性演员表演），具有小品的某种味道，演员间的互动比较多，而现在的高跷表演由于疲于应付非物质文化表演任务、表演安全，以及后继乏人等种种原因，降低了表演难度，绝活越来越少，对观众的吸引力也降低了，这就使高跷表演与观众观赏之间的共生关系大大弱化。在非物质文化遗产表演场域中，"鲶鱼姥姥""嘎鱼舅舅"这两个角色也逐渐消失了。原先 G 村高跷在走街串户时与周边的其他民俗体育文化存在着一定的竞争关系和互相比拼的关系，如二闸的钢铃舞狮、隆福寺和小郊亭的文狮、朝外二道街的少林等。大家必须拿出绝活，才是对对方最大诚意的尊重。而随着二闸的钢铃舞狮等民俗体育文化的失传及 G 村高跷成为为数不多的入选省级非物质文化遗产的高跷项目，在某种程度上，G 村高跷处于"独此一家"的传承状态中。虽然现在这批 47～48 岁的高跷队员也掌握了本村高跷的绝活，但他们没有必要冒着受伤的风险展示，正如其中的某位队员所说的："糊弄一下就得了。"

安东尼·吉登斯认为，脱阈是指"社会关系从彼此互动的地域关联中，从通过对不确定的时间的无限穿越而被重构的关联中脱离出来"。① G 村高跷老会的原生态存在与原有的涉及村落特色经济、民间信仰、社会结构等因素的共生体系息息相关，随着时代的变迁，虽然村落还是那个村落，但高跷这种民俗体育文化形式已经在一定程度上"脱阈"了，重构的共生系统中的各种关系出现了弱化，这是传承中面临的最核心的问题。高跷老会的组织活动可以在当代起到社区融合、城乡融合、构筑社区特色文化的作用。在一个因城镇化而需要逐渐转型的村落社区，G 村高跷这一传统的民俗体育文化活动可以将社区的各个方面整合起来，促进村民与外来者的融合，促进城乡一体化，形成区域特色文化并进一步传承发展，这其实与新型城镇化的内涵和理念是非常契合的。我们既要看到在社会转型的过程中，这些非物质文化遗产脆弱的生态，也要看到它自身与生俱来的顽强的生命力，它扎根于人们的日常生活沃土，是人们日常节庆的一个重要组成部分，承担着凝聚村落精气神、传承村落文化传统、表征村落集体属性、追忆村落精神信仰的多重功能。其传承中虽面临很多困境，可能在某一阶段沉寂，但如果稍加外力，比如投入经费、加强组织等，马上就可焕发活力。非遗的国家认同、村集体经济的支持、花会的群落文化性增强了这些民俗活动的生命力。但有些担心也并非多余，在城镇化的背景下，村落社会结构的变迁可能直接影响民俗体育文化的生存境遇。

---

① 〔英〕安东尼·吉登斯：《现代性的后果》，田禾译，译林出版社，2011，第 18 页。

第三节　城镇化进程中一项城郊村村际
传统龙舟赛的国家化实践

一　问题的提出

"国家—社会"的分析框架肇始于政治学等学科研究领域，该分析框架日益为学界所重视，并得到了较为广泛的运用。其中来自民俗学、社会人类学等研究领域的学者在这方面做了较多的探讨，取得了较多的成果。如郭于华认为人类学研究要超越传统乡土社会文化小传统的界限，十分重要的一点就是关注民间文化与政治生活及国家权力的互动关系;[①]王铭铭认为民族国家在建设现代化国家过程中，为了实施"爱国爱乡"教育、发展旅游等，也往往为民俗传统的再造提供了空间;[②] 耶鲁大学肖凤霞（Siu, Helen F.）认为地方政府干部的文化及经济策略导致传统文化碎片的再循环、再利用[③]；等等。这些研究观察的视角大都集中于在"国家-社会"的框架下分析传统民俗自身运作机制及其背后所隐藏的国家力量的渗透与互动关系。在体育学界，陆小聪等在"国家-社会"的分析框架下探讨了在中国现代化进程中体育与国家、社会之间的勾连和相互关系。[④] 也有一些学者从"国家-社会"的视角探讨了地方的民俗体育文化（仪式性体育）的历史变迁。如杨海晨等以广西南丹黑泥屯"演武活动"为个案，历时性地探讨了仪式性体育在宏大社会变迁中所呈现的国家与社会互动的场景;[⑤] 吴玉华等探讨了国家在场下瑞金冯侯庙会仪式在社会治

[①] 郭于华：《仪式与社会变迁》，社会科学文献出版社，1998，第4页。
[②] 王铭铭：《村落视野中的文化与权力：闽台三村五论》，三联书店，1997，第1~10页。
[③] Siu and Helen, F., *Agents and Victims in South China: Accomplices in Rural Revolution*, New Haven: Yale University Press, 1989.
[④] 陆小聪、吴永金：《体育与民情：国家与社会视角下近代中国体育进程的再思考——兼论对体育社会组织改革的反思》，《体育科学》2017年第9期。
[⑤] 杨海晨、吴林隐、王斌：《走向相互在场："国家-社会"关系变迁之仪式性体育管窥——广西南丹黑泥屯"演武活动"的口述历史》，《体育与科学》2017年第3期。

理的历史进程中所发挥的积极作用。① 此外，美国人类学家苏珊·布劳内尔（Susan Brownell）在《为中国锻炼身体：人民共和国道德秩序中的体育》中探讨了中国运动员的身体已经超越了生物机体的范畴，并成为民族国家的形象代表。②

总体来讲，学界主要是注重历时性的分析，在国家与地方的互动关系中考察宏大的历史背景下体育、仪式及民间象征等文化实践中的国家渗透（国家在场），对当下的关注只是其中的一个面向。就体育界的研究成果而言，主要侧重于宏观分析，而对民俗体育文化实践，特别是在当下的民俗体育文化展演实践中主体的行为、身体表达与国家、权力的关联等方面的微观分析和解读不足；也鲜有成果在个案研究的基础上尝试对民俗体育文化及人类学的一般性理论问题进行探讨。鉴于此，本节聚焦一项原本由当地村民自己主办的村际传统龙舟赛向地方政府主办的龙舟赛国家化实践的转化，探寻该龙舟赛国家化实践的具体表现及其内在实际运作逻辑，解读该龙舟赛被地方政府主办后所具有的象征意义。

二 村际传统龙舟赛概况（20 世纪 80 年代初至 2012 年）

1. 相关村落概况

从 20 世纪 80 年代初开始，赣江边平原地带五个村落的传统龙舟赛开始复兴，考虑到南昌县政府只是主办了在 Y 村举办的龙舟赛，因此，在介绍所在村落概况时，本节侧重点放在介绍 Y 村上。

（1）地理位置

这五个村所在区域沙滩地、河流、池塘较多，土地不够肥沃。但是这些村落拥有的土地较多，如 Y 村有 3000 余亩地。随着小蓝开发区和城镇化建设推进，这些村落通过出让土地获得了巨大的经济回报。而且这五个村距离富山乡政府较近，其中又以 Y 村地理位置最佳，富山乡政府就在 Y 村村口，本地的行政、文化、经济中心就在 Y 村。这些村落现在也处在小

---

① 吴玉华、赖敏春、肖锋：《国家在场的民俗体育乡村社会治理功能研究——以瑞金冯侯庙会仪式民俗体育为例》，《南京体育学院学报》2019 年第 4 期。
② Brownell, S., *Training the Body for China: Sport in the Moral Order of the People's Republic*, Chicago: University of Chicago Press, 1995.

蓝开发区的中心区域，距离南昌县城约 8 分钟的车程，距离南昌市区约 10 分钟的车程，距离江西省新的行政中心九龙湖约 15 分钟的车程。

（2）行政区划

城镇化建设和小蓝开发区建设的步伐加快，对 Y 村及其周边村落的行政区划也产生了影响。在历史上，这五个村是兄弟村落，中华人民共和国成立后按行政区划和生产大队/村委会划分，都归富山乡管辖。Y 村作为一个宗族村落，本身就有一个村委会，在内部按区域划分为 7 个村民小组。QH 村、RF 村均隶属富山乡 QH 村委会；SL 村隶属富山乡东亘村村委会。从 2013 年 12 月，南昌市政府对小蓝开发区的行政区划进行了调整，决定成立小蓝经济技术开发区金湖管理处和银湖管理处，Y 村、QH 村、SL 村和 RF 村等村落划归金湖管理处管辖，M 村则属于银湖管理处霞山村村委会管辖。

（3）经济概况

这五个村落的村民原先以农业收入为主要经济来源，随着南昌市城市建设的推进，这五个村也成为南昌市和南昌县的城郊村，村民现在的经济来源主要以非农生产为主，绝大多数农户的一般做法是将其农田租给本村几个种粮大户种植，自己则就近在小蓝开发区或南昌市、南昌县城区打工。从村集体的经济情况来看，近年来村集体通过出让土地或村办企业等获得了可观的经济收入，如 SL 村有村办砖瓦厂、Y 村有 Y 氏实业有限公司等村办企业，Y 村更是在 2019 年被评为南昌县村集体经济 20 强村。

（4）人口概况

这五个村都是人口为 1000~2000 人的大村，其中 Y 村村民 2000 余人，大概有 500 户家庭。计划生育虽然也曾在当地实施，但当地家庭普遍育有两个孩子，一男一女或是两个男孩。所以，现在国家放开二孩政策对当地村民基本上没有多大影响，现在村民们普遍的生育意愿是一个"好"字，即生育一男一女是比较理想的。据 Y 村村民 YWQ 介绍，这几个村落中 Y 姓、L 姓和 M 姓是江西省乃至国内该姓氏的发源地，人才辈出。就 Y 村来说，从该村走出了许多政界、商界、文化教育界的名人，如原江西省常务副省长 YMG、革命先烈 YDL 等。直到现在，五个村落后人仍然活跃在行政、科技、教育、文艺等各个领域。

(5) 民间信仰

这五个村的民间信仰较为浓厚，主要有祖先崇拜和村神信仰。随着近年来经济条件的改善，五个村相继重修了本村的祠堂、村庙和族谱，在当下，其民间信仰有进一步复兴的趋势。村民所信仰的村神不仅仅是本村供奉的神灵，在当地的民间信仰中，神灵不是一个具体的神灵，而是一般意义上泛指的神，即菩萨，他们在祭拜神灵时常常念叨的是"菩萨保佑"，以至于有的村民家里也请了菩萨，供他们平时在家里祭拜。

(6) 娱乐生活

在小蓝开发园区建成之前，Y 村村民以农业生产为主业，村民们的娱乐生活较为单调，农闲时间一般是在村里娱乐，娱乐项目主要是看电视、打牌、玩麻将等。近年来，随着当地经济水平的提升，村民文化生活也不断丰富，其中比较好的就是 Y 村。Y 村先后被评为农民艺术活动中心和新农村文明示范村，村里的娱乐设施较为齐全，建有完整的体育设施和村民休闲活动广场。但是对 Y 村村民而言，每年最为重要的娱乐生活就是一年一度与兄弟村落举行的村际龙舟赛。所以当地流传着"宁可荒一年田，不输一头船"的佳话，可想而知，每年端午节前后的龙舟赛在当地村民娱乐生活中占有重要地位。

(7) 社会流动

以前，这些村落村民以种田为主业，社会流动较小。在当前城镇化和地方大开发的浪潮下，这五个村的村民虽然以非农收入为主，但是其社会流动仍然主要局限在当地，以平时在周边打工为主，通婚地域也是以周边地域为主，因而这五个村总体上的社会流动较小。

(8) 社会分层

在市场经济和城镇化的背景下，这五个村村民可以分为两类，一类是普通村民，另一类是能人。能人主要由三类村民组成，即经济能人、社交能人和政治能人。一些有经济头脑并积累了较多经济资本的村民成为村里的经济能人；一些对外社交能力较强，在村落外部有较多社会资本的村民往往是社交能人；兄弟较多的村民通常就是村里的政治能人。当然，这三类能人并不是泾渭分明的，有的村民可能集多种能人属性于一身。

2. 龙舟赛概况

(1) 仪式过程

这五个村的龙舟赛历时十余天,从每年的农历四月二十四一直持续到五月初五。其中第一天和最后一天都要举行庄严的祭祀仪式,这些仪式主要是祈求龙神保佑风调雨顺、消灾免难。在龙舟赛举行的第一天,即每年的农历四月二十四是这五个村子的龙舟下水的日子,当天一大早,这五个村子的男性村民在各村将龙舟抬下水并安装好龙头和龙尾。下水后,要举行庄严的"请神"仪式,村里负责仪式的老人(参龙师傅)要唱一套"赞龙词"。这套"赞龙词"在该参龙师傅家世代相传,而且只传男不传女。在 Y 村,上一代会唱这套"赞龙词"的老人离世后,目前只有该老人的儿子和侄子掌握了这套"赞龙词",在参龙师傅唱"赞龙词"时要祭拜龙神,村民要在河岸边烧香、燃放爆竹、烧纸钱,在场的村民对着龙头磕头拜龙神,祈求龙神保佑划船平平安安、村落事事如意。在农历五月初五的下午,龙舟赛结束后,各村也要举行"送神"仪式,这时村里的参龙师傅也要唱一套"送龙词",① 以感谢龙神的庇佑。村民坚信经过这套仪式之后,龙神才能真正醒过来具有法力。

(2) 组织机构

与周边区域相比,这五个村的村民作为当地的"名门望姓",其宗族文化较为浓厚。中华人民共和国成立前,这五个村的龙舟赛是由各个村的宗族组织负责,这五个村的宗族长老(族房长)组成了负责龙舟赛的领导机构,中华人民共和国成立后,当地宗族组织作为封建社会的遗存而被取缔。改革开放以后,这几个村落借由重修家谱(族谱)也陆续各自成立重修家谱委员会(谱会),谱会设有会长,相当于中华人民共和国成立前的宗族组织,下面设有各个宗族支房的房长等,这个谱会几乎囊括了本村各个家族中支房力量的能人代表。各个村的村民小组长乃至村委会的村支书、村主任都是从本村势力较大的支房中产生。所以,改革开放以后,这五个村复兴的龙舟赛是由村干部、谱会领导(会长、支房长)及龙舟的骨干人员组成的非正式机构龙舟会来组织的。根据 YGQ 书记(同时身兼 Y

---

① 注:"赞龙词"和"送龙词"大致是关于"急急如律令"之类的驱鬼求神的咒语。

氏宗亲总会会长）介绍，每年这五个村的龙舟赛举办前夕，他都会主动联系其他四个村的村干部和谱会领导商量一下当年的龙舟赛具体的赛程安排等一些细节。这五个村的龙舟会负责赛前筹备、赛中主持、指挥和协调、赛后安顿几个阶段，且发挥重要核心作用。总体来看，它们的成员都是各村有威信、说话有分量的人，同时他们也是村落文化及龙舟文化的忠实传承者和坚定的维护者。他们所组成的各个村的龙舟协会是这五个村的龙舟赛能够复兴并在近年来扩大影响力的最基本的组织保证。

（3）参与群体

从龙舟赛的参赛村子来看，在当地形成了两大村落联盟，一个是以YU村为首的，由富山YU村、T村和TS村等三个村落组成的村落联盟；另一个是以Y村为首的，由Y村、SL村、QH村、RF村、M村等5个兄弟村落组成的村落联盟，这两大村落联盟自古以来就有宗族和派系矛盾，但有意思的是，这两个村落联盟在每年端午节前后都会举行村际龙舟赛，类似于西方人类学者所描述的夸富宴和"库拉圈"。从实力、规模和村落间凝聚力来看，Y村所代表的五个村的村落联盟举行的龙舟赛更具影响力。这五个村每村选派2支龙舟队参赛，共有10支龙舟队，参赛队员都是本村的村民。每支龙舟队一般由24名村民组成，其中1名村民是掌舵的舵手，1名村民作为鼓手负责击鼓，其他22名村民作为划手在鼓声中奋力划船。各村村干部和谱会领导等不仅是负责组织龙舟赛的领导机构的成员，同时也是各村龙舟队的领队。虽然这个时期Y村龙舟队已经被地方政府征召代表县乡政府参加了一些竞技龙舟赛事，但是在这一传统的村际龙舟赛中，组织者并没有聘请竞技龙舟方面的专业裁判。至于掌握祭拜龙神仪式的村民则是作为仪式权威负责龙舟赛期间的仪式过程，能亲身参加龙舟赛的村民还是少数，其他村民主要是作为观众和龙神的信众参与到龙舟赛中。

在龙舟赛期间，这五个村的各个家庭除了按照祖上的方式邀请各自的姻亲前来本村观看龙舟赛，也会邀请自己的新型朋友圈的朋友、同事、同学、同趣群体等到本村观看比赛，并招待这些亲友。如Y村村民YJH在南昌县城从事美容和餐饮行业，在业余时间也喜欢踢足球和参加一些公益活动。龙舟赛期间，他在家里设宴席2~3桌用于招待来本村观看龙舟赛的姻亲、同事、同学、球友以及其所在的公益组织的朋友等。① 所以，当地的村民认为，端午节是除了农历新年以外，当地最为热闹和重要的节日。

(4) 经费情况

从 2000 年开始，Y 村等这些兄弟村落所在的区域迅速发展，大量的企业进驻当地，其中比较知名的有江铃汽车集团、百事可乐集团、南昌啤酒厂等国内外著名企业，其在当地大量征用土地，投资建厂。这些村落通过出让本村的集体用地，在经济条件方面得到了大大的改善，村集体也开始变得有钱了。这时期龙舟赛的经费来源主要是各个村集体的经费。这些经费主要用来购买龙舟赛所必需的爆竹、香火等用品，还有招待前来本村比赛的兄弟村龙舟队龙舟宴的开销。这个时期，政府只是满足于保证该赛事不出现安全问题，尚未走向前台来主办这一赛事，因而县乡一级政府部门并没有提供经费上的资助。在龙舟赛期间，这五个村的每个家庭都要款待前来本村观看龙舟赛的亲友，主要有款待亲友的酒席等开销。与这五个村的村民有姻亲关系的家庭还要"接标"，即外嫁女家庭接待来自娘家村子的龙舟队，一般是赠送两条香烟给来本村做客的娘家龙舟队，接标的费用一般在 500 元（2 条黄色芙蓉王香烟，外加 1 对香火和 1 封鞭炮，还要随身携带 1～2 包香烟用于散送给娘家来的村民）左右，也有一些经济状况较好或比较大方的外嫁女家庭赠送 2 条中华香烟或青花瓷香烟给娘家来做客的龙舟队，费用为 1000～2000 元。

(5) 活动安排

这五个村的龙舟赛持续 10 余天，从农历四月二十四到五月初五。除了四月二十六、五月初一、五月初五这三天休整以外，其他 7 天的活动都是这五个兄弟村的龙舟队集会与自由比赛。各个村的龙舟队到达东道村之后，东道村负责接待的村民要敲锣打鼓和燃放鞭炮，迎接兄弟村龙舟队伍的光临，前来做客的其他 4 个村落的龙舟上的村民也要敲鼓以示回应，同时也要在河道上划上几个来回，然后将龙舟停在岸边并上岸休息一下。这些兄弟村落的村民相互打招呼聊天，场面非常热闹。在这 7 天，按照事先约定，其他 4 个村的龙舟队当天上午造访其中一个村，这时一个重要的活

---

① 信息提供人：YJH；访谈时间：2019 年 4 月 1 日；访谈地点：YJH 办公室。

动就是上午的"接标"。"接标"就是其他4个村嫁到东道村的女儿们要负责接待来自娘家的龙舟队。以前经济条件较差的时候，外嫁女一般是赠送娘家龙舟队一些包子、粽子之类的食物，现在随着村民生活条件的改善，一般是赠送2条香烟，有的也额外赠送2箱饮料。当天中午，东道村要招待到访的4个兄弟村的龙舟队共享龙舟宴。其他前来观看龙舟赛的观众则是到该村的亲戚家吃中饭。吃完中饭后，这五个村落的龙舟队员重新上船举行龙舟赛。这种龙舟赛仍然属于传统的龙舟竞渡，没有正式的规则，完全是随机的，没有固定的起点、终点，以五个村的龙舟队员临时口头约定为主，如果是村落的河道条件限制或是不愿意比了，则大家比赛一段距离之后即可停止。这种竞渡方式自古有之，凡由双方同意便自行竞赛，地点、距离、方式不受限制。各地庙会的龙舟竞渡基本上属于这种形式。①这五个村的比赛方式可以是同时举行多场，或是其中几个村落临时协商比赛。比赛结束后，来访的兄弟村带着接标时收到的香烟等礼品回到本村，准备第二天的龙舟赛。

（6）器材和场地

原先这五个村使用的是可以容纳40人的大型木制龙舟。Y村竞技龙舟队在2001年组建并从2002年开始代表南昌县参加了几届南昌市龙舟赛，他们参赛时使用的是符合国家标准的22人玻璃钢龙舟。这种龙舟的优点是不需要维护，便于打理，使用寿命长，而传统的木制龙舟使用寿命短，需要每年进行维修和打理，现在村里会维修和打理木制龙舟的村民越来越少，而且每年维护木制龙舟所需的人力、物力成本较高。随着经济条件的改善，这五个村落为了图省事，普遍使用的是标准的玻璃钢龙舟和船桨等器材装备，船桨、锣鼓等也要符合国际标准，原先老式的船桨和锣鼓等被淘汰了。

Y村的Y村河是一条贯穿于Y村的内河，长约1500米。Y村河中间有一座桥将河分为两段，一段是在老村盘子和Y村祠堂门口，长约500米，因这段没有进行改造和整治，现在村民称之为Y村旧河；另一段在新村盘子一侧及Y村村委会大楼门口，长约1000米，由于前些年对该河段

---

① 《江西龙舟竞渡史》，中华全国体育总会官方网站，http://dragonboat.sport.org.cn/lzwh/2004-06-07/55614.html。

进行了疏浚和整治，村民称之为 Y 村新河。这个时期，在 Y 村举行这五个村龙舟赛的地点是在 Y 村祠堂门口的 Y 村旧河上举行。这个河段水面较窄、河水较浅，只有 Y 村祠堂这一侧可以供村民观看龙舟赛，而该河段另一侧为农田，不便于村民观看龙舟赛。对此，Y 村的文化精英 YJH 介绍道："原先我们五个村的龙舟赛并没有固定的比赛距离，这五个村的龙舟队上午在河里接标，下午进行一些临时约定的比赛，对比赛距离并没有做要求。这五个龙舟队上午在河里接标及下午在河里比赛时，都是临时口头约定，而且可能会因为河段及队员体力等方面的原因随时结束。"

(7) 政府角色

据南昌县教体局 DHY 副局长介绍，随着 21 世纪初民间自发的龙舟赛中出现了一些伤亡事故，南昌县政府要求辖区的村落在每一年举行龙舟赛之前都要向所在的乡政府和体育局汇报，乡政府和体育局等相关部门会对该赛事进行风险评估。这几个村从历史上就是友好的兄弟村，关系比较和谐，所以一般来说，乡政府和体育局是同意这些村组织龙舟赛并报县政府备案的。在征得政府的同意之后，这几个村才可以组织传统的龙舟赛，并且县乡一级政府及体育局作为业务主管部门也会介入该赛事。只不过，这些政府部门主要是以提供服务和后勤保障的方式介入：如公安、消防、交通疏导、体育局赛事指导等。对此，DHY 副局长进一步解释道："肯定要向政府报告，村落之间要搞龙舟比赛，必须要向乡镇府打报告，乡政府经过评估后发现参赛村落明显有矛盾的，肯定是不允许他们搞龙舟赛，如果执意要举行龙舟赛，出了事那就是大事，村主任及相关领导就地免职。如果参赛村落之间没有矛盾和世仇，则可以搞龙舟赛。我们政府部门就是搞好业务指导、后勤服务和安全保障。"

这个时期，在五个村举行龙舟赛的过程中，国家（政府）一直在场，只不过是没有走向台前，主要是在幕后，但其过程实现了"国家在场、权力的眼睛始终在注视着"。这个时期，政府处于相对被动的地位，政府出于保障安全的职责提供相关的服务。同样的情况是，其他乡镇、村落要举行龙舟赛，政府也会提供相应的安全保障和后勤服务。此时，地方政府虽然开始征用其中的 Y 村龙舟队参加县市及全国性的龙舟赛，但是尚未意识到积极介入村落龙舟赛所带来的其他效应。

3. Y村竞技龙舟队崭露头角

Y村龙舟队最早从2001年开始被选拔代表所在乡镇、县参加县市级和省级赛事，这既促进了Y村传统龙舟赛的标准化，也促进了龙舟队水平的不断提高，Y村龙舟队越来越频繁地代表地方参加国内的各种赛事。

（1）国内比赛

Y村竞技龙舟队最早组建于2001年，最早参加的是2002年在南昌市象湖举办的南昌市第一届龙舟赛暨华东地区龙舟邀请赛。在当时城市建设兴起，城区向外扩张的大环境下，南昌市政府为了发展象湖城区，给这个新城区带来人气，时任南昌市市长LDL组织了这一赛事。据DHY副局长介绍，为了选派队伍参赛，大概在2001年底，南昌县在全县范围内举行了选拔赛，并结合龙舟队的竞技水平、村落的综合实力以及该龙舟队的和谐程度三个方面的因素来综合筛选。最后，经过层层选拔，Y村龙舟队和另外一个镇的龙舟队得以被征召代表南昌县参加该赛事。Y村龙舟队一举获得了200米直道赛的冠军。首次组队参赛就获得了冠军，尝到甜头的Y村村民的参赛积极性极大地提升，Y村村委会书记YGQ本人非常喜欢龙舟运动，也积极组队代表地方参加国内各种龙舟赛并取得了不俗的成绩。从此以后，Y村龙舟队代表南昌县、南昌市甚至江西省频繁参加国内各种赛事，已在省内国内赛事上取得了数十项荣誉。据DHY副局长介绍，2012年以前，在南昌县塔城乡青岚湖举办过几届南昌县龙舟邀请赛，Y村龙舟队作为南昌县传统强队代表富山乡参加了这几届比赛，并以较大优势获得了冠军。Y村龙舟队代表南昌县参加了所有5届南昌市龙舟邀请赛并取得了佳绩。随着Y村龙舟队在南昌地区的崛起，它也频频亮相于江西省的龙舟赛事，如2012年4月参加了首届江西龙舟大奖赛并获得第二名的成绩；2012年6月参加了江西省农民运动会并获得龙舟赛项目比赛冠军。

（2）国际比赛

据DHY副局长介绍，Y村龙舟队在过往几届南昌市龙舟赛中取得优异成绩，逐渐成为南昌市一支实力较为突出的龙舟队。2005年，南昌市体育局接到湖南省汨罗江国际龙舟邀请赛组委会的邀请，希望南昌市派一支队伍参加第一届汨罗江国际龙舟邀请赛。南昌市体育局和南昌县体育局一致认为，应该派在南昌市龙舟赛中屡获佳绩的Y村龙舟队参加该赛事。于是，Y 村龙舟队第一次走出省门，来到了屈原故里、龙舟的发源地——湖南汨罗参加第一届汨罗江国际龙舟邀请赛。从参赛队伍来看，该赛事具有国际化的特征，有不少来自国外的竞技龙舟队伍，其中不乏来自菲律宾、加拿大这些传统竞技龙舟强国的队伍。在这届赛事上，Y 村龙舟队凭着顽强拼搏的劲头，斩获了第六名的好成绩。① 当年 Y 村龙舟队在组建之后，多次获得国内比赛的好成绩并开始崭露头角，朴实的 Y 村村民信心满满，他们明确了今后的目标是在国际赛场上展示 Y 村龙舟队的实力。Y 村龙舟队老队长 YHB 当年就曾说："我们村龙舟队不但要在国内赛场上展示自己，而且还要在国际赛场展示风采。"虽然 Y 村龙舟队参加的汨罗江国际龙舟邀请赛是在国内举行，但是其参数队伍中有不少是来自国外的，因此也算得上国际性的龙舟比赛。Y 村龙舟队尽管只是作为一支地方龙舟队参加，还不是国家队，但该赛事仍然具有国际性的特征。

总体来看，在思想认识上，这个时期地方政府部门并没有意识到这五个村的传统龙舟赛所能带来的竞技体育以外的价值；从行为来看，地方政府仅限于征用 Y 村龙舟队，对该传统龙舟赛主要行使"同意权力"并提供安保、后勤服务及一定的业务指导（由县教育体育局负责）；从资金来看，当征用 Y 村龙舟队时，地方政府为其提供一定的误工补助，但地方政府并没有投入专门的经费用于龙舟队和龙舟赛。近年来，随着这五个村龙舟赛的影响力越来越大以及其中的 Y 村龙舟队在国内外竞技龙舟赛场上的成绩日益突出，地方政府开始积极主动介入该龙舟赛和龙舟队。在这个过程中最为重要的变化是，从 2013 年开始，这五个村的龙舟赛转为由地方政府来主办，这就意味着该民间赛事走向了国家化。

三 该赛事的国家化实践（2013 年至今）

1. 何谓国家化

现代民族国家是政治理性化的产物，一方面其是"权力集装器"②，另一方面，其也前所未有渗透进入基层社会和边陲地带。人类学者项飙认

---

① 《江西"农民龙舟队"创佳绩 将"划进"2019 世界杯》，搜狐网，http://m.sohu.com/a/285096022_381537。

② 〔英〕安东尼·吉登斯：《民族—国家与暴力》，胡宗泽等译，三联书店，1998。

为,"国家"概念是高度抽象化、总体性的一个概念,它从官僚体系来看,可以分为中央政府代表的国家和地方政府代表的国家。在现实中我们能够直接观察到的是各级政府部门、政府官员、政府的政策法规等,国家还包括"意识形态和文化系统"①及"可以支配大众社会的话语权"②等抽象化的要素。虽然这些并不等同于国家,但它们与国家的关系"就像和森林的关系,我们所能直接观察的无非是树木而已,但是这并不意味着'森林'的概念是完全虚假的;没有'森林'的概念,我们就不能认识树木"。③据此,本节也认为"国家化是为了实现有效的行政管理而按地域划分国民,将国民组织到各级政权机关之中,由此形成自中央到地方各个层级的权力体系"。④除了行使国家最高权力的中央政府以外,各级地方政府也代表国家行使地方管理权,因此,本节将地方政府征用Y村村际传统龙舟赛的行为也视作国家的行为,而且国家的意识形态、国家话语和科层制都在其中得到充分体现,甚至国家掌握着对被征用后的该项龙舟赛的话语解释权。政府官员受邀前往Y村龙舟赛现场观摩、讲话和颁奖,他们不是以个人身份而是代表地方政府参加该活动;此外,人类学界也有许多研究成果将地方政府官员受邀参加类似活动作为国家化的具体体现,如郭于华⑤、黄剑波⑥、吕俊彪⑦、覃琮⑧等学者在其研究中都大致从这一视角来进行阐释。因此,本节也尝试将地方政府官员受邀参加Y村龙舟赛和在开幕式上致辞等作为分析该龙舟赛国家化实践的一个维度。

---

① 徐勇:《国家化、民族性与区域治理——基于历史中国经验的分析框架》,《广西大学学报》(哲学社会科学版)2020年第4期。
② 包亚明主编,《权力的眼睛:福柯访谈录》,严锋译,上海人民出版社,1997,第137页。
③ 项飙:《普通人的"国家"理论》,《开放时代》2010年第10期。
④ 任路:《国家化、地方性与乡村治理结构内生性演化》,《华中师范大学学报》(人文社会科学版)2021年第1期。
⑤ 郭于华:《仪式与社会变迁》,社会科学文献出版社,1998,第338~383页。
⑥ 黄剑波:《乡村社区的国家在场——以一个西北村庄为例》,《西北民族研究》2005年第1期。
⑦ 吕俊彪:《民间仪式与国家权力的征用——以海村哈节仪式为例》,《广西民族学院学报》(哲学社会科学版)2005年第5期。
⑧ 覃琮:《标志性文化生产的民族志——以宾阳的舞炮龙为个案》,博士学位论文,上海大学,2011,第201页。

2. 为什么征用在 Y 村举行的这五个村的村际龙舟赛

南昌县民俗体育文化较为丰富，其中也不乏省级非物质文化遗产，如县塔城乡的板凳龙和蒋巷镇的黄河灯等民俗体育文化先后入选省级非物质文化遗产。在当前我国日益重视弘扬中国传统文化和全民健身上升为国家战略的大背景下，地方政府征用的为什么是赛龙舟这一民俗体育文化呢？南昌县辖区的许多村落会在端午节前后自发举行龙舟赛，那么地方政府征用的为什么是这五个村的龙舟赛呢？这五个村的龙舟赛是多日在这五个村庄轮流举办，地方政府为什么只是征用其中 1 天，而且只是在 Y 村举行的龙舟赛？

（1）该龙舟赛自身原因

从这五个村的龙舟赛来看，由于其存在特殊的血缘关系，该赛事总体上比较和谐。就 Y 村所在地的几个典型的村落间的龙舟赛来看，虽然在历史上，YU 村等几个村落与 Y 村存在矛盾，但以 YU 村为代表的 3 个村落组成的龙舟联盟与以 Y 村为代表的 5 个村落组成的龙舟联盟在每年的端午前后各自举办比赛，井水不犯河水，总体上处于相安无事的状态。从这五个村的内部关系来看，由于这几个村自古以来基于先天性的宗亲姻亲等血缘关系结成了稳固的兄弟村落联盟，因此五个村的龙舟赛中一般不会发生斗殴等恶性事件。所以，地方政府介入这一赛事也是想树立一个和谐龙舟赛的典型，通过这一龙舟赛的榜样示范作用，规训和影响辖区其他村落的龙舟赛要以和谐和安全为首要目标。此外，这五个村的龙舟赛在当地已经发展为最具影响力的民间龙舟赛事。作为一项由若干个村落自发组织的龙舟赛，这五个村的龙舟赛近年来影响力越来越大，而且持续时间较长，这展示了五个村内部的巨大凝聚力，而且也吸引了南昌市周边的民众加入这一公共活动。

此外，龙舟文化有其自身比较优势。南昌县水道纵横，端午节赛龙舟在当地具有悠久的历史和广泛的群众基础，直到今天仍然是当地盛行的民俗体育文化。从龙舟竞渡自身的特点来看，具有以下特征：第一，虽然学界对端午节赛龙舟的起源有很多种不同的说法，但是从我国官方的表述来看，一般认为端午节赛龙舟是为了纪念爱国诗人屈原。所以国家征用端午节龙舟赛则可以将赛龙舟的习俗与热爱祖国、热爱家乡联系起来，政府一旦介入龙舟赛，就可以在这方面做进一步的提升和发挥。第二，突出"竞"、同舟共济、迎难而上、奋勇争先，这与官方提倡的思想一致。南昌县近几年主要的发展思路是要坚定首位意识，加速转型跨越，为拼争"四个率先"、建设"五个昌南"而努力奋斗。县政府主要的奋斗目标是"在全省率先挺进全国百强县第一方阵、率先全面建成小康社会、率先进入全国县级文明城市行列、率先迈向基本现代化的新征程"。① 南昌县委、县政府认为，要实现这个奋斗目标需要充分调动全县上下团结一心、奋勇拼搏、迎难而上。县委、县政府认识到龙舟赛所蕴含的精神力量对于激励全县人民共同为实现南昌县的发展目标而努力奋斗具有重要的意义。因此，南昌县认为应该改变之前被动应对的态度，更加积极主动地介入该龙舟赛的组织、策划和宣传中，将其打造成激励南昌县人民为实现南昌县近期发展目标而努力奋斗的一针强心剂。

（2） Y 村自身的优势

竞渡地点受自然条件和城镇条件两大因素影响。这两个条件较好的地方比较容易形成较大的竞渡地点，而且，这两个条件缺一不可。② 这五个村落地理位置优越，现在处于小蓝开发区的核心区域，距离江西省和南昌市新的行政中心和最为热门的发展区域较近，其中又以 Y 村的地理位置最佳，新建成通车的连接南昌市九龙湖和红谷滩新区的西外环高速公路在 Y 村设有一个进出口，富山乡政府这个乡镇一级的行政中心和乡里的集贸中心都在 Y 村的村口。所以，与其他四个村相比，在 Y 村举行的龙舟赛更容易产生影响力辐射效应。从村落内部的河道条件来看，虽然这五个村都有可以开展龙舟竞渡的河道或是水面，但相比而言，Y 村的河道更适合开展对赛道长度有要求的竞技龙舟赛，而且 Y 村新河贯穿 Y 村，比较适合民众在河边观赛，Y 村的文化广场也建在河边，便于举行开幕式等活动。

近 20 年来，随着小蓝开发区的建设，这五个村通过土地出让等活动得到了较大的经济回报，村集体经济也得到了较大的改善。其中 QH 村内部本身就有一个小型的农贸集市，该村的经济条件尚可；SL 村有一个村办砖

---

① 《领跑之程再出发——全省县域经济领头羊南昌县未来五年发展轨迹（上）》，搜狐网，http://www.sohu.com/a/112415722_393088。
② 张建世：《中国的龙舟与竞渡》，华夏出版社，1988，第 65 页。

厂，近年来在房地产业的带动下经济效益也不错。但总体来看，在这五个村中，Y村的经济实力最为雄厚，Y村连续多年被南昌县评为"村集体经济20强"。在小蓝开发区建设中，除了出让土地获得经济方面的收益以外，Y村还成立了主营建材等业务的Y氏实业有限公司，并在村落的沙洲地上建了厂房和仓库用于租赁，盘活了这些不太适合耕种的土地。据YGQ书记介绍，现在Y村的村集体年均有将近3000万元的收入。所以，Y村作为一个较大的宗族村落，本身就有一个村委会，这也与其具备较强的经济实力是分不开的。

Y村历史悠久，文化底蕴深厚。在调研中，Y村村民总是非常自豪地告诉笔者他们村是江西Y姓的发源地。QH村、RF村都是Y村的村民在历史上搬迁至当地形成的宗族村落，而M村、SL村与Y村自古就有相互联姻的传统，这两个村也与Y村有着天然的血缘关系。在祖先信仰和宗族文化中，Y村都处于这五个村的核心地位。就龙舟竞渡来说，自古以来这五个村就结成了稳固的龙舟联盟，其中Y村文化实力最强，在五个村落龙舟聚会竞渡时处于领头的位置。在城镇化和市场经济的大背景下，Y村的文化建设所取得的成就也大于其他四个村，如Y村先后获得"农民艺术活动中心新农村建设文明村"等多个荣誉和头衔，村落的文化广场、文化设施、体育设施都比其他四个村完善，甚至在整个南昌县都是建设得比较好的。显然Y村与其他四个村以及附近的村相比，在文化资源的占有上处于相对优势的地位，这一优势地位对于其他四个村和周边村均能产生一种向心力。

如前所述，其他四个村都只是村民小组，而Y村本身就有一个村委会，所以这五个村负责组织龙舟赛的人员除了谱会会长和族房长等以外，从村干部的角度来看，其他四个村一般都是村民小组长，而Y村除了村民小组长以外还有村委会书记YGQ这位国家在基层的代理人在场。YGQ书记在整个龙舟赛活动组织中居于领头的位置，他担任Y村村委会书记近20年，村民们对他的评价是"有魄力、有担当，没有私心，能真心为群众谋福利，也热心于龙舟赛等传统文化的传承"。YGQ书记带领全村人走上了致富的道路，也为村里办了不少实事。YGQ书记多次受到南昌市政府和南昌县政府的表彰，如获得了"南昌市劳动模范、南昌市优秀党务工作者"

等多项荣誉称号。在整个南昌县的村支书中，YGQ 书记算得上是能力比较突出的，而且当了十多年的村支书，他和上一级政府的关系处理得比较融洽。一直以来，YGQ 书记积极配合南昌县或南昌市的征召，积极组建本村的龙舟队参加国内的各级龙舟赛，并取得了不俗的成绩。南昌县要主办龙舟赛，自然就会想到主办在 Y 村举办的这五个村落的传统龙舟赛。

3. 对该赛事的国家化改造和征用

南昌县政府出于助推南昌县发展的目的主办 Y 村的龙舟赛，为了更有效地达成其目标，南昌县政府主办龙舟赛后不可能是原封不动地继承该赛事，而是在继承的基础上有针对性地对其进行一些改造和创新。

(1) 对该赛事的改造

①仪式过程的创新

这五个村的龙舟赛一般是在农历四月二十四和五月初五的凌晨举行请神和送神的祭祀仪式，地方政府主办在 Y 村举行的这五个村的龙舟赛时，保留和尊重了这五个村原有的祭祀仪式，但同时也举行了一般现代体育赛事通常所具备的开幕仪式。政府采用这一套现代的、官方的仪式，并同时不干预民间的甚至带有迷信色彩的祭祀仪式，体现了地方政府的包容和与民同乐的积极态度。从近几年政府主办该龙舟赛的情况来看，其只是举行开幕仪式，不举行闭幕仪式。该开幕仪式通常包括以下流程：第一项，奏唱《中华人民共和国国歌》；第二项，请县领导（副县长或副书记）致辞并宣读江西省龙舟协会的贺信；第三项，请南昌市体育局局长讲话；第四项，请中共南昌县县委书记、小蓝开发区党工委书记宣布开幕；第五项，文艺表演。①

②组织机构的国家化

地方政府来主办在 Y 村举行的这五个村的龙舟赛，在组织机构上也体现了科层制和国家化。南昌县政府要求各政府部门各司其职，行政分工明确。地方主办在 Y 村举行的龙舟赛后将该赛事命名为"南昌市龙舟邀请赛暨南昌县龙舟表演赛"，体现了从南昌市到南昌县以至于下面的各级政府部门的分工协作。该赛事的主办单位是南昌县人民政府、小蓝开发区管委会和南昌市体育局；承办单位是南昌县县委宣传部、南昌县教体局和

---

① 以上信息根据近几年该赛事的开幕式流程和竞赛规程等整理。

县文明办；协办单位是富山乡、金湖管理处、银湖管理处和南昌县龙舟协会（2017年以后）。成立了南昌市龙舟邀请赛暨南昌县龙舟表演赛组织委员会，由分管副县长担任组委会主任，由县政府办公室副主任、县委宣传部副部长（县文明办主任）、团县委书记、小蓝开发区社发部主任、县城管局局长、县教体局局长、县电视台台长、县公安局副局长、县财政局副局长、县交警大队队长、县供电公司总经理、所在乡和管理处主要领导、县教体局其他班子成员及所在村委会主要负责人为成员。组委会下设了活动安全部、办公室、竞赛部、场地部、后勤接待部、宣传部、医疗救护部、仲裁委员会及裁判委员会等机构，对各个机构及相关政府部门的职责做了明确的规定，并制定了详细的组织工作任务时间表，主要由地方政府部门来强力推进。

2017年3月成立的南昌县龙舟协会虽然是一个具有法人资格、在民政部门登记注册的民间社团，但是该协会也带有明显的半官半民的性质。首先，其成立的前提是要"遵守宪法、法律、法规和国家政策，并接受业务主管单位南昌县体育局、南昌县体育总会和南昌县民政局的业务指导和监督管理"。其次，其成员中除了一些热心于龙舟活动的爱好者和积极分子以外，还有不少来自各个村落的村委会干部，如Y村村委会书记YGQ就是该协会的会长，也有来自当地政府部门已经退居二线的领导，如原南昌县政协主席DBG担任该协会的荣誉会长。此外，该龙舟赛所在的村委会虽然是村民自治组织，但是村委会的主要负责人作为国家在农村基层的代理人加入组委会，也体现了组织机构的国家化。

③竞赛规程的标准化

张建世认为传统龙舟的活动形式有游乡、集会和比赛等。[①] 在政府主办这五个村的龙舟赛之前，该龙舟赛具有张建世所说的这些活动形式——这五个村的龙舟在端午节前后主要是聚会、到兄弟村落走亲戚（游乡）以及自由和随机地举行临时性的龙舟比赛等。地方政府主办在Y村举行的这五个村落间的龙舟赛以后，虽然不干涉在其他四个村落举行的龙舟赛，也保留了接标等活动，但就在Y村举行的龙舟赛而言，其核心的活动就是龙

---

① 张建世：《中国的龙舟与竞渡》，华夏出版社，1988，第73~77页。

舟赛，而且是按照竞技龙舟的标准来开展的龙舟赛。南昌县政府主办 Y 村的龙舟赛，并对该赛事的竞赛规则做了明确的规定：首先，比赛项目明确了是举行男子 22 人龙舟 500 米和 800 米的直道竞速赛，并对参赛队伍的人员构成做了统一的标准和要求，如规定各参赛队需对报这两个参赛项目的领队、教练员和运动员人数、资格等做统一的要求。其次，在竞赛办法上，明确提出赛事采用的是国家体育总局 2015 年审定的龙舟比赛竞赛规则，由组委会统一提供比赛用品龙舟及划桨，也对参赛队的服装、队旗等做了标准化的要求，如要求"参赛队服装统一，上衣背后有明显号码（1~22号），各队自备队旗一面，呈三角形，高 1 米，底边长 2 米，旗杆高 3 米，旗面注明单位或队名"等。

南昌县政府在投入专项经费①对 Y 村的河道进行治理和疏浚时，有意识地加入了便于举办龙舟赛和群众观看龙舟赛及平时休闲健身的设计。原先举办龙舟赛的 Y 村旧河河段的水面较窄而且另一侧为农田，不利于赛事的开展和观看，而 Y 村河的另一段河道水面更宽、距离更长，而且两侧没有农田，于是地方政府在整治 Y 村河时对新河段进行了有利于举办和观看龙舟赛的设计。在河岸设计上，河道两侧设计了围栏，便于观众安全地在岸边观看龙舟赛；岸边围栏边上铺设的塑胶也便于村民平时在岸边休闲健身；建了 6 个由多级台阶组成的下水点，这方便了来 Y 村做客的兄弟村落的龙舟下水，也方便了兄弟村落接标——接收嫁到 Y 村的女儿送来的礼物。在河道的清淤和疏浚上，将河道挖至大概 10 米深，便于开展龙舟赛而不至于出现龙舟搁浅的问题。据 YGQ 书记介绍，现在改造后的 Y 村新河比较适合开展龙舟赛，而且可以容纳 15~16 只龙舟同时举行比赛。在南昌县龙舟表演赛期间，也要专门设计航道用于举行龙舟邀请赛。据南昌县体育局体育科科长 JL 介绍，南昌县政府主办该赛事之后，在赛前对 Y 村新河的比赛场地进行了标准化改造，主要是在河面设置了 10~12 条可以进行 500 米、800 米竞速的直道，在河面搭建龙舟比赛用的码头。在政府的帮助和改造下，Y 村新河现在已经达到可以举办一般龙舟赛事的标准。2017 年

---

① 据 YGQ 书记介绍，对 Y 村河道整治的部分经费一方面是来自由中央、地方共同负担的农村饮水安全工程经费，另一方面来自村委会投入的经费。

底，江西省体育局将 Y 村新河认定为龙舟运动训练基地，这也体现了国家及政府部门对该龙舟赛举办地之一的 Y 村新河的肯定和认可。政府介入后的龙舟赛是在国家认可的标准下进行改造的，这也是国家化实践的具体表现之一。

④比赛经费的部分国家化

DHY 副局长在介绍政府主办在 Y 村举行的龙舟赛时也非常有感触，他认为这几年该赛事一路走来也非常不容易，其中主要面临的就是经费有限的尴尬局面。他认为南昌县教育体育局已经尽了最大的努力投入经费来举办该赛事。南昌县政府主办该赛事后，给所有参赛队伍颁发一定数额的补助，一般是给每支参赛队伍 3000 元，同时要负责发放南昌市体育局选调的裁判员补助，最大的开销是整个赛事筹备、开幕式及赛场布置等方面的开销。这一天的赛事大概要花费 30 万元，有时候会拉到部分赞助，如江西银行、煌上煌等分别冠名赞助 2015 年、2017 年的龙舟赛，如果没有找到赞助商，则这个赛事的主要开销由南昌县教育体育局负担。至于参赛队伍，除了 3000 元补助以外，其自行解决所有的费用，其中 Y 村在这方面的开销最大，如本村参赛队员的误工补助、接待兄弟村落龙舟队的龙舟宴开销等。在和这几个村的龙舟会负责人的访谈中发现，他们每个村在龙舟赛期间均要花费 5 万~8 万元不等，南昌县作为江西省的首县，政府只给予 3000 元的补助，他们普遍认为有点少，有点"掉档次"。村民的抱怨也可以理解，但是地方政府主办这样一个赛事，其中有很多需要开销之处，具体主办赛事的南昌县教育体育局也确实有很多难处。虽然在每年的竞赛规程中明确指出了南昌县财政局的职责在于"负责解决协调整个赛事经费"①，但据访谈得知，南昌县财政局并没有专门划拨经费用于该赛事的举办。

⑤赛事宣传的国家化

在地方政府主办和介入这五个村的龙舟赛之前，由于每年端午节前后要举办该龙舟赛已经成为当地的历史传统和惯例，因此当地村民们并没有刻意去宣传该赛事，随着智能手机和互联网的普及，开始有越来越多的村

---

① 参见 2016~2019 年《南昌市龙舟邀请赛暨南昌县龙舟表演赛筹备工作方案》，该部分资料由南昌县体育局提供。

民通过互联网、自媒体等来宣传该传统龙舟赛事,如有的村民通过腾讯、优酷等视频网站上传了该龙舟赛的部分视频。在地方政府,特别是县委宣传部来主办该赛事后,对该赛事的宣传马上就提高了一个档次,上升到借助于各种官方媒体(如报纸、广播、电视)、微信公众号及各个门户网站来宣传该龙舟赛。为了扩大该赛事的影响力和吸引更多人的前来观看比赛,南昌县委宣传部、南昌县文明办、南昌县教育体育局、南昌市体育局,以至于江西省文旅厅、省体育局等部门均在该赛事举办之前、举办中和举办后在各类媒体上进行了大量的宣传报道。由各级相关政府部门,特别是县委宣传部来宣传该赛事,使得该赛事成为端午节期间南昌地区的一件颇具影响力的文化盛事。

⑥参与主体的变化

在国家及政府部门介入该赛事之前,组织者和参赛运动员都以本村村民为主,观众主要是周边地区的民众。在地方政府主办Y村赛事之后,动员官方的资源来宣传该赛事,直接带来的积极效应就是到现场观看的民众越来越多。据初步统计,仅在Y村举行的龙舟赛当日,就有近30000名观众到现场观看龙舟赛,其中也不乏周边进贤县、安义县、新建县的观众慕名而来观看该赛事。南昌县政府有意将其打造为南昌市龙舟邀请赛和南昌县龙舟表演赛,因此该赛事的参赛队伍和运动员数量也呈现扩大的趋势。除了这五个村的10支龙舟队伍参赛以外,近年来还有南昌县富山乡城管部门组成的城管代表队、Y村女子龙舟队以及安义县的代表队先后参加了该赛事。

在地方政府主办该龙舟赛之前,由于举行的是随机的非正式比赛,因此这五个村落并不需要专业化的竞技龙舟裁判,在比赛中出现了有争议的问题时也由村民自行协商解决。地方政府主办在Y村的龙舟赛以后,由于实行的是竞技龙舟的比赛方式,因此地方政府设立了裁判委员会和仲裁委员会,其中的裁判人员均由南昌市体育局选派,且他们均具备中国龙舟协会所认可的执法资质。在地方政府征用该赛事之前,龙舟赛主要是由村干部和谱会领导组成的龙舟会来组织。地方政府接手后,成立了该龙舟赛组委会,组委会由县领导亲自挂帅,由南昌县各个职能部门的领导、乡镇一级的领导及村委会的领导组成。从这个角度而言,地方政府主办该龙舟赛后,无论是参赛运动员、观众,还是相关的工作人员都发生了显著的变化。

(2) 对 Y 村龙舟队的继续征用

除了南昌县政府主办在 Y 村举行的村际传统龙舟赛外，各级政府也继续征用 Y 村龙舟队参加竞技龙舟比赛，并在近几年取得优异成绩（见表 4-3）。随着地方政府对 Y 村传统龙舟赛的持续打造和介入，当地龙舟队的竞技水平也不断提升，在江西省体育局、南昌县政府等相关政府部门的支持下，完全由 Y 村村民组建的龙舟队首次参加了 2015 年 7 月在内蒙古巴彦淖尔及 9 月在云南绥江举行的中国龙舟公开赛，并分别获得了第六名和第五名的佳绩。2017 年 3 月初，国家体育总局决定在第 13 届全运会上增设龙舟等 19 个群众体育比赛项目。江西省是一个竞技体育特别是集体类运动项目欠发达省份，江西省体育局意识到 Y 村龙舟队有可能会给江西省代表团带来新的突破，江西省体育局 LXP 副局长认为，"在全运会赛场上，江西省的集体项目较弱，而 Y 村龙舟队是唯一一个有夺奖牌实力的队伍"。① 为了在全运会赛场上取得好成绩，江西省体育局、南昌县政府等相关政府部门及江西省龙舟协会积极行动起来，推动 Y 村龙舟队顺利参与了中华龙舟大赛这一国内最高水平的赛事，并参加了 2017 年 4 月在长沙、5 月在福州举行的中华龙舟大赛。通过以赛代练的方式，Y 村龙舟队的竞技水平得到了提升，在江西省的全运会龙舟选拔赛上以较大优势获得了代表江西省参加第 13 届全运会预选赛的资格。2018 年底，中华龙舟大赛海南陵水总决赛于海南陵水黎族自治县陵河收官，江西一方虎山龙舟队获职业男子组总冠军，这就意味着 Y 村龙舟队自动获得了成为中国龙舟国家代表队，并代表中国参加 2019 年 8 月在泰国举行的第 14 届世界龙舟锦标赛 22 人公开组龙舟赛的资格。② 中国龙舟协会虽然是一个社会团体，但代表的是中国龙舟运动的官方机构，其重要的职责之一就是负责组织和选派队员组建国家队，并代表中国参加国际龙舟赛事。所以，在世界龙舟锦标赛即将举行之际，中国龙舟协会组建中国龙舟代表队，Y 村龙舟队由于在中华龙舟大赛中的优异表现，被中国龙舟协会征用参加世界锦标赛，在某种程度上，中国

---

① 信息提供人：Y 村村委会书记 YGQ；访谈时间：2019 年 5 月 22 日；访谈地点：南昌县教体局会议室。
② 《关于选派队伍参加国际龙舟联合会第 14 届世界龙舟锦标赛的公示》，中国龙舟协会官方网站，http://dragonboat.sport.org.cn/。

龙舟协会是代表中国来征用该村的龙舟队，因此 Y 村龙舟队参加龙舟世界锦标赛也是为国家争光。

表 4-3　2018～2019 年 Y 村龙舟队取得的主要成绩

比赛时间	比赛名称	成绩
2018 年 6 月	首届全国百强县（市）龙舟邀请赛	200 米直道赛、300 米直道赛第一名
2018 年 6 月	中华龙舟大赛福建福州站	职男组 100 米、200 米、500 米直道赛第一名
2018 年 10 月	江西省第十五届运动会龙舟赛	男子 22 人龙舟 100 米、200 米、500 米第一名 男子 12 人龙舟 100 米、200 米、500 米第一名
2018 年 11 月	中华龙舟大赛云南滇池站	职男组 100 米、200 米、500 米直道赛第一名
2018 年 12 月	中华龙舟大赛年度总决赛	职男组 100 米、200 米、500 米直道赛第一名 2018 年度总冠军
2019 年 3 月	中华龙舟大赛海南万宁站	职男组 100 米、200 米直道赛第一名 职男组 500 米直道赛第二名
2019 年 4 月	中华龙舟大赛湖南长沙站	职男组 100 米、200 米直道赛第一名 职男组 500 米直道赛第二名
2019 年 5 月	中华龙舟大赛江苏盐城站	职男组 100 米直道赛第二名 职男组 200 米直道赛第一名 职男组 500 米直道赛第三名
2019 年 6 月	中华龙舟大赛福建福州站	职男组 100 米、200 米、500 米直道赛第一名
2019 年 8 月	第 14 届世界龙舟锦标赛	男子 200 米冠军并打破世界纪录 男子 500 米冠军 男子 2000 米亚军
2019 年 11 月	第一届中华龙舟大奖赛	职男组 100 米、200 米、500 米直道赛第一名
2019 年 11 月	中华龙舟大赛年度总决赛	职男组 100 米、200 米直道赛第一名 职男组 500 米直道赛第二名 2019 年度总冠军
2019 年 11 月	中国龙舟公开赛年度总决赛	职男组 200 米、500 米直道赛第一名 职男组 3000 米直道赛第二名 2019 年度总冠军

Y 村龙舟队虽然是作为职业队参加中华龙舟大赛和中国龙舟公开赛，但其是代表南昌县、南昌市和江西省参赛，而且 Y 村龙舟队已经成为江西

省竞技体育的一个品牌。中华龙舟大赛和中国龙舟公开赛是在国家体育总局这一政府部门和中国龙舟协会这个半官方性质社团的管理和指导下，在国家话语体系许可的范围内开展的赛事。从 Y 村龙舟队参加国内外的各种赛事来看，Y 村龙舟队和参赛人员都需要注册①，受到相关政府部门的管理和监督。Y 村龙舟队在代表地方政府参加比赛的过程中也得到了各级政府的支持和扶持，据 DHY 副局长介绍，每年南昌市政府投入 50 万元、南昌县政府投入 100 万元、小蓝开发区投入 50 万元、金湖管理处投入 30 万元、南昌县体育局投入 30 万元用于扶持 Y 村竞技龙舟队。毕竟政府用于扶持 Y 村龙舟队的专项经费是有限的，2018 年，在南昌县相关政府部门撮合下，江西一方脸谱科技有限公司赞助 Y 村竞技龙舟队约 70 万元，Y 村竞技龙舟队被冠名为江西一方虎山龙舟队，但是在双方合作的过程中出现了一些纠纷。DHY 副局长坦言，政府虽然积极介入和帮助 Y 村龙舟队招商，但效果并不明显，很难找到愿意赞助 Y 村龙舟队的企业。2019 年，南昌县政府考虑直接以冠名小蓝开发区的方式赞助 Y 村龙舟队参加中华龙舟大赛和中国龙舟公开赛，无论是帮助招商还是直接冠名，都体现了国家层面积极打造和帮扶 Y 村龙舟队的努力。

(3) 对龙舟精神的国家化阐释

龙舟赛这一特殊而神圣的文化符号体现了这五个村的个性和精神面貌，成为当地村民构建自我认同的重要标志，也是这几个村在与外部社会交往中被他人注意的标志。在当地的民间信仰体系中，神灵是一个比较模糊宽泛的概念，龙神、菩萨都是神（神道），或者说龙神、村里供奉的神灵都是菩萨。龙舟赛祭拜的既是龙神、村神，也是更广泛意义上的神灵（菩萨）。在国家主办该龙舟赛以后，地方政府的官员及其在基层的代理人从民族国家及官方话语的层面对该龙舟赛所蕴含的内在精神做了进一步阐释和拔高。

龙舟运动蕴含着丰富的精神文化内涵，主要有"团结一致、奋勇争先、顽强拼搏"和爱国精神等。就"团结一致、奋勇争先、顽强拼搏"而言，当地这五个村落由于特殊的血缘关系，彼此非常和谐团结。虽然在历

---

① 《关于进行中华龙舟大赛在线注册报名的通知》，中国龙舟协会官方网站，http://dragon-boat. sport. org. cn/home/xhgg/2016－12－29/515919. html。

史上因处于沙洲之地而比较贫穷，但是在改革开放及地方大开发的浪潮中，每年端午节前后举行的村际传统龙舟赛激励着这五个村村民积极进取，奋发向上。在龙舟精神的感染下，当地村民很快摘掉了贫困的帽子，而且一跃成为远近闻名的富裕村，这都体现了当地村民"团结一致、奋勇争先、顽强拼搏"的龙舟精神。对此，Y村村支书YGQ解释道："我们这五个村同宗族同源，都发源于虎山村，五个村每年举行的龙舟赛激励着我们要团结一心、迎难而上，实现脱贫致富，这就是我们新时期虎山人的'龙舟精神'在村落发展中的具体实践。"① 南昌县政府认为，龙舟精神体现了南昌县政府及南昌县人民的新时代精神，为此南昌县政府主办该赛事的同时也对该龙舟精神做了进一步的发挥和提升，TYG副县长在南昌县龙舟表演赛的开幕式致辞中提到："我们举办龙舟赛……要展示新时代、新农民、新生活、新风采，凝聚全县人民为我县再造新小蓝，挺近（百强县）三十强，率先奔小康……"南昌县龙舟表演赛的筹备方案就明确指出了征用该村际传统龙舟赛事的初衷，即"努力构建和谐社会，彰显锐意进取的崭新风貌，凝聚全县人民，坚定首位意识，加速转型跨越，为拼争'四个率先'，建设'五个昌南'而不懈努力"。龙舟文化在南昌县具有历史和群众基础，南昌县政府通过对这五个村龙舟赛的征用，顺利地将"团结一致、奋勇争先、顽强拼搏"的龙舟精神与南昌县精神（昌南精神）勾连，"龙舟精神在昌南大地（南昌县）传承绵延，南昌县是一个进取有为、向上向善的县域"。

与此同时，南昌县在主办该赛事的过程中，又对龙舟精神做了进一步的发挥和再生产，即将龙舟精神与民族国家的精神相勾连，也就是龙舟精神即中华民族的民族精神。"团结一致、奋勇争先、顽强拼搏"的龙舟精神也上升为中华民族的精神内涵。正如南昌县县长CY在开幕式上所说："赛龙舟是具有悠久历史的民俗体育活动，体现了中华民族同舟共济、团结拼搏、奋勇争先的进取精神。"此外，南昌市体育局局长YC也在开幕式致辞中对龙舟精神进行了再阐释，即"几千年来，端午节赛龙舟已成为中

---

① 信息提供人：Y村村委会书记YGQ；访谈时间：2019年5月22日；访谈地点：南昌县教体局会议室。

华民族的主要民俗，这也是中华民族宝贵的精神遗产"。一个有意思的问题是，为什么这五个村一直流传着端午节赛龙舟的习俗。笔者也咨询了这五个村的部分老人，他们的回答主要有两点，一是加强兄弟村落之间的感情交流；二是祈求风调雨顺，消灾解难。从这些老人的回答来看，就这五个村落延续至今的端午节赛龙舟的习俗而言，其实与纪念爱国诗人屈原关系不大。虽然在民族国家建立之后，随着制度化教育在我国的逐步确立，赛龙舟习俗开始与纪念爱国诗人屈原的传说联系在一起，但这五个村的村民只是忠实地传承着其祖上留下来的兄弟村落之间赛龙舟的习俗。而作为国家在地方上的代表，南昌县政府主办该赛事之后就有必要进一步强调和确认赛龙舟习俗与爱国诗人屈原、爱国主义精神的关联，所以南昌县副县长TYG、MYG，南昌市体育局局长YC在近几届的南昌县龙舟表演赛上的致辞中都提到了"屈原爱国主义"，南昌县主办该龙舟赛的另一个初衷就是利用该赛事弘扬爱国主义精神，增强民众的爱国主义情感。此外，Y村村干部为了配合南昌县政府主办本村龙舟赛，在Y村新河边设立的宣传栏中，也介绍了该民间赛龙舟的习俗是起源于纪念爱国诗人屈原。

4. 地方民众与国家的互动

学者郭于华等认为传统的复兴与再造其实是国家权力、民间文化权威、民众等各方力量互动与共谋的复杂的历史过程，① 这在南昌县政府主办该龙舟赛的过程中也有充分体现。在这一过程中，国家（地方政府）居于主导地位；地方民众和地方文化精英一方面配合国家主办该龙舟赛，另一方面也会主动借用国家支持趋势而为（见图4-1）。

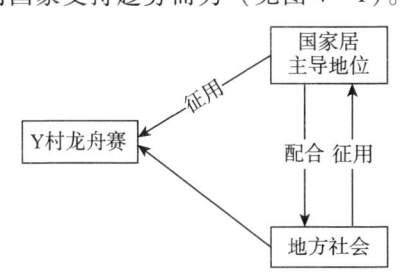

图4-1　Y村龙舟赛国家化实践中国家与地方社会的关系

---

① 郭于华：《仪式与社会变迁》，社会科学文献出版社，1998，第6页。

（1）国家居于主导地位

在南昌县政府主办 Y 村龙舟赛的国家化实践中，国家始终居于主导地位。一是国家的经济居于基础性地位。中华人民共和国成立以后，特别是改革开放以后，国家致力于发展经济，取得了举世瞩目的成就。国家经济的整体发展、南昌县作为江西省首府首县和全国百强县的经济实力，甚至 Y 村等村落的经济实力为 Y 村龙舟赛的国家化奠定了经济基础。如果没有整个国家经济、地方经济建设所取得的伟大成就，要主办这项赛事，显然各方都会力不从心。二是国家的政治在 Y 村龙舟赛国家化实践中居于导向性地位。国家作为政治共同体，对民俗体育文化的传承起导向性、决定性作用，它既可以在某个特定时期从合法性上对其进行否定，如"文革"期间包括 Y 村传统龙舟赛在内的绝大多数民俗体育文化被视为"不科学的""封建时代的"遗存而被取缔；在某个时期也可能出于经济目的或政治治理目的而肯定和鼓励民俗体育文化，使其获得合法性并产生积极的效果。不同于有的地方因斗殴而采取禁止民间划龙舟的做法，近些年，南昌县政府对民间龙舟采取肯定的态度并主动主办 Y 村传统龙舟赛，使该龙舟赛成为一个助力地方社会经济文化发展、促进地方治理的积极因素。

国家的主导地位还体现在该龙舟赛国家化实践中国家意识形态话语和国家符号的在场。南昌县政府主办 Y 村龙舟赛后，"国家"前所未有地在该赛事中得到了体现。在村落文化建设方面，为了配合南昌县政府主办该赛事，Y 村赛场边楼房墙面上写了诸如"人民有信仰、民族有希望、国家有力量"等十多条反映当前国家意识形态的话语。赛场边的休闲健身广场上竖立着一块写有"共圆小康幸福梦"标语的大石刻，篮球场边的两个中国结中间写有"牢记使命、不忘初心"的标语。赛场边的宣传栏中写有"牢记使命、不忘初心、锐意进取、埋头苦干"及"乡村德治树文明新风、龙舟文化展虎山新貌"的话语，同时配有 Y 村龙舟队近年来获奖的图片和关于龙舟的起源等的介绍。在比赛现场布置上也可以看到与国家意识形态相一致的各种场景。Y 村村口的彩虹门上写有"热烈欢迎兄弟村龙舟队来我村参加龙舟友谊赛"的标语；在村委会门口的滚动屏幕上一般写有"热烈欢迎兄弟村龙舟队光临我村参加龙舟友谊赛迎端午佳节"及部分反映时政的官方话语。赛场边飘扬着多个充气气球条幅，条幅上写着"文明虎山人办精彩龙舟赛""友谊第一比赛第二""做文明观众，树赛场新风"等体现国家话语的标语。岸边的栏杆上也写有新时期反映时政的官方话语，如在2019年的Y村龙舟赛期间，就写有"坚决依法严惩黑恶霸痞犯罪分子""有黑扫黑、无黑除恶、无恶治乱"等标语。该赛事的开幕式主要由奏唱国歌、官员致辞、文艺表演等环节组成。奏唱国歌的仪式告诉在场观众这个特殊的时间和空间所属的"国家"在场，接下来，官员致辞中都不约而同地传递了民族国家的意识形态及官方话语。文艺表演环节始终保持着"欢快、热烈、和谐"的氛围，既有广场舞、军鼓队的精彩表演，也燃放大量的焰火，在高丙中看来，"有规模地燃放焰火也是模仿国家的庆典仪式"①。地方政府官员作为国家的代表坐在主席台上观看文艺表演，他们与观众和表演者之间形成了规训与被规训②、教育与被教育的关系。在征用Y村龙舟队时除了投入了经费以外，政府部门的官员也常常深入Y村龙舟队调研，如江西省体育局LXP副局长、南昌市副市长LGY、中国龙舟协会秘书长YHQ分别看望和调研了Y村龙舟队。这些官员也常常以官方的话语来规训和教育Y村龙舟队，如LXP副局长在看望备战全运会预赛的Y村龙舟队时勉励队员"珍惜荣誉，科学刻苦训练，力争在比赛中取得好成绩；同时要通过比赛，积极弘扬井冈山精神，讲好江西故事，传播好江西声音"③。这些政府官员深入Y村龙舟队也体现了"国家"意志和官方意识形态的在场。

（2）地方社会积极配合国家

虽然地方政府主办该赛事过程中国家居于主导地位，但仍需要地方社会的配合才能完成。近年来，这五个村享受到了城镇化建设的红利，村民的生活水平得到了显著提升。所以，为了感谢党和国家，争取村落今后能从地方政府获得更多的发展资源和机会，抑或是出于其浓厚的龙舟文化情结和希望本村龙舟赛发扬光大的朴素愿望，村民们都发自内心积极配合地

---

① 高丙中：《民间的仪式与国家的在场》，《北京大学学报》（哲学社会科学版）2001年第1期。
② 〔法〕米歇尔·福柯：《规训与惩罚：监狱的诞生》，刘北成、杨远婴译，三联书店，1998，第242~243页。
③ 《李小平局长看望参加全运会龙舟预赛的集训运动员》，江西省体育局官方网站，http://www.jxsport.gov.cn/system/2017/05/23/010422616.shtml。

方政府主办该龙舟赛的国家化实践。Y村的广场舞、军鼓队等各种文艺表演队积极参与开幕式表演,其中,广场舞队伍用身体和舞蹈扇展现出"祖国你好"的造型;军鼓队通过统一的军装、统一的道具和统一的表演阵式等多个"统一"的符号,将民族国家的规训和服从意识传递给现场和场外的观众,从而达到传递官方主流意识形态的效果。村民作为参赛运动员也通过全身心投入比赛积极配合该龙舟赛的国家化实践,他们身着统一的服装,在比赛中展现出强壮的身体,在统一的鼓声和口号下奋力划桨、奋勇争先,在此背景下,参赛运动员的身体是被赋予了政治意味的身体,传递了特定的官方意识形态和权力秩序。此外,这五个村的村民通过各种方式奔走相告、积极宣传在Y村举办的龙舟赛,并热情款待前来观看龙舟赛的亲友,展示本村村民的新精神风貌。所以,在每年南昌县政府主办该龙舟赛期间,笔者在访谈中认识的几位当地村民总是乐此不疲地通过微信、抖音等平台宣传本村龙舟赛,从中可以充分感受到他们对本村龙舟赛被南昌县政府征用后的自豪感和优越感。

杜赞奇（Prasenjit Duara）在考察华北村落侯家营的关帝信仰之后发现,受正统思想影响的乡村领袖力图使自己与儒家文化保持一致,在一定程度上使他们与劳动大众区别开来。① 在国家主办该赛事之后,地方文化精英也极力配合该赛事的国家化实践。在地方政府主办Y村龙舟赛时,村干部（国家在地方的代理人）、各个村龙舟会及谱会领导等地方文化精英仍然是各个村落龙舟队的主要牵头人,这些精英通过参与组织该赛事,可以与上级地方政府的相关人员进行更多的交流和互动,提升自己在上级政府官员中的影响力。另一方面,地方文化精英在组织龙舟赛及相关祭祀活动的过程中,与龙神及村神的距离更加接近,从而可能获得神灵更多的庇佑。地方文化精英通过积极参加和配合该赛事的国家化实践,可以获得更多的社会资本,并进一步强化村落内外政治能人、经济能人和社交能人的优势地位。从村落整体利益来看,这五个村由于同宗同源的先天性血缘关系,已经形成稳固的村落联盟,一荣俱荣、一损俱损。近年来这些村落的经济实力得

---

① 〔美〕杜赞奇:《文化、权力与国家——1900~1942年的华北农村》,王福明译,江苏人民出版社,1995,第133页。

到提升，但是像这样的经济强村在南昌县还有很多，除了在经济上做强做大以外，提升本村落的文化软实力对于扩大这些村落在本地区的影响力具有特别的意义。在国家掌握着城镇化建设和新农村建设的大部分资源及国家管理地方社会的方式变革背景下，为了从地方政府获得各种资源，需要村落文化精英主动通过各种途径争取发展机会，而积极配合龙舟赛被地方政府征用的国家化实践可以增强他们从地方政府获取资源的能力。因此，地方文化精英也积极配合该龙舟赛的国家化实践，这也是他们对目前国家与地方社会关系的急剧变革的一种回应方式。

（3）地方社会对国家的征用

固然，没有地方社会的支持和配合，南昌县政府也难以主办该村际传统龙舟赛，该赛事也就不太可能完成国家化的历程。与此同时，地方社会的民众和地方文化精英不仅仅是单方面地配合该龙舟赛的国家化实践，而且有其主观能动性，在本村龙舟赛的国家化实践中，他们也会反过来征用或利用国家，以达成自己的利益诉求。近年来，Y村等村落在经济文化建设等方面取得了巨大成就，这都离不开国家和地方政府的大力扶持。地方民众和文化精英普遍认识到村落各项事业的发展想要再上一个台阶必须好好利用地方政府主办本村龙舟赛的契机，从而为本村争取更好的发展。在国家逐渐从地方退出的大背景下，地方政府主办该龙舟赛并使其国家化历程的同时，来自民间社会的地方民众和文化精英也反过来征用国家，将其作为一种供自己发展的资源而加以利用。

地方社会对国家的征用体现在对国家符号和国家权力的征用等方面。一是征用国家符号。哈佛大学中国史学者宋怡明（Michael Szonyi）教授在其新著中指出，明朝的军户仍能够主动地利用军事制度（卫所独立的制度）来维护自身的利益，实现其利益的最大化，并将民间这种征用国家制度的行为称为"制度套利"。① 在南昌县政府主办Y村龙舟赛及其国家化实践中，包括地方民众和文化精英在内的地方社会也存在类似于"制度套利"的现象。在和地方民众及地方文化精英的访谈中发现，他们对国家的

---

① 〔加〕宋怡明：《被统治的艺术：中华帝国晚期的日常政治》，钟逸明译，中国华侨出版社，2019，第231页。

大政方针、政策法规较为熟悉并能够灵活运用，如在谈到本村的龙舟赛时，他们都会主动告诉笔者国家出台了非物质文化遗产保护方面的法律法规和政策，并将本村的龙舟赛与国家制度层面所要保护的非物质文化遗产联系起来。项飙在对中国东北一起集体民事纠纷案件的分析中发现，当地民众也会充分强调和主动利用国家的政策，作为自己的话语资源。① 在国家主办 Y 村龙舟赛时，地方社会在赛场边张贴体现各种国家大政方针的标语、宣传栏等，这既是为了与国家互动，也是为了利用国家的政策制度为自己或本村谋取更大的利益。在比赛现场及在与地方民众及文化精英的交流中，各种体现国家意识形态的词汇，如"爱国""文明""友谊""和谐"等频繁地被他们所引述，这表明地方社会也在该龙舟赛国家化实践中主动地利用这些文化符号或意识形态话语，以实现对国家符号和国家话语的征用。二是征用国家权力。Y 村龙舟赛被征用及国家化实践，不仅仅是展示国家权力的场域，也呈现出地方社会对国家政治权力合理合法地征用和运用的图景。在 Y 村所在的地方社会，以 YGQ 书记等村干部为代表的地方文化精英借由龙舟赛的国家化，接管了部分地方政府让渡的管理权力，如他们负责组织各村龙舟队参赛，并具有对该龙舟赛的部分解释权和维护权，在这个过程中也进一步强化了国家赋予他们作为国家在地方代理人的"制度性权力"。而作为地方民众而言，在本村最具特色和影响力的龙舟赛被国家征用的过程中，他们通过参与该龙舟赛与上级的各种权力进行对话，以此来"参与特定政治文化权力关系中的较量与交流"②。在 Y 村龙舟赛被地方政府征用及进入国家化实践的这个特殊场域，国家（地方政府）和地方社会都在生成和建构各自的权力，其中，地方社会积极地征用国家的权力也可以说是对国家权力建构和渗透的一种回应方式。

四 该龙舟赛国家化实践的效果

1. 从村落认同到国家认同的转换

历史学者陈熙远认为我国端午龙舟赛助长了地方意识与村落认同，甚

---

① 项飙：《普通人的"国家"理论》，《开放时代》2010 年第 10 期。
② 郭于华：《仪式与社会变迁》，社会科学文献出版社，1998，第 269 页。

至比其他节日、其他民俗活动更能激发地方村落认同。① 南昌县政府主办该龙舟赛之后,这方面认同已经淡化或是居于次要地位,政府对该赛事进行国家化的改造而凸显了国家认同,实现了从村落认同到国家认同的转变。在该传统龙舟赛方面,南昌县政府主办该龙舟赛之后,经过精心策划和巧妙的赛场布置,国家的符号、国家的官员及代理人的在场、国家话语与官方意识形态的在场等使国家的形象能够直观、清晰地传递给民众。政府关于龙、龙舟精神、龙舟赛意义的国家化阐释,使该赛事成为以民族国家的名义进行的文化实践,当地民众积极配合并将其内化为自觉的行动,凸显了他们心中的国家认同意识。政府主办该赛事,表明国家承认这项地方性的民俗体育文化,地方民众也愿意积极配合甚至主动地接纳以国家的符号和话语来表达自己对国家的认同。龙舟队员在周边充满民族国家符号的场景下进行比赛,通过整齐划一的锣鼓声和口号声,以及身体统一的、强有力的划桨动作展示了民族国家的力量。开幕式上的军鼓队和广场舞队也做了展示民族国家的新形象和新成就的表演,有效地强化了国家认同。在竞技龙舟方面,随着近年来的崛起,Y村龙舟队更为频繁地被各级政府征用,每当Y村龙舟队被征调参加各级赛事时,当地民众都通过手机、电视观看,或是通过自媒体了解相关赛事的信息,也非常自豪地和亲朋好友分享其龙舟队参赛成绩等信息,并期待着Y村龙舟队能够代表中国参加国际性比赛,为国争光。正如Y村龙舟队老队长YHB所说:"我们相信有一天我们村的龙舟队能够走出国门,为祖国获得荣誉。"在地方政府来看,主办该赛事体现了南昌县政府为推动南昌县经济社会文化全面发展的良苦用心,营造了"普天同庆""与民同乐"的良好政治氛围,树立了南昌县政府"奋发向上"的良好形象。政府官员在开幕式上无一例外地反复强调"民族国家""中华民族",也在客观上达到了增强民众对政府和国家认同的效果。对地方政府来说,建构国家认同有很多种方式,而通过主办地方传统龙舟赛并进行国家化的改造,让民众充分参与和感受该龙舟赛以强化国家认同,既简便、安全,效果也较好。

---

① 陈熙远:《竞渡中的社会与国家:明清节庆文化中的地域认同、民间动员与官方调控》,《"中央研究院"历史语言研究所集刊》2008年第3期。

2. 有效促进了地方社会的治理

这五个兄弟村的传统龙舟赛进一步强化了它们之间的联盟关系，增进村落内部以及这五个村落之间的团结，也即增强玛丽·道格拉斯所说的"格栅"，从而有效地促进了当地的和谐稳定。一直以来，南昌县及其周边区域在端午节划龙舟活动中也曾出现过斗殴或溺水事件，所以在当初是否要介入和主办该村际传统龙舟赛的问题上，南昌县政府是有所顾虑的。但南昌县政府最终还是选择了有为和担当，通过主办该村际传统龙舟赛及征召Y村龙舟队，倡导安全、规范和有序地开展民间龙舟赛事，这有助于避免安全隐患，在当地形成了和谐友好的赛龙舟的新风尚。在DHY副局长看来，从2014年政府主办该村际传统龙舟赛以来，总体上，南昌县辖区的端午节赛龙舟习俗日益兴盛，而且其中的斗殴、伤亡事故也较少发生，整个南昌县端午节期间的民间龙舟赛秩序井然，气氛和谐。

有学者认为民间仪式被国家或国家部门及其代表所征用，主要取决于它们潜在的政治意义，而且政治意义很丰富。[①] 南昌县政府主办该龙舟赛也蕴含着丰富的政治意义。首先，该赛事能够营造和谐吉庆的景象，这可以作为当地政府有效进行地方社会治理，实现地方社会安定、团结、和谐的证明，也展示了地方政府致力于发展地方社会、经济、文化的成就。其次，地方政府在龙舟赛期间通过各种手段来教育民众与官方的主流话语和意识形态保持一致，自觉遵守和贯彻国家法律精神（如2019年龙舟赛现场宣传打黑除恶的横幅标语）。此外，南昌县龙舟协会是一个半官半民、具有官方色彩的组织，其成员既有退居二线的官员，也有国家在地方的代理人；地方文化精英既有退休干部，也有村干部和谱会领导，在某种程度上也是"国家的人"。南昌县龙舟协会和地方文化精英都积极参与该赛事的组织，并在其中积极贯彻国家意志而得到地方政府的支持，也因此在村落的话语权和威信而容易得到村民们的支持。地方政府借由这些具有双重、多重身份的文化精英顺利主办该龙舟赛，帮助地方政府维持地方社会秩序。所以，该传统龙舟赛的国家化实践也是地方政府的一项治理实践或治理技术。

---

① 高丙中：《民间的仪式与国家的在场》，《北京大学学报》（哲学社会科学版）2001年第1期。

3. 弘扬了中国传统文化

Y 村龙舟队被频繁征用参赛并成绩斐然，这也促进了龙舟文化在当地的传承。YGQ 书记欣慰地表示："这么多年来一直坚持举办我们这五个村的传统龙舟赛，也积极响应各级政府的号召组建龙舟队参加各种龙舟赛事，就是希望更多的人喜欢并参与到龙舟运动中，特别是近年来在县里主办该龙舟赛后，当地龙舟文化进一步复兴，更多的村落搞起了龙舟赛。"就政府层面而言，DHY 副局长指出，南昌县主办和打造该村际传统龙舟赛就是希望在当地树立一个传承中国传统体育文化的榜样。以此项赛事为抓手，南昌县近年来一直致力于组织南昌县民俗体育文化的巡游展演或表演赛，而且县里主要领导基本上能够做到亲临现场、与民同乐。如在 2017 年举行的"闻鸡起舞、五彩福地幸福年"民俗体育巡游展演活动中，南昌县主要领导都参加了巡游展演，并就弘扬传统体育文化发表了热情洋溢的讲话。

高丙中认为如果能够在端午节日文化的烘托下将龙舟活动发展起来，反过来也会带动端午习俗的全面复兴。① 南昌县政府主办该项龙舟赛后并没有改变其在端午节举行的传统，也保留了当地与龙舟赛相关的民俗文化，并利用电视、报纸和网络媒体对该赛事及 Y 村龙舟队进行大量的宣传报道，这也带动了当地民众更加积极地通过微博、抖音等自媒体及优酷、爱奇艺等视频平台宣传该赛事及 Y 村龙舟队。这都客观上吸引了大量民众来 Y 村观赛，感受端午节的文化氛围，使其成为弘扬端午节传统文化的重要场所。据 DHY 副局长介绍，政府将 Y 村龙舟赛打造为南昌市龙舟邀请赛暨南昌县龙舟表演赛后，该赛事成为南昌地区最具规模和影响力的龙舟赛和端午文化盛宴，有效地促进了中华优秀传统文化的复兴。

4. 促进当地体育事业发展

地方政府主办这五个村的村际龙舟赛及 Y 村龙舟队也促进了当地体育事业的发展。在竞技体育层面，Y 村竞技龙舟队经过近 20 年的积淀和发展，从原来的一个村队，逐渐成长为县队、市队、省队甚至是国家队，在中华龙舟大赛赛场上多次获得冠军及年度总冠军，也代表中国在世界龙舟锦标赛上取得了骄人战绩。DHY 副局长自豪地认为，Y 村龙舟队的强势崛

---

① 高丙中：《对节日民俗复兴的文化自觉与社会再生产》，《江西社会科学》2006 年第 2 期。

起有力地促进了南昌县乃至江西省竞技体育水平的提升，南昌县教体局也进一步从征用 Y 村龙舟队的过程中总结群众体育带动竞技体育、体教融合、项目交叉发展等方面的经验。在群众体育方面，南昌县教体局以此为契机进一步完善南昌县全民健身服务体系，构建了包括龙舟健身文化圈在内的 5 个全民健身圈。以 Y 村龙舟赛和 Y 村龙舟队被征用为契机，Y 村的体育设施也得到了极大的改善，休闲健身广场、灯光篮球场、乒乓球场等一批健身设施得以兴建。同时也带动了其他群众健身项目的开展，仅在 Y 村就成立了腰鼓队、模特队、女子军鼓队等多支民健身队伍。南昌县教体局以该龙舟赛为样板，把农村体育活动与生产劳动、文化活动结合起来，每年举办诸如篮球、武术、舞龙舞狮、龙舟、拔河等群众体育比赛和表演活动。在体育社团培育方面，在这五个村各自龙舟会的基础上，南昌县因势利导，鼓励和帮助南昌县热爱龙舟文化的民众成立了南昌县龙舟协会。南昌县龙舟协会在民政部门正式登记注册，有法人代表，协会的制度建设也比较完善。据 DHY 副局长介绍，"南昌县龙舟协会不但在南昌县，而且在整个江西省都是建设得比较好的体育社团"。南昌县龙舟协会除了协助举办南昌县龙舟表演赛以外，也积极致力于龙舟文化的推广。一是促成了南昌市龙舟协会的成立，二是注重与兄弟县市龙舟协会的交流。因此，南昌县龙舟协会多次被评为"南昌县体育总会工作先进单位"，其会长 YGQ 书记也多次被授予"南昌县体育总会工作先进个人"称号。

5. 重塑了民众的精神面貌

据 Y 村村民 YJH 介绍，有些村落通过拆迁和出让土地，使村民物质生活水平显著提高，但忽视了村民精神文化生活建设，村民在精神文化上有所缺失，甚至有一些村民染上了"黄赌毒"等恶习，很快将这些财富挥霍一空。当地一直有赛龙舟的文化传统，国家介入这五个村落的传统龙舟赛后，其规模、影响力、精彩程度都有了显著提升，为地方民众提供了一道精神文化大餐。在访谈中，DHY 副局长多次强调龙舟赛对重塑村民精神面貌的积极作用。DHY 副局长提到，经过这些年主办 Y 村龙舟赛和 Y 村龙舟队代表江西省、南昌县等奔赴全国各地参加龙舟赛，村民们结交了新朋友，收获了新知识，Y 村村民的气质都改变了。与周边其他村民相比，虽然都是读书较少的农民，但是 Y 村村民经过这些年龙舟赛的洗礼，经常出去参加龙舟赛和观看龙舟赛，其精气神就是和周边的村民不一样，整个村民的素质都得到了显著提升，这比单纯地发钱、建房子所带来的积极影响要大得多。DHY 副局长结合当前党中央推行的扶贫政策，认为扶贫要先扶志，首先就是要消除精神上的贫困，而 Y 村将村集体的收入部分用于村落文化建设，特别是精心打造了本村的龙舟文化，这极大地改变了村民们的精神面貌。龙舟文化强调奋发向上、同舟共济，这也进一步激发了 Y 村以及受到龙舟文化感染的村民们为美好幸福生活而奋斗的强大精神动力。可想而知，这些村民的生活将会越来越富裕，他们也呈现出自强不息、乐观向上的精神面貌。关于龙舟赛对提振和重塑村民精神面貌的作用，率领 Y 村走向富裕的 YGQ 书记有着深刻的体会，他说："我们村通过打造龙舟文化，在新农村建设中取得了物质文明和精神文明双丰收，龙舟反映了虎山 Y 村人积极向上的精神，我称之为'虎山精神'。"

6. 促进了当地城镇化建设

21 世纪初，南昌市政府为了发展象湖区这个新城区，在象湖区连续举办了 6 届南昌市龙舟赛，有力地推进了南昌市城镇化建设。近些年，南昌县城镇化建设目标是："在全省率先挺进全国百强县第一方阵，率先进入全国县级文明城市行列，率先迈向基本现代化；建设领先领跑的实力昌南、创新创业的活力昌南、宜居宜业的美丽昌南、向上向善的文明昌南、共建共享的幸福昌南"。因此，南昌县主办处于城镇化建设中心区域的这五个村龙舟赛也是想通过龙舟赛来推进实现这一目标，在 DHY 副局长看来，经过多年的积累，该龙舟赛也在客观上促进了南昌县城镇化建设水平的提升。为了进一步助力南昌县参评全国百强县和全国县级文明城市，2018 年 6 月南昌县政府更是主办了首届全国百强县（市）龙舟邀请赛，Y 村龙舟队代表南昌县参赛并获得了 200 米、300 米直道竞速这两项最具分量的项目的金牌，为南昌县参评"造势"。

近年来，通过积极配合龙舟赛的国家化实践以及 Y 村龙舟队频频被各级政府征用，Y 村获得了当地政府在新农村建设中适当的倾斜和扶持，如 2016 年南昌县投资 200 多万元对 Y 村新农村进行美化绿化、饮用水改造、河道整治等。Y 村以龙舟文化为抓手，新农村建设取得了巨大的成就，先后获得"农民文化艺术活动之乡""小康示范村""南昌县村集体经济 20

强村"等多项殊荣。村民们真切地享受到了城镇化建设所带来的福利,所以村民 YCF 才会由衷地赞叹道:"现在村民们非常满意和高兴,村民的生活跟城里人一样!"在 Y 村龙舟赛期间,也有大量的城镇居民和周边农民来观看该赛事,城乡居民共享龙舟文化的独特魅力、共享龙舟宴。这既可以提升当地农民对城镇化的认同感和归属感,也可以提升城镇居民对农村、村民的亲近感和认同感,这都有利于缓解城乡二元对立,促进城镇化建设。

五 该龙舟赛国家化实践的启示

1. 理论上的启示

克利福德·格尔兹强调,"不只是地方知识,我们更需要一种方式,可借以将各式各样的地方知识转变为它们彼此间的相互评注——由一种地方知识的启明,来照亮另一种地方知识所隐翳掉的部分"。① 也就是说,对地方性知识的阐释并不妨碍普适性理论的发展,因此,本节也尝试在本个案的基础上对民俗体育文化及人类学相关的理论问题进行探讨。

(1) 最重要的启示:民俗体育文化综合化的传承路径

国内关于民俗体育文化的研究特别是个案类的研究日益增加,但在个案的基础上进行民俗体育文化理论建构的成果仍然是凤毛麟角。② 笔者曾基于若干个案从理论上总结出民俗体育文化有"改变形式,保留内容和功能""改变内容,保留形式和功能""保留形式,改变内容和功能""保留形式,移除内容和功能"等四条可能的传承路径,③ 而本个案可以提炼出民俗体育文化的一条新的传承路径,即"综合化的传承路径",这是本个案最重要的理论启示。具体来说,地方政府介入该村际龙舟赛之后,其核心的形式——传统的兄弟村落龙舟赛习俗得到了保留,龙舟赛期间祭神、祭祖的仪式也得到了保留;在主要活动内容上,也保留了共享龙舟宴和"接标"习俗等,并增加了一些符合官方意识形态的文化符号(如奏唱国歌)、现代体育所具有的开幕式等形式和活动内容。地方政府主办该村际

---

① 〔美〕克利福德·吉尔兹:《地方性知识——阐释人类学论文集》,王海龙等译,中央编译出版社,2004,第 319~320 页。
② 涂传飞:《近 10 年中国民俗体育文化研究述评》,《体育科学》2019 年第 8 期。
③ 涂传飞:《农村民俗体育文化的变迁:一个村落舞龙活动变迁的启示》,北京体育大学出版社,2011,第 133 页。

龙舟赛后对其形式和内容进行了适当改造，对该传统龙舟赛承载的主要功能进行了提升和转化，如从社区教育到民族国家的规训、从村落认同到国家认同及地方社会治理方式的转换等。地方政府除了主办该传统龙舟赛以外还经常性地征召 Y 村龙舟队参加竞技龙舟赛事，促进了当地龙舟运动的普及和水平提升。这种综合化的传承路径有三个优势：第一，开放性和包容性。各种文化形式都可以被容纳到该综合文化体中，如广场舞表演、其他传统体育文化（如舞龙舞狮助兴开幕式表演）等均可以在这种传承路径中得到传承。第二，具有较好的示范作用。该个案的启示是民俗体育文化既可坚持传统的发展方式（如延续这五个村的村际传统龙舟赛），也不排斥按照现代体育方式对其进行适当的改造（如政府征用后也采用现代竞技龙舟的竞赛方式）。第三，拓展了民俗体育文化的传承主体。该个案中原有的传承主体非但没有流失，还通过该传统龙舟赛的国家化实践和 Y 村龙舟队参加国内外各级赛事而不断拓展。在当前我国民俗体育文化传承主体不断流失的大背景下，这种可以拓展传承主体的传承路径对如何找回正在流失的民俗体育文化传承主体具有重要启发价值。这种综合化的传承路径也有助于丰富民俗体育文化自身的理论体系，对我国民俗体育文化的传承也具有一定的理论参考价值，当然，在具体的传承实践中不能"一刀切"，而应根据实际情况给予区别对待。

（2）民俗体育文化作为一项治理技术的逻辑理路

虽然也有部分学者对民俗体育文化参与社会治理的运行逻辑等问题进行了思考，[1][2] 但本节认为这个问题仍有进一步探讨的余地。从本个案来看，民俗体育文化作为一种地方社会治理模式有其自身的运行逻辑。首先，这是一种政府居于主导地位的多元治理模式。俞可平认为评价一个国家治理体系是否现代化的最基本标尺便是其能否形成政府组织、社会组织、社区、民众甚至市场组织都参与多元、共治的格局。[3][4] 地方文化精

---

[1] 韦晓康、蒋萍：《民俗体育文化在社会治理中的作用研究》，《中国体育科技》2016年第4期。
[2] 廖上兰、吴玉华、肖锋、黄兴裕、张允蚌：《民俗体育参与乡村治理的机制及路径研究》，《体育科学》2020年第11期。
[3] 俞可平：《论国家治理现代化》，社会科学文献出版社，2015，第4页。
[4] 俞可平：《探寻中国治理之谜：俞可平教授访谈录》，《公共管理与政策评论》2021年第1期。

英、一般民众、社团组织、地方政府及官员以 Y 村龙舟赛国家化为媒介共同参与地方社会治理,这种多元主体参与的治理模式体现了一种良好的治理(善治),"这种治理意味着尽量让所有的当事人都有所参与,有所承担,有所收获或者各得其所"。① 更重要的是,Y 村龙舟赛被征用后,从其经费来源、主办方、承办方、协办方及组织者来看,国家在整个过程中起主导性作用,这也表明国家在这种多元治理模式中居于主导地位。其次,这是一种以点带面、样板引领的治理模式。对 Y 村等五个兄弟村落而言,端午节举办龙舟赛是它们每年中最重要的习俗。该村际传统龙舟赛既是这五个村落共同体的标志性文化,也是动员村落内外部各方面人员共同参与的民俗文化盛事。地方政府主办在 Y 村举办的该项传统龙舟赛并将该龙舟赛打造成为一个和谐地传承民俗体育文化的样板,也将其打造成为一个民俗体育文化参与地方治理的典范,这对其他地方的民俗体育文化的传承能够起到较好的示范引领作用。民俗体育文化往往是一个村落或若干个村落组成的村落共同体最为重要的文化实践,如果其他村落或村落共同体也能够以这种和谐方式为样板传承民俗体育文化,对于我国民俗体育文化传承和整个国家的治理都有积极的辐射带动作用。再次,这是一种民俗体育文化作为非正式制度的治理模式。"正式制度与非正式制度的并存和转化关系是国家治理的核心所在。"②③ 因此,在中国追求治理体系和治理能力现代化的进程中,正式制度和现代化的科层制固然重要,但利用民俗体育文化这类非正式制度来治理国家,达到礼乐教化的效果,也是一种既简便又实用的治理模式。这类似于克利福德·格尔兹笔下的巴厘王室庆典等国家仪式:没有控制、命令、力量与服从,国家一样得以使……节庆中的展示成为剧场国家存在的核心特征,其中作为中心的剧场国家树立起一种典范,这种典范透露着"国家为何"的根本意义。④ 习近平总书记多次强调要从中华优秀传统文化中汲取治理智慧,我国民俗体育文化资源丰富,因此在探索中国特

---

① 郭于华:《仪式与社会变迁》,社会科学文献出版社,1998,第 341 页。
② 〔美〕凡勃伦:《有闲阶级伦》,蔡受百译,商务印书馆,1964,第 139 页。
③ 韦晓康、蒋萍:《民俗体育文化在社会治理中的作用研究》,《中国体育科技》2016 年第 4 期。
④ 〔美〕克里福德·格尔兹:《尼加拉:十九世纪巴厘剧场国家》,赵丙祥译,上海人民出版社,1999,第 145~165 页。

(3) 重新审视与民俗体育文化密切相关的两组术语

本个案有助于重新思考民俗体育文化与现代体育之间、"大传统"（great tradition）与"小传统"（little tradition）之间的关系。将传统和现代对立的类型学划分在许多学科中仍充当着基本的逻辑框架，在我国民俗体育学界，也常常认为民俗体育文化总是与现代体育相对立，并且这是当前中国民俗体育文化或中国传统体育文化界的主要认知取向。从本个案来看，在Y村举办的这五个村落的传统龙舟赛在历史上当然属于民俗体育文化，在地方政府征用之后，虽然按照西方现代体育模式对其进行了改造，使其具备了现代体育的许多特征，但该赛事也应仍然属于民俗体育文化的范畴。该龙舟赛兼具民俗体育文化和现代体育的形态表明，地方政府和文化传承主体并没有放弃传统，而是在民俗体育文化和现代体育之间找到了新的平衡，它们用自己的文化实践建构了该龙舟赛所具有的新风格、意义和场域。所以，从民俗体育文化到现代体育的过渡是复杂的，绝不是简单的"进化论"式的论述所能涵盖的，民俗体育文化与现代体育并不是截然对立的。孔飞力（Philip A. Kuhn）在《中国现代国家的起源》中指出："所谓的'现代'，指的是'现时的存在'……不同国家是可以经由不同的方式走向'现代'的"。① 也就是说"现代"是具有普适性的概念，也是处于不断变化之中的"现时的存在"。按照孔飞力对"现代"的界定，我们也可以认为Y村龙舟赛现在发生的"新"变迁也是其走向现代体育之路的一种具体存在形式。

美国人类学家罗伯特·芮德菲尔德（Robert Redfield）在《农民社会与文化》中提出了被广泛运用于民俗学等学科领域的"大传统"和"小传统"概念。芮德菲尔德认为"大传统""小传统"是一组分层概念："一种文化被创造出来了，然后分裂为（甲）上层统治阶级和僧侣阶层的大传统和（乙）世俗人们创造的小传统。"② 按照芮德菲尔德的划分，地方性的乡土文化形态应被视作"小传统"，而"大传统"则是指以国家、都市为中心的文化。原先该村际传统龙舟赛只是地方性的民俗文化遗产，即芮德

---

① 〔美〕孔飞力：《中国现代国家的起源》，陈兼、陈之宏译，三联书店，2013，第1~2页。
② 〔美〕罗伯特·芮德菲尔德：《农民社会与文化》，王莹译，中国社会科学出版社，2013，第103页。

菲尔德所说的"小传统",近年来传承中华优秀传统文化和非物质文化遗产已成为中国的基本国策,地方政府在保留和包容地方性的"小传统"文化(如祭祀仪式、接标和龙舟宴等)的前提下主办这项村际传统龙舟赛之后对其进行国家化的改造,把传承优秀传统文化的基本国策及民族国家的主流意识形态联系起来,地方政府的主办使得该龙舟赛成为民族国家正式的有机组成部分,从而成为芮德菲尔德所说的"大传统"。地方政府主办 Y 村传统龙舟赛并使其成为一项国家化的文化实践的个案表明,"大传统"与"小传统"未必是简单的、非此即彼的对立关系,它们之间的界限有时非常模糊,甚至会糅合在一起。

(4)该龙舟赛的国家化实践进一步导致国家的内化

我们常常认为只有地方官员才使用"文明""和谐""友谊""爱国"等民族国家的现代性话语,在调研中发现,无论是村干部还是普通村民,也都能够熟练地运用这套话语来讲述地方政府主办该龙舟赛的故事,能够自觉地将现代民族国家的主流意识形态内化到自己的口头表述中,用语言来表达他们对民族国家的认同。在地方政府主办的该龙舟赛的开幕式上,Y 村军鼓队整齐划一的表演、广场舞队伍别出心裁地表演出"祖国你好"的造型,表明村民们已经将"国家"内化为自己的行动。Y 村龙舟队发自内心地愿意代表南昌县、南昌市、江西省甚至是中国参加国内外各级龙舟赛事,这表明为国家和地方政府争得荣誉已经内化为 Y 村龙舟队员的自觉行动。该个案也印证了肖凤霞所描述的"国家内卷化"过程:"国家的语言被内化为个人自身的语言、身份和自然的意识形态,他们将有关国家的一套语言和意识形态内化,因而每个行动,每个决定,都是在重现国家的在场。"①② 由此我们发现,"平时国家是不可见的,它必被人格化方可见到,必被象征化方能被热爱,必被想象才能被接受"。③ 地方政府主办该龙舟赛时有意识地植入民族国家符号,地方民众也积极配合并主动地接纳民

---

① 程美宝:《当人类学家走进历史——读 Helen F. Siu, *Tracing China: A Forty-Year Ethnographic Journey*》,《二十一世纪》2016 年第 12 期。
② Siu, H. F., *Tracing China: A Forty-Year Ethnographic Journey*, Hong Kong: Hong Kong University Press, 2016.
③ 郭于华:《仪式与社会变迁》,社会科学文献出版社,2000,第 343 页。

族国家符号，共同构建出"国家的想象"①，也即本尼迪克特·安德森所说的民族国家是一个"想象的共同体"："（民族国家）它是一种想象的政治共同体——并且，它是被想象为本质上有限的（limited），同时也享有主权的共同体。它是想象的，因为即使是最小的民族的成员，也不可能认识他们大多数的同胞，和他们相遇，或者甚至听说过他们，然而，他们相互联结的意象却活在每一位成员的心中。"② Y村龙舟赛国家化实践中的仪式、国家话语和象征符号都是建构对民族国家想象的重要媒介，这表明中国作为一个具有悠久历史和丰富民俗文化遗产的文明古国，在建构现代民族国家时仍然离不开对民众共享的民俗文化及象征符号的利用，无论民众是否在现场、是否相互认识，均可以通过该龙舟赛及其呈现的象征符号清晰地将国家内化于心。本个案表明，地方性民俗体育文化可能通过与民族国家联结，使其超越地方性而成为国家化的文化遗产，并成为体现民族国家认同和建构民族国家的一种象征系统和文化符号。

2. 实践层面的启示

该赛事的国家化实践取得了积极的效果，积累了一些好的经验，也存在一些潜在问题，主要有以下几个方面。

（1）地方政府能主动介入民俗体育文化的发展

在党和国家日益重视中华优秀传统文化的大背景下，该龙舟赛的国家化实践的个案表明，地方政府能够积极地介入民俗体育文化的保护传承工作，体现了地方政府的担当和对中国传统文化负责的态度。鉴于民间自发的龙舟赛容易存在安全隐患，南昌县政府并没有选择一禁了之的做法，而是通过主办和打造这五个兄弟村落的村际传统龙舟赛和Y村龙舟队的做法来积极介入当地龙舟文化的传承发展工作。正是南昌县通过积极引导和提供后勤保障等方式来促进南昌县龙舟文化的发展，才形成现在南昌县民间龙舟赛蔚然成风的局面，正如南昌县教体局副局长DHY所说："近年来龙舟文化成为南昌县的特色和品牌，一提到中华龙舟大赛，南昌县小蓝虎山

---

① Abrams, P., "Notes on the Difficulty of Studying the State", *Journal of Historical Sociology*, Vol. 1, No. 1, 1988.
② 〔美〕本尼迪克特·安德森：《想象的共同体：民族主义的起源与散布》，吴叡人译，上海世纪出版集团，2005，第5~6页。

龙舟队已经成为公认的异军突起的强队。"① 南昌县政府才能以 Y 村龙舟赛、Y 村龙舟队为文化名片建设南昌县，展示南昌县政府的政绩和南昌县人民的精神面貌。在南昌县龙舟文化的带动下，近年来南昌县其他民俗体育文化的传承工作也取得了较大成就。

（2）积极培育体育社团

这五个兄弟村落为了复兴传统的龙舟赛，在依托本村的谱会、村干部和村落走出去的"能人"的基础上，各村都成立了本村的龙舟协会，这为南昌县龙舟协会的成立奠定了良好的基础。在 2013 年南昌县政府主办这五个村的龙舟赛及 Y 村龙舟队频繁参加各类比赛并屡获殊荣的背景下，这五个村落的龙舟协会的骨干人员及部分退居二线的热心于龙舟文化的南昌县籍地方官员②成立了南昌县龙舟协会筹备领导小组，并于 2017 年 2 月 23 日正式向南昌县教体局提交了《关于要求成立"南昌县龙舟协会"的报告》。南昌县教体局非常重视，在 2017 年 3 月 1 日向"南昌县龙舟协会筹备领导小组"做了《关于同意成立南昌县龙舟协会的批复》，并要求"'南昌县龙舟协会筹备领导小组'到南昌县民政局按有关规定办理登记、注册"。③在南昌县教体局和多方力量的推动下，2017 年 3 月 8 日，南昌县龙舟协会在南昌县民政局正式注册并办理了"社会团体法人登记证书"，其业务指导单位为南昌县教体局。据南昌县教体局 DHY 副局长介绍，南昌县近年来积极培育群众健身社团，南昌县龙舟运动近年来发展较好，我们也积极鼓励和推动南昌县成立龙舟协会，南昌县龙舟协会成立之后为南昌县龙舟运动的普及，对外与兄弟县市龙舟协会的交流做出了积极的贡献。④

（3）积极培育文化精英

表面来看，南昌县主办该龙舟赛时发动了南昌县的各个政府部门，但是在具体的各个村落参赛队伍的组织和人员召集看来，这些工作都需要地方文化精英来出面协调和组织。有的文化精英具有村委会干部、谱会领

---

① DHY 副局长认为，经过这些年的发展，龙舟文化已经成为南昌县的体育和文化特色。信息提供人：DHY 副局长；访谈时间：2019 年 4 月 1 日；访谈地点：DHY 副局长办公室。
② 原南昌县政协主席、现任南昌县龙舟协会荣誉会长的 DBG 同属小蓝开发区的东新乡人。
③ 注：引自南昌县教体局《关于同意成立南昌县龙舟协会的批复》（南教体 [2017] 27 号）。
④ 信息提供人：DHY 副局长；访谈时间：2019 年 4 月 1 日；访谈地点：DHY 副局长办公室。

导、村落文化精英等多重身份，他们往往也是掌握了更多的政治、经济、社交和文化资源的村落能人。如 YGQ 书记兼具经济能人、政治能人（村委会书记）、社交能人和热衷于龙舟运动的文化能人等多重属性。也有像 DBG 这样退居二线、转而热心于地方传统文化传承的地方官员。这些文化精英能够利用其在民间和政府中的影响力，以各种方式参与到该龙舟赛的国家化实践中。在南昌县龙舟协会成立之后，该协会积极地通过龙舟赛的国家化实践和 Y 村龙舟队被政府征用的机会来培养年轻的文化精英。从南昌县龙舟协会的人员结构来看，除了像 DBG、YGQ 等一批中老年的龙舟文化精英以外，南昌县龙舟协会也非常注重吸纳年轻一代热心于龙舟运动的村民进入协会，如 Y 村龙舟队队员 YHH 出生于 1997 年，该协会的秘书长 YWQ 出生于 1988 年。可以预见，经过若干年的成长，这批年轻一代的龙舟文化精英可以很好地接过上一辈文化精英的"接力棒"。

（4）对该传统龙舟赛的创造性转化

南昌县政府征用这项传统龙舟赛时并非原封不动地继承，而是在继承的基础上有所创新，为了达成目标需要对该赛事的形式、内容和功能进行适当的调整或转化。在形式上，除了尊重和保留这五个村的祭祖祭神仪式和赛龙舟的核心形式以外，南昌县政府征用该赛事之后还按照现代体育的形式对其进行了适当的改造，如引入了开幕式，完成了场地器材、赛程安排、组织机构等方面的标准化等。在内容上，除了保留接标、龙舟宴等习俗以外，还增加了摩托艇表演、开幕式上的各种文艺表演、地方官员致辞，以及参与人员拓展等方面的内容。除了形式和内容的改造以外，该赛事的国家化实践所带来的最重要变化体现在功能上，该赛事通过一系列国家化的改造而实现了其意义的再生产和转化，成为一个对民众进行民族国家规训、强化民众对地方政府和民族国家认同的重要文化实践。习近平总书记多次指出，弘扬中华优秀传统文化，要"处理好继承和创造性发展的关系，重点做好创造性转化和创新性发展"。[①] 该龙舟赛在国家化实践中对其形式、内容和功能的调整和转化的探索正是践行习近平总书记关于如何对中华优秀传统文化进行创造性转化和创新性发展的重要论述的具体体现。也可以从中总结出民俗体育

---

① 习近平：《习近平谈治国理政》，外文出版社，2014，第 164 页。

文化在城镇化和现代化进程中的一种新的传承路径，即民俗体育文化（传统龙舟）和现代体育（竞技龙舟）共同依托于民俗节庆的综合化传承路径。

（5）政府做大做强该赛事的顾虑

南昌县政府征用这五个兄弟村落的龙舟赛之后，将其命名为"南昌市龙舟邀请赛暨南昌县龙舟表演赛"。起初，南昌县政府也确实想将该赛事做强做大，并积极邀请南昌市各兄弟区县派队参赛，这些区县也准备组队参赛。然而，在比赛开始前几天，南昌市的一位领导出于安全的考虑认为该赛事不宜搞得过大，这五个村的 10 支队伍进行比赛即可。迫于市里领导的压力，许多区县决定不派代表队参赛，但安义县的一支龙舟队还是私自前往 Y 村参赛，比赛结束回到当地之后，安义县公安局立即找到该龙舟队领队进行诫勉谈话。① 课题组在访谈中得知，在"安全稳定压倒一切"的要求下，南昌县政府以至于上级政府部门对做强做大该龙舟赛也有顾虑，一是参赛队伍增加，特别是来自兄弟县区的龙舟队参赛增加了很多安全隐患；二是一旦兄弟县区组队参赛，观众人数将大大增加，这也在无形中极大地增加了安保方面的压力。所以虽然南昌县政府征用该龙舟赛之后一直称其为"南昌市龙舟邀请赛暨南昌县龙舟表演赛"，但参赛队伍基本上仍以这五个村的 10 支龙舟队为主。②

（6）该赛事的经济价值有待挖掘

国家或国家部门及其代表征用传统文化来开发其经济价值。从大的方面说，地方政府为了发展地方经济，网罗各种民间文化资源，举办形形色色的地方节庆活动，例如海南的椰子节、广东小榄的菊花会、广西宾阳的炮龙节等。其中最重要的是组织各种经贸活动或带动当地旅游产业的发展。在这种情况下，政府主办的这些节庆中，民俗体育文化展演成为一个重要的招商引资手段，甚至起到招牌作用。如肖凤霞所关注的小榄菊花

---

① 信息提供人：南昌县龙舟协会秘书长 YWQ；访谈时间：2019 年 6 月 29 日；访谈地点：YWQ 办公室。
② 2016 年，南昌县富山乡城管部门组成的城管代表队和 Y 村女子龙舟队作为特邀队伍参加该届龙舟赛。这两支队伍的队员均为本地的熟人和村民，而且主要起助兴作用，因而安全隐患较少。

会，会上传统的游神、舞龙活动均打着节庆的旗号纷纷上演，成为地方政府吸引投资的重要手段。广西宾阳县政府征用当地的炮龙节意在做大做强炮龙节，使其成为带动地方经济发展的重要手段。从南昌县政府征用Y村龙舟赛的情况来看，地方政府更加看重的是其所带来的政治价值，加之出于安全方面的考虑，地方政府对做强做大该龙舟赛也持较为谨慎的态度，因而到目前为止，地方政府尚未充分认识到该龙舟赛潜在的经济价值。而有些村民和当地的村落文化精英已经意识到这是一个重要的商机，有利于村落经济的进一步改善及地方经济的发展。①

综上所述，这五个兄弟村之间的传统龙舟赛自从20世纪80年代复兴以来，一直是由这五个村自发组织的，2013年后，地方政府开始征用该龙舟赛，使得该龙舟赛成为一项国家化的文化实践。这说明民俗体育文化具有很强的适应环境变化及主动进行自我调适的能力，民俗体育文化可以通过与国家主流话语发生联系，实现其自身意义的再生产和重构，以寻求其继续传承的空间。Y村龙舟赛的国家化实践是民众和地方政府等多方力量对城镇化和"现代化所造成的急剧的社会变迁的一种反映和再表述，是主动地对传统进行新的解释和创新性运用的过程"。② 在城镇化和地方大开发背景下，该龙舟赛的国家化实践的个案也表明，在城镇化建设过程中，民俗体育文化传承和城镇化建设并不矛盾，如果地方政府和民众为民俗体育文化的存续提供必要的条件，就能够在城镇化建设和民俗体育文化传承之间寻找到新的平衡点和契合点，这既可以有效地促进城镇化建设，也为民俗体育文化的传承确立了新的传承路径。该龙舟赛的国家化实践过程也是民间社会和地方政府共谋、相互配合的过程，其中，地方民众积极配合和参与地方政府征用龙舟赛的行为可以说是他们的一种最基本的生存技术；对地方政府而言，征用该龙舟赛的行为也是地方政府的一种治理实践和治理技术的具体体现。各方力量在该龙舟赛的国家化实践过程中相互配合、各取所需，这就是现代化进程中文化

---

① Y村村民同时也是南昌县龙舟协会秘书长的YWQ认为，地方政府介入当地的龙舟赛对于带动当地的乡村旅游发展具有积极作用，他也在进一步挖掘当地的旅游文化资源，如Y村失传的八个景观、富山米酒等。
② 覃琮：《标志性文化生产的民族志——以宾阳的舞炮龙为个案》，博士学位论文，上海大学，2011，第11页。

变迁的鲜活图景。作为现代民族国家代表的地方政府征用该村际传统龙舟赛并尝试对其进行现代化和"大传统"取向的改造,同时也充分包容和尊重该传统龙舟赛中的"小传统"(如祭祀仪式、接标和龙舟宴等),这表明从传统体育到现代体育的过渡是复杂的,绝不是简单的非此即彼的"进化论"式的论述就能涵盖的,在某种程度上,"现代体育"(包括"现代")是一个流动性的概念。

在全球化时代,民族国家是国际交往的基本单元,中国作为一个多民族国家,国家认同、整个中华民族的认同也就显得尤为重要。习近平总书记多次强调国家认同和中华民族认同的重要性,提出要"不断增进各族群众对伟大祖国、中华民族、中华文化、中国共产党、中国特色社会主义的认同"[①]。Y村传统龙舟赛国家化实践的成功案例充分表明原先承载着村落(地方)或特定群体认同的民俗体育文化是可以上升为民族国家和中华民族认同的。因此,我国民俗体育文化除了走项目化的发展路径以外,在促进民族国家认同和整个中华民族认同方面也大有可为,是实现民族国家认同的有效载体;按照这种取向进行意义的调整能有效地把传统的民俗体育文化升华为现代体育文化,这也是我国民俗体育文化的重要出路之一。

第四节 南昌县T村舞龙在城镇化中的传承个案

一 问题的提出

笔者曾在十余年前(2006~2009年)较为全面地考察了江西省南昌县T村舞龙活动的历史变迁,发现在21世纪初T村舞龙被游神所取代而成为T村的历史,但是T村游神活动也处于日渐式微的境地。[②③] 随着城镇化进程的进一步推进,城镇化的滚滚洪流前所未有地裹挟T村,其带来的直接

---

① 中共中央宣传部:《习近平新时代中国特色社会主义思想学习纲要》,学习出版社,2019,第133页。
② 涂传飞:《农村民俗体育文化的变迁:江西省南昌县涂村舞龙活动的启示》,博士学位论文,北京体育大学,2009,第82~88页。
③ 涂传飞:《一个村落舞龙活动的变迁》,《体育科学》2010年第7期。

后果就是 T 村从 2012 年开始被整体拆迁，T 村村民失去了土地而成为"上楼"的城镇社区居民。伴随着 T 村的这种剧变，T 村舞龙和游神活动变迁的旅程还在继续，只不过，T 村村民在与同时被拆迁的两个邻近村落江村和周村一并被安置到城市公寓型社区——"丽湖花园"小区居住之后，既没有选择复兴其 1997 年暂停的舞龙活动，也没有接续村落拆迁之前处于断断续续状态之中的游神活动，而是从 2017 年至今在 T 村居住的小区兴起了另外一种新的民俗活动——祭拜族谱活动。那么，为什么在搬进城市公寓型小区居住之后，T 村没有复兴其历史悠久、远近闻名的舞龙和游神活动[①]，而是创造性地建构了祭拜族谱的活动呢？探寻其背后的机理，对我们思考城镇化进程中我国民俗文化及民俗体育文化的传承与发展具有一定的启发价值。

二 被整体拆迁后 T 村概况

1. T 村所在小区概况

当地政府给 T 村、江村和周村这三个村落的村民建设的安置小区——"丽湖花园"的位置优越，它位于丽湖中大道以西、毗邻全国第二大铁路货运编组站向塘火车站和向塘镇镇中心，对面是江西服装学院这所全日制民办普通本科高校。小区的北面就是江西省着力打造的向塘铁路公路物流中心[②]，小区的右侧是中国自营式电商企业京东所建的物流仓储基地。小区占地约 20 亩，共建有 23 栋 6 层楼的居民住房，小区中心建有三层楼的社区活动中心，建筑面积约为 2000 平方米，社区活动中心供 T 村、江村和周村三个村的村民举办各种庆典。社区活动中心门口的空地就是供村民们休闲娱乐的社区活动广场，其北面建有社区幼儿园，方便社区儿童入园就读。丽湖花园小区东面建有临街店面，超市、网吧、饭店等配套设施较为齐全，这些临街店面归安置房的建设单位南昌县城市建设投资发展有限公

[①] T 村舞龙自古就与游神、祭神和祭祖结合在一起。20 世纪 80 年代初，T 村舞龙队代表向塘镇参加了在向塘二中举行的南昌县农民运动会，课题组负责人当时和许多 T 村村民一样，也跟随 T 村舞龙队伍前往比赛现场加油助威。所以，从这个意义上说，T 村舞龙活动在当地还是具有一定知名度的民俗体育文化。

[②]《向塘物流基地项目》，江西省人民政府，http://www.jiangxi.gov.cn/ccy/zsyzxm/jcssxm/aqy_13678/ncs_13680/201507/t20150725_1182558.html。

司所有。

2. T 村村民住房情况

在被拆迁之前，T 村一般的家庭均建有面积约 300 平方米的楼房，加上继承自家祖屋，大多有面积 400 平方米左右的住房。当地补偿安置房的方案是按每个家庭的人口数来计算，每个人分配 40 平方米。现在 T 村的家庭一般是 4 口人，他们可以免费分到 160 平方米的安置房。不过，拆迁前的住房面积大于免费安置面积的家庭可以通过补差价（1500 元/平方米）的方式在安置小区购买差额面积的住房。T 村的安置房为 6 层单元房，有两房一厅、三房一厅、三房两厅和四房两厅等户型，村民们可以根据自家的喜好和需求选择不同的户型，一般而言，T 村的每户家庭可以分得 3~4 套住房。安置房是三个村村民以抽签的方式来分配的，其结果是 T 村和江村、周村村民分散在小区的各栋、各单元居住。除了自住一套，T 村村民一般是将其余的住房简单装修后出租给江西服装学院的学生居住，房租一般为 1200 元左右/月。

3. T 村的人口概况

T 村现在的常住居民有 300 余人，80 户家庭。T 村最早是以 T 姓村民为主的村落，由于战争的原因，现在 T 村是以鲍姓村民为主、涂姓和李姓村民为辅的村落。其中鲍姓村民约占 T 村总人口的 85%，涂姓和李姓村民共约占 T 村人口的 15%。与同一小区的江村和周村相比，T 村的人口更少。据村民介绍，江村大概有 500 名村民，周村大概有 400 名村民。在 T 村，中国传统文化中"养儿防老"的观念仍然根深蒂固，尽管从 20 世纪 80 年代开始的计划生育政策也曾在 T 村实施，但基本上所有的 T 村家庭都不惜代价也要生育一个男孩。近年来，随着子女（特别是男孩）教育成本和结婚成本的增加，T 村村民的生育观念日趋理性，他们认为在有一个男孩的基础上养育两个孩子比较合适。所以，国家全面放开二孩的新政策对 T 村几乎没有影响，T 村及其所在区域的绝大多数家庭都是 2 个孩子，一男一女或两个男孩，总体来看，T 村家庭一般以四口人为主。

4. T 村的经济概况

T 村村庙前后的空地、村落内部和田间的道路以及若干个池塘属于村落共有地产，村集体通过出售这些共有地产获得了 20 万余元的土地出让金，这部分资金并没有在村落内部分配，而是留作村集体的公共开支经费。T 村鲍姓祖坟占地将近 9 亩，鲍姓村民获得了大约 20 万元的土地出让金，由于 T 村的鲍姓家庭数量多，所以难以将这部分资金分配下去，最后决定将其用于祭拜族谱等家族公共事务。T 村每个家庭通过自己的房屋拆迁、出让田地和宅基地获得了 30 万元－100 万元不等的土地出让金和拆迁补偿款。由于 T 村优越的地理位置，大多数 T 村村民利用其"地利人和"的优势，主要在当地就业，也能兼顾家庭，这仍是当前 T 村村民首选的就业模式。一般来说，一个家庭的男户主和女户主的打工收入共约为 6000 元每月，加上房租收入，T 村多数家庭的年收入约为 10 万元。

5. T 村的民间信仰

自古以来，T 村村民的民间信仰主要有神灵崇拜和祖先崇拜。T 村信奉的神灵主要是"杨泗烈士仙里"①，这三位村神被安放在村庙杨泗庙中，T 村的涂姓和鲍姓村民都有专属于他们各自祭拜的社公庙。T 村被拆迁后，T 村的村庙和社公庙被"遗弃"在原址，T 村村民现在所在的小区没有规划村庙的用地，周边的土地也陆续被征用，村庙和社公庙尚未得到妥善安置。② 在 T 村被拆迁之前，在每年的清明节、中元节、冬至和大年三十，村民们都要在祖坟前祭拜自己的祖先，T 村被拆迁后，村民们的祖坟也被拆迁，其祖先的骨灰被安置在地方政府临时搭建的灵堂中供村民们祭拜。在 T 村被拆迁之前，多数家庭在客厅供奉自家祖先的牌位和神灵，现在 T 村村民居住的公寓中基本不供奉祖先的牌位和神灵。所以，城镇化、拆迁安置和村改居对 T 村的民间信仰产生了前所未有的冲击。

6. T 村的社会交往

T 村村民现在居住的小区地理位置更佳，地处向塘火车站和向塘镇中心附近。村民的经济条件也通过拆迁得到了极大改善，私家车开始在 T 村普及。智能手机和宽带网络也在 T 村村民中普及，大多数村民开始使用微

---

① T 村村民不知道"烈士仙里"这两个村神的中文写法，课题组只能根据南昌的方言大概描述。
② 据课题组访谈得知，为了获批重建 T 村庙和社公庙的用地，T 村村民多次前往村委会沟通，希望能够得到一块他们看中的"风水宝地"，但是这块村民眼中的风水宝地已经被开发商购得。

信和 QQ 等交友和聊天工具，村民们也都加入了家人群、同事群、同学群、同趣群和 T 村的微信群等各种社群组织。随着居住社区、交通工具和网络交流工具的日益便利，T 村村民与整个外部世界的交往越来越频繁，T 村村民的社会交往圈逐渐扩大，其社会交往圈已经大大超过了美国人类学家施坚雅（G. William Skinner）所说的通婚圈和市场圈，① 与更广泛的外部世界联系起来。除了基于传统的姻亲和血缘等先天性因素建立的社会关系网络，后天性的因素成为 T 村村民建构社会关系的重要来源，如同学、同事、同趣等新型朋友群体也成为当下 T 村村民的重要社会资本。

7. T 村的娱乐生活

互联网时代，手机可以拓展 T 村村民的社会交往范围，大多数 T 村村民在闲暇之余也是手机不离手，要么刷微信，要么就是玩手机游戏。T 村所在的农村地区有赌博的风气，以往是在过年前后，也就是在每年的农闲时间村民们会聚在一起打麻将、推牌九②等。村民们在拆迁安置之后，分得了一定数额的土地出让金和若干套住房，经济条件得到了极大的改善，赌博之风也开始盛行。据笔者了解，在 T 村所在的丽湖花园小区，开了两家麻将馆，一般是本社区的村民聚在这两家麻将馆打麻将、玩扑克牌、推牌九等，有时候也有外面的"老板"开车来推牌九。笔者在前往丽湖花园小区进行调研时发现，有不少村民平时就在该小区的麻将馆玩，一般是"小赌怡情"，到了年底，麻将馆人头攒动，赌资也更大。在闲暇之余，部分 T 村村民聚集在社区广场闲聊或玩手机，也有一部分妇女晚上在小区的广场上跳广场舞。

三 T 村舞龙活动变迁的简要回顾

鉴于笔者在前期研究中已经梳理了 T 村舞龙活动的历史变迁，本节的重点是探讨在 T 村被拆迁之后村民们的文化选择行为，因此这部分只是简

---

① 〔美〕施坚雅：《中国农村的市场和社会结构》，史建云等译，中国社会科学出版社，1998，第 45～46 页。
② 注：推牌九是一种可以输赢几十万元的赌博游戏，据说有个别村民拿到了拆迁补偿款后就沉迷于推牌九，没过多久就输掉了拆迁补偿款。信息提供人：BJF；访谈时间：2017 年 5 月 1 日；访谈地点：BJF 村民家里。

要回顾了 T 村舞龙活动的变迁历程。

1. "舞龙+游神+祭神+祭祖"阶段

1997 年以前，虽然由于"文革"等政治方面的原因，T 村舞龙活动一度暂停，但总体来看，T 村舞龙活动在形式上是龙灯与游神的组合，并且其中蕴含着浓厚的祭祖和祭神仪式。在活动内容上，T 村舞龙要前往传统的友好邻村赵村以及后来划分到同一村委会的邻村江村、周村进行表演，还要前往与"世仇"邻村邓村长期争夺的湖区堤坝上进行表演；在村落内部按照先到村庙和社公庙表演，再按照涂姓、鲍姓和李姓的先后顺序挨家进行表演，T 村村民的姻亲和朋友也被邀请到本村观看舞龙表演，舞龙表演期间，每个家庭都要祭拜自己的祖先和村神。在功能上，T 村舞龙活动有效地满足了 T 村村民祈求村落平安顺利、进行社区教育、加强村落认同、整合村落内外部关系、维护村落内外部秩序等方面的需求。因此，我们可以将 1997 年前的 T 村舞龙活动总结为"舞龙+游神+祭神+祭祖"阶段。

2. "游神+祭神+祭祖"阶段

1997 年，T 村因为舞龙活动与邻村邓村发生宗族械斗，导致 T 村舞龙活动的停止。T 村舞龙活动包含龙灯表演、游神、祭神和祭祖活动，作为核心形式的龙灯表演于 2000 年从这个民俗体育文化综合体中退出，原先作为次要形式的游神上升为核心形式，使 T 村舞龙以最小的代价从"舞龙+游神+祭神+祭祖"阶段过渡到"游神+祭神+祭祖"阶段。在这个阶段，形式上是舞龙被游神取代，同时配有祭神和祭祖活动，游神期间，村落和各个家庭都要祭祀神灵和祖先。在活动内容上，主要是在 T 村村落内部进行表演，T 村村民的姻亲和朋友也同样被邀请到本村观看游神表演。在功能上，T 村游神活动基本上承载了原先 T 村舞龙活动所具备的主要功能。从 2000 年取代舞龙活动之后，T 村游神活动处于断断续续的状态而呈现衰落的趋势，并随着 2012 年 T 村的整体拆迁而停止。

3. 祭拜族谱阶段

到 2016 年底，T 村绝大多数家庭在完成了对安置房的装修后陆续搬进了安置小区丽湖花园居住，一同搬进来居住的还有邻村江村、周村的村民。所以，T 村村民现在居住的社区与原来以宗族、血缘为纽带的宗族村落截然不同。2013年，与T村有"世仇"的邻村邓村模仿T村，也突然兴起了舞龙活动。但是，T村"不为所动"，并没有复兴其历史悠久、引以为豪的舞龙和游神活动，而是从2017年开始创造性地建构和兴起了祭拜族谱的活动，祭拜的是约占T村人口85%的鲍姓村民的族谱。T村村民自古就有给本支房的长辈拜年的习俗，所谓的"初一拜本家、初二拜岳家、初三至十五拜亲戚"，在正月初一早上由鲍姓的头人组织鲍姓村民祭拜鲍氏族谱和写有全部历代鲍姓祖先和男丁姓名、辈分，及其与支房关系的吊谱①，T村的这个祭拜族谱的活动一直持续到现在。并且，负责组织祭拜鲍姓族谱活动的头人BHF表示，以后每年都要举行这一活动。②

四 当前T村祭拜族谱活动的兴起

1. T村祭拜族谱活动概况

（1）筹备阶段

T村鲍姓村民从1935年之后就没有再续修过族谱，恰逢T村面临整体拆迁，村民们暂时要"各奔东西"，直到安置房交付后才能重新居住在一起。在这种背景下，T村几个热心的鲍姓村民就想到借村落拆迁的机会重修族谱，并得到了村民的认可和积极响应。重修族谱需要一定经费，这部分经费主要来自T村鲍姓村民自家祖坟地块的土地出让金。T村的每户鲍姓家庭和姻亲也随礼，T村现在的随礼习俗一般是200元起，尽管并没有明确要求每个家庭最低随礼的数额，但大多数家庭都随礼200元，也有部分家庭随礼的金额更大。此外，有部分与T村鲍姓村民关系较好的朋友也随礼祝贺鲍姓村民重修族谱。在鲍姓村民随礼的时候，组织者要求每个家庭登记自家最近三代男丁的姓名，以便将这些男丁的姓名写到新修的装订成册的草谱和吊谱上。T村祭拜族谱活动的组织者还要以T村鲍姓家族的

---

① 在T村所在区域，族谱一般由两部分组成，一部分是装订成册的纸质家谱，村民们称之为"草谱"，另一部分是用于悬挂和展示的"吊谱"，T村鲍姓村民新修的族谱也由草谱和吊谱组成。吊谱类似于老式的电影幕布，长和宽均约为6M，材质为白色织布，周边裱有约20厘米宽的红色织布。吊谱顶部写有"豫章郡云溪涂坊鲍氏旺族世系宗图"的谱名，吊谱上记载了从鲍姓始祖到现在最小辈分的鲍姓男丁的姓名、辈分，及其与支房的关系。

② 信息提供人：BHF；访谈时间：2017年1月28日；访谈地点：丽湖花园小区活动中心门口。

名义购置一定数额的香火、爆竹烟花等祭品；根据随礼的客人和鲍姓家庭的数量，到附近集市的饼店定做印有"鲍氏谱饼"四个字的谱饼，该谱饼外形和口味与中秋月饼相似。通过在原来村落和丽湖花园小区的公告栏上张贴告示、打电话、微信联系等方式通知每个鲍姓家庭及随礼的宾客正月初一早上 8 点到丽湖花园小区的社区活动中心门口参加祭拜活动，中午 12 点在社区活动中心参加庆典宴会。正月初一一大早，组织者提前将鲍姓吊谱悬挂在社区活动中心门口，吊谱正前方摆放祭品、新修的装订成册的草谱和点燃香烛的香炉；吊谱前方两侧摆放两排桌子，上面摆放烟花爆竹、香烛、谱饼等。

（2）T 村祭拜族谱的参与人员

从近两年 T 村所举行的祭拜族谱的仪式来看，T 村并没有成立负责组织祭拜族谱的临时机构（如续修族谱委员会），主要是由 3 名热心的鲍姓村民来负责组织，这 3 名组织者分别是村民小组长 BHF、T 村民间文化精英 BPY 和 BDT。BHF 担任了近 30 年村民小组长，热心村落公益事业，在 T 村拆迁过程中积极维护村民的利益，在 T 村村民中具有较高的威望。村民 BPY 的父亲作为村落的文化精英受到村民的尊重，T 村鲍姓族谱也一直存放在他家，BPY 受其父亲影响，也积极参与村落的公益事业，并且这次新修的装订成册的草谱和写有历代鲍姓男性村民名字的吊谱也存放在他家。村民 BDT 文化水平相对较高，为人大公无私，一直以来积极参与村落的文化生活，负责管理祭拜族谱所需的经费开支。他还在村落即将拆迁的时候积极收集和整理 T 村手工制作米粉的工具，希望能够抢救本村濒临失传的手工制作米粉的传统手工艺。T 村鲍姓村民中辈分最高的村民 BSG 并没有参与到祭拜族谱活动的组织中，只是作为一般村民参加祭拜族谱的活动。此外，还有几名鲍姓男性村民轮流负责敲打锣、鼓和铜钹①。

T 村的其他鲍姓村民作为祭拜者和观众参加到本村的祭拜族谱活动中，其中包括居住在外地的所有鲍姓男性村民，他们按照草谱和吊谱所记载的辈分先后顺序，以同一辈分的男性村民为单位集体祭拜族谱。T 村的其他

---

① T 村祭拜鲍姓族谱所用的锣、鼓和铜钹是以前舞龙和游神活动留下来的乐器，敲击锣、鼓和铜钹不仅对体力有要求，而且还需要一定的技巧和相互配合，需要大概 6 名村民轮流敲击。

鲍姓村民、T 村鲍姓的姻亲、T 村的涂姓村民和李姓村民、受邀的鲍姓朋友代表主要是作为观众来观看祭拜族谱的仪式，并在祭拜族谱仪式结束后一起参加鲍姓村民在社区活动中心为大家精心准备的宴会。此外，居住在同一小区的部分江村和周村村民也短暂逗留和驻足观看鲍姓村民祭拜族谱的仪式。

（3）T 村祭拜族谱活动的开展

正月初一早上 8 点钟左右，伴随着锣鼓声的响起，T 村鲍姓男女老少自发地集结到小区广场上，等待着祭拜鲍姓族谱仪式的开始。首先是村民小组长 BHF 代表鲍姓家族的所有村民简短地介绍鲍姓祖先的丰功伟绩、鲍姓家族的祖训、祭拜族谱的重要性并感谢村民和亲友们的大力支持。接下来，在锣鼓声的伴奏下，T 村鲍姓村民以家庭为单位，各家派一名代表（男女不限）在草谱和吊谱前敬香请愿、磕头跪拜，跪拜结束之后，该家庭的代表还要燃放爆竹以感谢祖先的庇佑。在所有的家庭跪拜结束后，接下来就是场面盛大的集体祭拜仪式，所有到场的鲍姓男性村民按照族谱上记载的辈分顺序，由大到小，同一辈分的鲍姓村民在草谱和吊谱前面集体跪拜。以上活动结束之后，T 村鲍姓家族给每个鲍姓家庭、鲍姓的姻亲家庭、随礼的鲍姓朋友分配一块刻有"鲍氏谱饼"四个字的谱饼。分发完谱饼之后，部分 T 村鲍姓村民自发地帮忙收拾好相关器具、祭品、桌椅和剩余的谱饼等，这也就意味着当年 T 村祭拜族谱的仪式顺利结束。

在祭拜鲍姓族谱仪式结束之后，T 村鲍姓家族为鲍姓村民、鲍姓姻亲、T 村的涂姓和李姓村民、随礼的朋友精心准备了午宴。请帖和告示上写的开席时间是中午 12 点，但是在祭拜仪式结束之后，鲍姓村民们就安排大家到社区活动中心就座，大家借助这个难得的机会进行广泛交流。午宴结束之后，在社区活动中心广场上，T 村鲍姓村民花钱请来的戏班为大家表演"娘娘戏"，年轻人似乎不喜欢"娘娘戏"，但是 T 村老一辈村民却乐此不疲地向年轻一代的村民、鲍姓的姻亲、鲍姓的朋友、江村和周村村民介绍 T 村历史悠久的唱"娘娘戏"传统。

2. T 村祭拜族谱的功能

（1）娱乐功能

T 村祭拜族谱是一个非常庄重和神圣的祭拜祖先的仪式过程。在这个过程中，鲍姓村民们非常虔诚地祭拜鲍氏村民共同的始祖和各自的历代祖先，从这个角度而言，祭拜族谱的仪式本身主要是愉悦鲍姓的祖先，并没有显著的愉悦村民的功能。此外，T村鲍姓家族还要花钱请戏班来丽湖花园社区活动中心进行戏曲表演，戏班的戏曲表演作为祭拜鲍姓族谱的配套活动，一方面可以愉悦T村鲍姓村民的祖先，另一方面也可以愉悦T村、江村和周村的村民，尤其是T村的姻亲以及被邀请来T村共襄盛举的T村鲍姓的朋友。在祭拜族谱的仪式过程中，首先是要以T村鲍姓家族的名义，在族谱前摆放祭品，人们代表鲍姓村民向鲍姓的始祖和历代祖先敬香请愿，同时燃放大量的烟花爆竹。在T村居住的鲍姓村民、散居在外地的鲍姓村民、鲍姓的姻亲都要来祭拜自己的祖先。在祭拜族谱活动的筹备阶段，这些村民要以家庭为单位捐献一定的"礼金"。① 在祭拜仪式过程中，村民们也要以家庭为单位购买一定的高香和鞭炮②，同时也叩拜祖先，以示鲍姓的后人们对其祖先的虔诚。

（2）认同功能

以前T村是一个典型的以血缘为纽带建立起来的宗族聚落，共同的血缘、支房关系将村民聚集在一起，形成长幼有序、亲疏有分、内外有别的村落空间位序格局。搬迁至混合居住的小区居住后，村民的这种血缘型聚落居住格局瓦解，以血缘作为纽带的认同感也逐渐淡化。T村举行祭拜鲍姓族谱的活动则有效地强化了T村村民间的血缘认同，一方面，T村的涂姓、李姓村民作为村落共同体成员和特定血缘关系人被邀请参加祭拜鲍姓族谱的庆祝宴会，这也潜移默化地增强了T村涂姓、李姓村民各自的血缘认同观念。另一方面，通过祭拜鲍姓族谱仪式，每个鲍姓村民都在鲍姓家族世系图中明确自己的血缘身份，不同的支房和辈分关系，并以祭拜共同祖先的名义强化了鲍姓村民的血缘认同。在祭拜族谱仪式结束后，每个鲍姓家庭均可分得一块谱饼，从实用价值来看，谱饼并不能解决村民们的温饱问题，但它以共同祖先的名义将T村鲍姓后人的心紧紧维系在一起，这也强化了鲍姓村民之间的血缘认同。T村村民与邻近两个更大规模村落村

---

① 根据鲍姓村民的商议，随礼的金额随意，随礼200元以上的家庭可以获得额外的纪念品。
② 根据课题组在现场的观察，多数家庭购买的是三组（9支）高度约为1.6米的高香、两大卷鞭炮。

民混居的居住方式使得一部分有危机感的 T 村村民意识到 T 村离心化和村落认同感缺失所带来的潜在风险。他们认为，现在 T 村的人分散了，没有凝聚力了，这就容易被别人欺负，特别是大家在一个小区里难免有磕磕碰碰，如果 T 村人心不齐，那就只有被别人欺负的份了。① T 村鲍姓村民组织了祭拜鲍姓族谱的仪式，虽然只是鲍姓村民祭拜自己的族谱，但是 T 村的涂姓村民和李姓村民也被纳入 T 村的这一盛大仪式中，这也是动员全体 T 村人参加的一个标志性的民俗活动，从而有效地强化了 T 村人对村落共同体的认同。

（3）教育功能

随着城镇化的推进，在许多地区，特别是村改居社区，邻里之间的交往逐渐冷漠，友爱互助的观念淡薄，公德心和法治意识缺乏。T 村的整体拆迁使得传统的依靠血缘、姻缘、地缘关系而建立的村落伦理道德和村民之间的互动行为模式受到了前所未有的冲击。T 村村民也意识到了这个问题，村民们普遍认为，虽然现在的生活条件得到了极大的改善，但是人的道德水平反而下降了。T 村鲍姓村民繁衍了近 800 年，T 村鲍姓族谱记载了近千年来鲍姓村民及 T 村的发展史，保存了鲍姓严格的家规、家训和治家格言，是一部优秀的教科书。在 T 村鲍姓吊谱的两侧分别写有"子肖孙贤绵千代、文韬武略播九州"的楹联，这传递了鲍姓祖先勤劳、智慧、爱家的良好美德和以德服人的处世之道，为 T 村的后人敬业、治学、治家、做人提供了良好的家风家教素材。T 村鲍姓村民在鲍姓吊谱上使用规劝性语言来教育鲍姓后人及 T 村村民要以家族为重、以家乡为荣，以鲍姓家族的优良传统和美德来加强社区的道德教育、规范后人的行为，后人可从中得到经验借鉴、文化传承和思想启迪。T 村鲍氏的草谱和吊谱上记载了鲍氏家族从始祖到现在最小一代人的长幼辈分和各个支房之间的亲疏远近，按照辈分大小的先后顺序，同一辈分的鲍姓村民在族谱前集体跪拜，其客观效果就是有助于在 T 村村民内部形成尊祖敬宗、长幼有序、尊卑有分的道德观念。其潜在的功能是教育 T 村后人要以 T 村鲍姓祖先的"文韬武

---

① 信息提供人：TXQ、BHF、LXP、BGH、BWP 等村民；访谈时间：2017 年 1 月 28 日；访谈地点：丽湖花园社区活动中心门口。

略"为标杆，T村后人要"子肖孙贤"才能不辱先人们"播九州"的社会声望，家族和村落才能够兴旺发达。

（4）心理慰藉功能

城镇化的浪潮导致T村村民失去了其"衣食父母"——土地，虽然也获得了一定的土地出让金，但他们不得不带着惆怅与恐慌进入城市的就业大军。他们的就业具有不稳定和临时性的特征，随着村民们生活成本、医疗、养老和子女教育成本的增加，他们体会到前所未有的压力，他们对未来有很强的不确定感。严格来说，T村村民仍然是农民，只不过是失地农民，他们具有农村人的心理，却要面对进城务工的压力，T村村民在身份结构上半农半城的双重特征使得他们成为现代城市社会中的边缘群体。T村村民搬离世代居住的家园，走进新的社区居住，面对新的生活方式，势必会产生很多心理上的失调、冲突和不适应。在T村被整体拆迁的过程中，T村村民的祖坟也被拆迁，村民们祖先的骨灰被安置到地方政府临时搭建的灵堂，尚未入土。由于地方政府只规划建设了村民们的安置房，T村的村庙和社公庙则被遗弃在T村的原址。T村村民的祖坟、村庙和社公庙是村民民间信仰的主要载体和心灵港湾，但是这些载体尚未得到妥善安置。T村的祖坟、村庙的遭遇给村民们的心理带来了极大的震撼，他们只能祈求自己在这场前所未有的急剧变迁中能够平平安安、顺顺利利。而这就有赖于超自然的神力来确保他们达成此心愿，这种超自然的神力就是祖先崇拜。所以，T村隆重地举行祭拜鲍姓族谱的仪式，通过祭拜祖先的方式与祖先进行沟通和向祖先请愿，以期能够获得祖先的庇佑。在向族谱及祖先行磕头礼的过程中，鲍姓村民们念叨最多的就是"祖先保佑、顺利、平安、健康"[1]等话语。

（5）社会关系建构功能

T村鲍姓村民祭拜族谱的行为"主要是纪念祖先的功绩，借用祖先崇拜来加强共同的血缘关系，以巩固以血缘为基础的内部团结，以及明确人们之间的辈分关系"[2]。悬挂在社区活动中心门口的巨幅鲍姓吊谱，直观地

---

[1] 鲍姓村民在祭拜族谱时念叨的词语信息由课题组在2017年及2018年的T村祭拜族谱现场所采集。

[2] 朱天顺：《中国古代宗教初探》，上海人民出版社，1982，第208页。

记录了 T 村历代鲍姓村民的名字及辈分关系,鲍姓村民们可以清楚地找到自己的名字、所属的辈分及与其他鲍姓村民之间的亲疏远近关系。在祭拜族谱时,严格按照辈分先后顺序,同一辈分的鲍姓男性村民集体祭拜鲍姓族谱,鲍姓村民磕头跪拜的仪式将村民之间的亲疏远近、长幼有别的关系进行了重新梳理。在祭拜族谱时,鲍姓村民虔诚地向鲍姓祖先磕头跪拜,并敬香请愿,这也强化了 T 村鲍姓村民与自己祖先之间温情脉脉的关系。T 村举行祭拜鲍姓族谱的仪式,旨在通过认祖归宗的祭拜仪式、全体村民参加的宴会和观看"老戏"表演,使平时分散的 T 村家庭和村民可以重新聚合在一起,加强彼此之间的联系。散居外地的鲍姓村民、鲍姓的姻亲以及鲍姓村民的部分朋友也被邀请到这一祭拜庆典中,弘扬鲍姓祖先"文韬武略播九州"、以德服人、以德交人的为人处世之道。在祭拜族谱仪式之后,鲍姓村民以吃酒席、观看戏曲表演等方式热情款待这些来宾,无形中也强化了 T 村村民与这些来宾之间的友好关系。在 T 村祭拜鲍姓族谱仪式中,T 村村民和散居外地的鲍姓村民、鲍姓姻亲以及鲍姓的部分朋友可以被看作局内人的"我们",而祭拜鲍姓族谱的仪式在某种意义上就是展示给作为局外人的"他者"江村村民和周村村民看的,这也潜在地强化了 T 村与江村及周村之间"心照不宣"的对抗、竞争关系。

(6)展示村落实力功能

T 村及周边村落都曾有自己的族谱,江村、周村、T 村涂姓的族谱均在战争中失传,只有鲍姓族谱得以保留至今。在 T 村祭拜鲍姓族谱仪式的现场,有一幅写有鲍姓历代祖先及当代鲍姓男性村民名字的吊谱供鲍姓村民们祭拜,这幅吊谱顶部写有"豫章郡云溪涂坊鲍氏旺族世系宗图",两侧分别写有"子肖孙贤绵千代、文韬武略播九州"等歌颂鲍姓家族及祖先的楹联,由此 T 村的鲍姓家族文化得以接续和彰显。在戏班表演"老戏"的过程中,T 村村民将戏班表演的"老戏"与本村历史悠久的娘娘戏相联结,以此向外展示本村的文化实力。T 村举行盛大的祭拜鲍姓族谱仪式,向外传递的信息是 T 村虽小,但现在人丁兴旺,人才辈出。T 村的涂姓和李姓村民仍然作为同一村落共同体内部的"自己人"、具有特别血缘关系的"自家人"被纳入 T 村祭拜鲍姓族谱仪式中,显示了 T 村内部的精诚团结。此外,T 村的鲍姓姻亲与鲍姓村民有着友好关系的朋友也被邀请参加

T村祭拜族谱的仪式，这也无形中向外展示了本村较为雄厚的社会资本和综合实力。令人意外的是，笔者在祭拜族谱仪式结束后采访活动组织者BHF时，他说的第一句话就是"我们搞这个活动，就是要告诉别人，我们村虽然小，但是他们也不敢拿我们怎样"。① 所以，T村鲍姓村民祭拜族谱仪式既是向自己的祖先汇报和展示T村后人的团结一致，也是展示给特定的他者看的。笔者在仪式结束后访谈了周村村民ZQQ，他说，"人家搞祭拜族谱与我们没有什么关系"。② 也许江村和周村村民潜意识里认识到T村鲍姓村民举行祭拜族谱仪式是向他们进行"示威"，只是大家心照不宣而已。

五 讨论

1. 为什么T村村民没有选择复兴舞龙，而是选择祭拜族谱

在T村村民搬进安置房居住之后，为什么没有选择复兴在十多年前暂停、引以为豪的舞龙和游神活动，而是选择建构祭拜鲍姓族谱的仪式呢？笔者认为有以下几点原因。

（1）T村失去了舞龙活动得以延续的村落结构

以前，T村舞龙活动涉及的村落主要有邻近的友好村落赵村、江村和周村，还有与T村有着"世仇"的邓村。在T村舞龙活动期间，T村舞龙队伍要到赵村、江村和周村进行拜年表演，也要到位于村北面、自古与邓村争夺的两个湖边的堤坝上进行表演。在村落内部进行舞龙表演时，T村舞龙队要严格按照祖上传下来的流程进行：舞龙表演队伍从当年的头家开始，然后从T村的北门出村到村北门旁的涂姓社公庙前进行表演，接下来到T村的村庙杨泗庙进行表演，再到村落南边的鲍姓社公庙进行舞龙表演。在村庙的表演结束后就是挨家挨户表演，先是到涂姓聚居的区域挨家挨户表演，再到鲍姓聚居的区域挨家挨户表演，最后到李姓的村民家进行表演。以前，T村是聚族而居的村落格局，有田地、湖区、村庙和社公庙，现在，与T村舞龙活动相关的这些村落结构载体不复存在了。从村落外部

---

① 信息提供人：BHF；访谈时间：2017年1月28日；访谈地点：丽湖花园小区活动中心门口。
② 信息提供人：ZQQ；访谈时间：2018年2月16日；访谈地点：丽湖花园小区活动中心门口。

来看，T村的邻村江村和周村也被整体拆迁，T村与邓村接壤的湖区和土地都被征用，邓村也即将被整体征用和拆迁。在T村内部，T村所有的住房都被拆迁、土地全部被地方政府征用，现在T村和江村、周村村民混居在安置社区丽湖花园小区里，涂姓、鲍姓和李姓的村民不再是聚族而居，而是散居在各个楼栋的单元房里。T村的村庙、社公庙被遗弃在原址，尚且没有条件对其进行妥善安置。所以与T村舞龙相关的邻村、土地、水田、湖区、聚族而居的住房格局、村庙等村落结构性要素在T村被整体拆迁后几乎全部丧失，这就使得T村舞龙活动失去了其赖以延续的村落结构基础。

(2) T村舞龙活动得以延续的民间信仰体系遭到破坏

T村的祠堂、村庙、社公庙等不仅是构成T村这个宗族村落的结构性要素，而且是T村民间信仰的主要载体。T村舞龙（包括游神）除了愉悦村民以外，更重要的是要愉悦本村的村神和祖先。所以除了村民个体平时的敬香请愿之外，以整个村落的名义进行的祭祀祖先和神灵的仪式就是T村每年开展的舞龙活动，T村的村庙、社公庙、祠堂及村民自家供奉的祖先和神灵是T村民间信仰的重要基础。T村祠堂早在"文革"时就消失了，T村被整体拆迁之后，T村的村庙和社公庙被遗弃在原址，村民们现在居住的社区不具备安置和重建T村村庙和社公庙的客观条件。现在T村村民居住的社区是城市公寓型社区，村民们对其安置房的装修也是完全按照城市公寓的装修风格来进行的，所以笔者在走访许多村民的新家后发现，以前供奉的祖先牌位和神灵在村民新家的客厅中找不到了。笔者在访谈中发现，有部分村民在当时自家的房屋被拆迁之前将供奉的神灵送到本村的村庙中，这就不难解释为什么原先仅供奉T村三位村神的杨泗庙的佛龛上多出了许多尊佛像。在现居住于城市公寓型社区的T村村民内部，T村的村庙、社公庙、村神，以及村民自家供奉的神灵和祖先牌位等组成的神灵信仰结构体系逐渐瓦解，这也导致了T村舞龙活动传承所需要的村落民间信仰体系遭到破坏。

(3) 根本原因在于T村舞龙活动没有实现其功能的转化和增值

城镇化进程在T村的渗透，使得T村村民产生较为强烈的建构村落共同体和血缘共同体、维护村落整体利益的心理诉求。这就必须要有一个能够动员和整合全体 T 村村民及其外部相关人员参加的村落文化符号，才能有效地达成 T 村村民的这种愿望。一直以来，T 村舞龙活动的主要功能是实施社区传统教育、加强村落和血缘认同、营造共同心理、培养社会关系和社会资本、展示村落实力等。如果当前在 T 村复兴舞龙活动，T 村舞龙活动所承载的功能也不外乎是以上几点，T 村舞龙活动并没有实现其自身功能的转化和增值。同样作为村落标志性的民俗文化活动，T 村举行祭拜占本村绝大多数人口的鲍姓村民的族谱仪式也可以行使 T 村舞龙活动的这部分功能，并能够有效地满足当前村民的心理需求。

与舞龙活动相比，祭拜族谱仪式自身有其天然的优势。首先，舞龙活动对男性青壮年的体力和人数要求较高。随着 T 村村民生育意愿的日渐理性化，T 村现有的男性青壮年人数未必应付得了舞龙活动，即使能够应付，也要付出更多的体力和精力。与之相比，祭拜族谱仪式对体力和劳动力的要求更低，几乎不需要耗费男性青壮年额外的体力。其次，在 20 世纪末，T 村舞龙活动暂停的一个重要原因是舞龙活动的组织者难以调动男性青壮年，许多男性青壮年宁愿在牌桌上打牌也不愿意参加舞龙活动。现在，T 村村民的娱乐生活更加多元化，打麻将、赌博、玩手机等成为 T 村年轻村民的主要娱乐方式。如果 T 村要重新恢复其舞龙活动，显然，T 村的文化精英更加难以调动这些男性青壮年村民。最后，从活动的持续时间和组织难易程度来看，T 村舞龙活动一般持续 3 天，舞龙活动的组织更为复杂，而祭拜族谱仪式持续的时间更短，一般一个上午就可以结束，该活动也更容易组织，这也不难理解只有 3 名村民负责组织 T 村祭拜族谱的仪式。在这种情况下，基于效率优先的考虑，祭拜族谱活动也就成为趋于理性化的 T 村村民的首选。T 村选择放弃本村历史悠久的舞龙和游神活动，创造性地建构和兴起祭拜族谱仪式也是情理之中的事。

2. 如何来评价 T 村村民的这种文化选择

（1）在被拆迁安置后，T 村村民仍然需要一种可以整合全村村民的民俗文化

整体拆迁之前，T 村曾经延续了多年的舞龙和游神活动，无论是 21 世纪初开始的"游神＋祭神＋祭祖"活动还是更早期开展的"舞龙＋游神＋祭神＋祭祖"活动，都是动员全村力量进行的村落标志性的民俗文化活动，这些活动可以有效地促进村落内外部的认同，促进 T 村内外部各种资源的整合。从 2012 年开始，伴随着拆迁，T 村作为一个村落共同体开始瓦解，从 2012 年 T 村被拆迁到 2016 年陆续搬进安置小区居住之前，T 村村民被迫分散到周边的乡镇租房度日。搬进安置房居住之后，T 村村民又处于三个村落混居的居住模式，这使得传统的依靠地缘、血缘关系而产生的社区建构和邻里之间的互动模式开始逐渐瓦解，加上城镇化和村落拆迁给 T 村村民带来的各种压力，使 T 村这个村落共同体和血缘共同体面临前所未有的冲击，T 村村民的村落和血缘认同感也开始出现危机，在 T 村村民内部开始呈现"一盘散沙"的不良趋势。这对 T 村的村落利益和村民在多元混居的社区中的生存发展带来了潜在的风险。以往 T 村是通过举行动员全村力量参加的舞龙活动来达到整合村落的目的，根据这一历史经验，现在的 T 村村民仍然希望寻求一种可以动员全体村民参加的村落标志性文化来重建逐渐瓦解的村落共同体和血缘共同体。结合 T 村现有的客观条件，T 村村民们成功地再造了祭拜族谱——这种新的村落民俗文化活动。动员全村村民参与的祭拜族谱的民俗文化活动可以有效地将平时散居的 T 村村民团结起来，它把 T 村的全体村民及其他相关人员按照一定的规范和模式重新组织和整合到一起，强化了 T 村村民的认同感、归属感、向心力和凝聚力，有效地达到了整合全体 T 村村民和其他相关人员的效果。

（2） T 村的祭拜族谱仪式是村民的理性选择

在 20 世纪 90 年代，随着市场经济的兴起和金钱观念的深入，T 村村民也开始逐渐理性化。随着 T 村被整体拆迁，T 村村民所面临的生存环境更加复杂，处于城市边缘的 T 村村民面临的是一个复杂的、不确定的世界，被卷入城镇化进程中的 T 村村民处于相对弱势的地位，在安置小区内部，T 村由于规模较小，在与其他两个村落的对比中明显处于弱势地位。总体上，从 T 村及 T 村村民与其所面对的外部各方关系来看，他们均是处于相对弱势的地位。T 村村民几乎没有机会和条件来追求自身利益的最大化，他们所能做的就是在其与外部力量的不对等博弈关系中将他们的"风险最小化"，即保障村落和村落共同体成员的生存和安全，并以此最大程度地避免外部他者的各种"欺压"或受到"不公正待遇"的风险。

美国人类学家基辛指出，"人类是实用主义者，总是选择适应途径来完成文化变迁中的种种冲突。所以，在人类的社会生活中，存在着某种有效的选择机制，它会抛弃没有适应性的传统的行为方式，并能积极选择具有适应性的新的行为方式并形成新的风俗"。① 既然现在不具备复兴舞龙活动的条件，T村村民便希望再造了一个新的村落民俗文化活动——祭拜族谱——来行使原先T村舞龙所承载的功能。这是T村村民根据自己的现实生存环境做出的一个较为理性的选择，体现了T村村民具有较强的自我适应能力。T村与邻村江村、周村本来就是熟人社会，这三个村落的村民之间通婚频繁，在行政区划上隶属同一个村委会，在原来的T村舞龙期间，T村舞龙队也要到江村、周村进行表演，T村舞龙队也得到这两个村落村民的热情款待。客观上，T村再造祭拜族谱的民俗文化活动也较好地完成了T村村民所要追求的目标，在达成目标的同时，也不至于使T村与外部他者，特别是江村和周村的关系恶化。在没有涉及利益冲突时，T村村民与居住在同一安置小区的江村、周村村民的关系总体上是和谐的，但这三个村落的村民对T村祭拜族谱仪式所蕴含的潜在意义及其所要针对的目标人群是心照不宣的。T村村民再造祭拜族谱的村落民俗文化是基于自己的生存环境所做出的最优选择。T村村民建构祭拜族谱的集体行为也体现了T村村民的一种生存伦理，是他们遵循生存伦理和目标理性原则所做出的一个明智的文化选择。

（3）客观上促进了乡村社会治理

T村以祭拜鲍姓族谱及相关庆典活动为纽带，向村民传递了尊老爱幼、长幼有序、同舟共济、孝悌为先的传统伦理和行为规范。进一步强化了T村村民的村落共同体意识和血缘共同体意识，在温情脉脉的祭祀庆典中，加深了相关人员彼此间的情谊，有效地促进了T村内部的和谐。T村祭拜族谱和祖先，也有利于强化T村村民与祖先之间的亲情关系，为日后村民遇到各种难关时提供了潜在的庇佑。在T村祭拜族谱和祖先的仪式中，作为现代城市边缘群体的T村村民通过祭拜祖先的仪式，心理压力和苦闷得到暂时宣泄、释放，心理得到调适，随之以一种更为释然和平衡的心态回

---

① 〔美〕R. M. 基辛：《文化·社会·个人》，甘华鸣等译，辽宁人民出版社，1988，第176页。

到现实生活中。就 T 村与外部关系来看，在某种程度上，T 村举行祭拜族谱活动也向外部，特别是向住在同一小区的江村及周村展示自己村落的实力。这看似激化了 T 村与江村及周村之间紧张、对抗的关系，但是由于这个活动并没有超过社会安全阀的阈限，其并不会直接导致这三个村落之间的冲突。相反，从这三个村落之间的动态博弈关系来看，规模更小的 T 村通过祭拜族谱的活动无形中增强了自身实力，客观上达到了三个村落之间实力均衡、相互制约的效果，这对于减少这三个村落间的潜在冲突具有积极作用。T 村祭拜族谱期间，也邀请鲍姓姻亲和部分朋友前来共襄盛会，这也有助于 T 村与其姻亲和外部朋友圈和谐关系的构建，为日后村民在生活中遇到难以预期的困难时提供了潜在的社会资本。所以，T 村祭拜族谱活动建构了 T 村内外部的社会秩序，使得当地社会秩序运行更为有效，客观上达到了稳定乡村社会的效果。而且，与刚性的制度治理手段相比，T 村祭拜族谱的民俗活动是一种成本更低、效率更高的乡村治理方式。

3. 对民俗体育文化的变迁路径的再思考

笔者曾经基于 T 村由舞龙到游神的变迁、新秧歌运动对传统秧歌的改造、传统龙舟竞渡到现代竞技龙舟的变迁、古奥运会到现代奥运会的变迁等个案，尝试对民俗体育文化的变迁路径进行归纳和提炼，并总结出民俗体育文化有"改变形式、保留内容和功能，改变内容、保留形式和功能，保留形式、改变内容和功能，保留形式、移除内容和功能"等变迁路径。[①]而在 T 村被安置到城市社区之后，作为村落标志性民俗活动的 T 村舞龙活动没有得到复兴，取而代之的是祭拜鲍姓族谱这种新式村落标志性民俗活动的产生。在 T 村被拆迁之前，T 村舞龙活动经历了从最早的"舞龙+游神+祭神+祭祖"的综合性活动，到 2000 年后只剩下"游神+祭神+祭祖"的活动，再到现在只祭拜鲍姓族谱。其共性是这些活动均是动员全村村民参与的村落标志性民俗活动，其不同之处是从民俗体育文化传承来看，作为核心形式的 T 村舞龙活动先是被游神所取代，到今天又被祭拜族谱活动所取代。从中可以发现和总结出民俗体育文化的一条变迁路径，即

---

① 涂传飞：《农村民俗体育文化的变迁：一个村落舞龙活动变迁的启示》，北京体育大学出版社，2011，第 101~114 页。

"保留核心功能,改变形式和内容"。具体来说,现在 T 村兴起的祭拜族谱的活动仍然承载了之前 T 村舞龙和游神所承载的主要功能,随着 T 村村民的逐渐理性化及现实条件所限,T 村村民放弃了舞龙和游神等原有的村落民俗活动形式,取而代之的是更加简便易行、对场地及器材设备要求更低的祭拜族谱的民俗活动形式。活动形式的改变也就导致其具体活动内容的改变,所以,现在 T 村祭拜族谱的活动与之前的舞龙活动和游神活动相比在内容上发生了根本性的改变。原先舞龙活动包括在村落内部和前往周边邻村耍龙灯和游神表演等,后来的游神活动主要是在村落内部进行巡游表演,而现在 T 村的祭拜族谱仪式则主要是鲍姓村民以祭拜族谱的方式来缅怀鲍姓的历代祖先。

4. 今后我国城镇化建设中需要考虑的问题

(1) 重视农民的精神文化需求

T 村在不同的历史阶段时兴的舞龙活动、游神活动及祭拜族谱活动表明,农民一直都有其精神文化方面的需求。即使我们在历史上曾将这些村落民俗文化视为封建糟粕来处置,但是在适当的气候下,农民被压抑的这些精神文化诉求也会复苏,村落民俗文化也会得到复兴。城镇化建设给农民带来了经济上、生活条件上的极大改善,T 村村民通过村落拆迁在经济条件和居住环境上得到了极大的提升,地方政府为 T 村所居住的安置小区规划建设了幼儿园、健身场所和社区活动中心等公共场所和配套设施。但是,T 村村民不仅仅满足于物质生活的改善,T 村村落民俗文化的变迁表明,T 村村民一直都有民间信仰及与其相关的民俗文化的诉求,其承载着村民们最朴素的精神寄托和心灵归宿。历史的经验已经表明,无视甚至破坏农民的这些精神文化需求可能会适得其反。因此,在城镇化建设过程中,在公共服务的供给和公共设施的建设中,地方政府不能够仅仅停留于为农民提供物质生活的改善,更需要重视农民精神文化方面的需求,特别是涉及农民民间信仰及与其相关的民俗文化时,应该积极地引导,发挥其正面的功能。

在拆迁之前,T 村舞龙活动是依托于祭神和祭祖等存在的民俗体育文化,是村民民间信仰的组成部分,是村民们的精神寄托和心灵归宿。在 T 村村民进城"上楼"后,T 村舞龙活动蜕变为现在的祭拜族谱活动,仍然是 T 村民间信仰（祖先崇拜）的核心组成部分。这表明在城镇化进程中，农民仍然有这一类精神文化方面的需求。T 村是庆幸的，T 村的鲍姓族谱得以传承至今，并且能够成功地建构出祭拜族谱的这一新的村落标志性民俗文化。在现实当中，伴随着城镇化进程，还有许多村落的民俗体育文化及其所赖以延续的民间信仰体系陆续遭到了破坏。习近平总书记指出："培育和弘扬社会主义核心价值观必须立足中华优秀传统文化，牢固的核心价值观，都有其固有的根本。抛弃传统、丢掉根本，就等于割断了自己的精神命脉。博大精深的中华优秀传统文化是我们在世界文化激荡中站稳脚跟的根基。"① 我国村落民俗体育文化源远流长，虽然其中有一些不合时宜的成分，但是承载着中华民族最深层的精神追求。因此，如何看待并处理好村落民俗体育文化的创造性转化和创新性发展的问题，重视并守护好中华民族的精神家园，是我国今后城镇化建设过程中需要进一步探索的问题。

（2）发挥村落民俗文化在乡村社会治理中的积极作用

T 村的个案表明，村落民俗文化以其独特的秩序意义约束和规范着人们的行为，是对乡村社会进行有效治理的重要资源。类似于 T 村的舞龙活动及祭拜族谱等散布在各个村落的民俗文化培育了我国基层的道德与伦理体系，有效地建构了地方社会秩序。党的十九大报告对乡村治理方面提出了新要求，提出要健全自治、法治、德治相结合的乡村治理体系。这既是在全面推进依法治国进程中加强基层民主法治建设的题中应有之义，也是推进国家治理体系和治理能力现代化的重要方面。健全乡村治理体系就需要传承发展我国农耕文明中的优秀传统，重视村落民俗文化在以文化人、以文养德中的积极作用，使其成为乡村社会治理的重要力量。T 村祭拜族谱这一民俗活动，客观上促进了地方社会的和谐，这种村落民俗文化作为一种善治的手段和事半功倍的治理策略，更符合当地人的意愿和习惯，能够极大地降低乡村社会治理的成本。所以，在今后我国城镇化建设过程中，特别是在规划建设村改居和新型农村社区过程中，地方政府要为村落

---

① 习近平:《"习近平谈核心价值观"——民族的根与魂》，《人民日报》（海外版），2014 年 07 月 31 日：第 05 版。

民俗文化的延续提供一定的空间，如是否要考虑给农民提供安置其祠堂、村庙的空间和地块，为农民的精神家园留有余地。

结束语

城镇化及地方大开发给 T 村带来了物质条件的改善，但 T 村村民也失去其世代居住的村落，T 村的村落共同体、血缘共同体和民间信仰体系也随着村落的拆迁而遭到破坏，这使得 T 村村民在搬进与邻近的两个更大村落村民混居的安置小区之后面临着一些潜在风险。T 村创造性地建构了本村祭拜族谱的民俗活动，试图通过祭拜族谱这一村落民俗活动重振日渐弱化的村民认同意识，增强本村村民的凝聚力和展示本村落的综合实力，为 T 村在多元混杂的新生活环境中谋求更为广泛的生存空间。T 村标志性的民俗活动从舞龙变为游神再到现在兴起祭拜族谱的活动，其凸显了 T 村村民被安置到城市公寓型社区之后仍然迫切需要一个有效的文化符号来维系和再生产其个人和集体的认同意识，接续其民间信仰和满足其精神文化的需求，这个文化符号就是 T 村村民创新性地建构了祭拜族谱这个新的民俗活动。T 村村民的这种构建新村落民俗文化的行为，体现了村民的一种生存伦理，其中也蕴含着朴素的民间智慧，是 T 村村民结合自己的生存环境做出的一个理性选择，其客观上也有效地促进了地方社会治理，是当地社会秩序得以良性运行的一种非正式制度安排。

一直以来，许多学者提倡在传承我国民俗体育文化过程中加大经费投入。从本个案来看，民俗体育文化对经费投入的要求较低，即便是舞龙活动，其最大的开销就是购置一条龙灯的经费，其他的开销相对较少。如果要重新置办舞龙活动相关的器材，对于 T 村而言并不是难事。但是，为什么 T 村在经济改善以后没有选择复兴曾经引以为豪的舞龙活动呢？其直接原因在于随着 T 村被整体拆迁，T 村原有的村落结构被瓦解，T 村舞龙活动赖以延续的民间信仰体系遭到了破坏。从根源上来看，其根本原因在于 T 村舞龙活动并没有在当下实现功能的转化和增值，T 村舞龙活动所承载的功能基本上可以由祭拜族谱活动来行使，而祭拜族谱活动与舞龙活动相比又有其天然的优势。因此，作为城镇化进程中民俗体育文化走向衰微的一个案例，T 村舞龙活动衰落给我们带来的启示就是民俗体育文化要想在以城镇化为表征的现代社会中得以延续，其根本出路就是要扩大或提升自身的文化内涵，实现自我功能的转化和增值，以适应其文化主体已改变或正在改变的文化需求，否则，民俗体育文化的衰落则在所难免。该个案给我们带来的另一个启示就是在今后我国的城镇化建设过程中，特别是在规划建设村改居社区和新型农村社区过程中，要重视农民的精神文化需求，充分发挥村落民俗文化在乡村社会治理中的积极作用。

第五章
民俗体育文化参与新型城镇化建设的传承

第一节　民俗体育文化参与新型城镇化建设的传承路径

在国内外相关个案考察的基础上,笔者尝试从理论上总结出民俗体育文化参与我国新型城镇化建设的以下几种可能的传承路径。

一　改变形式、改变内容、保留功能

在城镇化建设进程中,有的民俗体育文化会选择"改变形式、改变内容、保留功能"的传承路径。如在城市大开发背景下,江西省南昌县T村被拆迁安置到与两个邻村混居的城市公寓型社区之后,作为村落标志性的民俗活动的T村舞龙活动没有得到复兴,取而代之的是T村祭拜鲍姓族谱的这种动员全村村民参与的标志性的民俗活动。在T村被拆迁之前,T村舞龙活动经历了最早的"舞龙+游神+祭神+祭祖"的综合性活动到2001年后只剩下"游神+祭神+祭祖"的活动,再到现在只祭拜鲍姓族谱活动。其共性是这些活动均是动员全村村民参与的村落标志性的民俗活动,其不同之处是从民俗体育文化的传承来看,作为核心形式的T村舞龙活动先是被游神所取代,到今天又被祭拜族谱活动所取代。我们从中可以发现和总结出民俗体育文化的一条变迁路径,即"改变形式、改变内容、保留功能"的变迁路径。具体来说,现在T村兴起的祭拜族谱的活动仍然具有

之前 T 村舞龙和游神所承载的主要功能，随着 T 村村民的逐渐理性化及受现实各方面条件所限，T 村村民放弃了曾经引以为荣的舞龙和游神等具有村落特色的民俗活动形式，取而代之的是对时间投入要求更低、更加简便易行、对场地及器材设备要求更低的祭拜族谱的民俗活动形式。活动形式的改变导致其具体活动内容的改变，所以，现在 T 村祭拜族谱的活动内容也与之前的 T 村的舞龙活动和游神活动内容发生了根本性的改变。原先舞龙活动包括在村落内部和前往周边邻村耍龙灯和游神表演等，后来的游神活动则主要是在村落内部进行巡游表演，而现在 T 村兴起的祭拜族谱活动则主要是占 T 村绝大多数的鲍姓村民以祭拜族谱的方式来缅怀鲍姓的历代祖先。

民俗体育文化是由形式、内容和功能组成的一个文化综合体。T 村舞龙这个民俗体育文化综合体的核心形式是舞龙，但是当下其核心形式被祭拜族谱所替代，其活动内容自然也就发生相应的变化，但是其主要功能仍然得以延续。从这个角度而言，虽然核心形式和核心内容改变了，但 T 村舞龙这个民俗体育文化综合体中最重要的价值功能体系得以延续，这也是 T 村舞龙通过自我调整，以保留其核心功能的方式积极参与入镇后 T 村村民的日常生活。如何来看待"改变形式、改变内容、保留功能"这种传承路径呢？笔者认为，我们不能因为 T 村舞龙的核心形式和核心内容的改变就消极地认为 T 村舞龙在城镇化进程中已经消亡了，它仍然在当地延续，只不过是其功能在延续而已。

二 保留形式、保留内容、改变功能

在城镇化进程中，有的民俗体育文化会选择"保留形式、保留内容，改变功能"的传承路径，即这些民俗体育文化的核心形式和核心内容得以保留，但是其核心功能改变了。如江西省南昌县的一个城郊村 D 村宣称自古就有舞龙（板凳龙）的习俗，但是从 20 世纪 80 年代开始这一习俗从该村消失了。大约从 2012 年开始，随着城镇化建设以及地方大开发浪潮的推进，地方政府开始在 D 村南面建设一个大型的物流基地，而在 D 村北面房地产商开发的楼盘也日益向 D 村靠近。D 村作为一个城郊村也面临着随时可能被拆迁的境地，从周边村落被拆迁的情况来看，一旦拆迁，D 村将面临一定风险：在经济上，D 村村民会丧失土地以及土地带来的农业经济收入的风险；在文化上，村落的村庙、祠堂及其所供奉的村神、祖先牌位等不能得到妥善安置的风险；在村落结构上，聚族而居的村落共同体以及宗族血缘共同体也将遭到破坏。为了应对这些风险，D 村在 2013 年元宵节期间重新复兴了在本村失传了近 30 年的舞龙活动，以期通过舞龙活动来整合 D 村内外部的各种力量共同预防和应对城镇化可能给该村带来的潜在风险。从核心形式来看，D 村舞龙仍然是以舞板凳龙为主要活动形式，其内容是祭神和祭祖与舞龙表演等。但是，从功能来看，为应对一些潜在风险而重新恢复的 D 村舞龙活动的最主要、最核心的功能已经不仅是加强村落认同和团结等，还包括通过舞龙这个唯一能够最有效地动员全村内外部各方力量的标志性的村落民俗文化，降低甚至消解城镇化进程中 D 村可能出现的潜在风险。

习近平总书记在党的十九大报告中指出要推动中华优秀传统文化进行创造性转化和创新性发展。在不同的时代和社会环境下，同一民俗体育文化的文化主体的需求也会有所不同，因此对民俗体育文化进行创造性转化的难点和重点不是形式和内容的改造，而是如何对其意义或功能进行调整，使其符合新时期（如当下正在推进的新型城镇化建设）文化主体的新需求。所以，在地方大开发和城镇化背景下 D 村舞龙可能的传承路径是"保留形式、保留内容、改变功能"。

三　保留形式、改变内容、改变功能

在城镇化进程中，有的民俗体育文化会选择"保留形式、改变内容、改变功能"的传承路径。如新西兰世居民族毛利人的 HAKA 舞体现传统体育文化，是古时开战前表演的出战舞，目的是鼓舞士气。在文化全球化和新西兰的现代化进程中，新西兰开始意识到应传承本国的传统体育文化，而在新西兰皇后镇这个世界知名的体育特色小镇和全世界的旅游胜地，HAKA 舞实现了顺利的转型，找到了新的传承路径。HAKA 舞通过适当的调整和改变，积极参与到皇后镇的体育特色小镇的建设中，具体来说进行了以下调整：第一，在形式上，保留了 HAKA 舞最为核心的形式，即保留了 HAKA 舞的融音乐、节奏、舞蹈和肢体语言于一体的毛

利族战舞的艺术表现形式。第二，在内容上，传统的HAKA舞是在世居民族部落之间的战斗开始之前进行的表演，在皇后镇的HAKA舞表演则是在当地政府在天空缆车山顶所建的专门用于HAKA舞表演的剧院里举行。传统的HAKA舞通常是与当地世居民族的神秘宗教仪式同时表演，是毛利人民间信仰的重要组成部分。而在皇后镇的剧院表演的HAKA舞则将其从宗教仪式中脱离出来，这也意味着其活动内容特别是与宗教仪式相关的内容被移除。第三，在功能上，由于HAKA舞从当地的文化母体中脱离出来而成为在旅游景点进行表演的观赏性项目，因此，在皇后镇表演的HAKA舞已经不具备其原来的意义和功能，其主要功能变为带动当地旅游业发展、促进游客消费的经济功能。HAKA舞通过选择"保留形式、改变内容、改变功能"的传承路径，积极参与皇后镇的体育特色小镇建设，使HAKA舞获得了新生，成为皇后镇最具特色的旅游表演项目之一，也有效地促进了皇后镇这个体育特色小镇的建设。

近年来，随着体育特色小镇的兴起，有的地方也在打造民俗体育文化特色小镇，如河北省廊坊市第什里风筝小镇。这种民俗体育文化特色小镇的民俗体育文化的传承路径在本质上属于"保留形式、改变内容、改变功能"的传承路径。有的民俗体育文化也可能通过选择"保留形式、改变内容、改变功能"的传承路径而成为一个竞技体育项目，如作为民俗体育文化的传统龙舟赛经过西方现代体育的项目化改造以后已经成为一个在全世界得到普及的现代竞技体育项目。有的民俗体育文化也可能通过选择"保留形式、改变内容、改变功能"的传承路径，而成为一个大众健身项目，如笔者在长春市汽车产业开发区所调查的一个村改居社区——兴顺花园小区针对秧歌舞就是选择这种传承路径。在该村拆迁之前，扭秧歌是作为一种民俗体育文化在该村延续的，而在现在的安置小区开展的秧歌舞活动已不是民俗体育文化，因为它已从民俗节庆和宗教祭祀活动中脱离，只是作为一个中老年人的大众健身项目而在当地继续传承。也有民俗体育文化在城镇化进程中通过"保留形式、改变内容、改变功能"的传承路径而走向产业化，如依托于江西省省级非物质文化——城南龙灯而成立的南昌城南龙灯实业有限公司是一家集设计和生产各种龙灯、舞狮设备的国内知名企业，该企业以传承和研发中国舞龙舞狮的设备为主，通过民俗体育文化产品产业化的方式保留和传承了民俗体育文化的核心形式,但是其主要的活动内容被移除,其主要功能也因其市场化和产业化导向而发生了改变。

四 保留形式、改变内容、保留功能

在城镇化和现代化进程中,有的民俗体育文化会选择"保留形式、改变内容、保留功能"的传承路径。这种传承路径一方面使得该民俗/传统体育文化走上了现代体育的发展道路;另一方面促进了该民俗/传统体育文化的传承主体积极融入城市并促进了当地的城镇化建设。如在美国的城镇化进程中,爱尔兰裔美国人通过对爱尔兰传统体育项目——爱尔兰式曲棍球和盖尔足球的改造,使其成为爱尔兰移民保持和强化其民族认同、融入美国城市生活的有效手段。在美国城镇化进程中,爱尔兰移民保留了这两项爱尔兰传统体育项目的核心形式,按照现代体育的方式和标准对其进行了内容上的调整,如相关赛事及场地规则的标准化、组织机构的科层化等。在功能上,爱尔兰式曲棍球和盖尔足球成为美国的爱尔兰移民维持自己民族特性和民族认同的重要媒介。因此,在美国城镇化进程中,爱尔兰的这些传统体育选择了"保留形式、改变内容、保留功能"的传承路径。

五 保留形式、保留内容、保留功能

新型城镇化建设不仅包括对城镇的建设,而且包括乡村振兴和新农村建设。随着城镇化进程的推进,我国一些民俗体育文化面临着生存危机,出于保护和传承我国民俗体育文化的初衷,有部分民俗体育文化通过外力的干预而得到了不同程度和不同方式的延续,如被纳入非物质文化保护体系中得到传承。但在许多农村地区,仍然有相当一部分民俗体育文化以其强大的韧性和生命力而继续在农村自在传承。民俗体育文化以这种自我延续的方式在农村地区传承,也在客观上促进了当地的新农村建设,这也是民俗体育文化参与新型城镇化建设的一种传承路径。如江西省宜春市秀江附近村落一直延续着每年端午节前后龙舟赛的习俗。虽然随着社会环境以及当地民众生活方式和生活水平的变迁,当地龙舟赛习俗也发生了一些变化,如龙舟器材、资金来源、组织方式等与中华人民共和国成立前有所不同，但是其核心内容仍然得以保留和延续。在形式上，其核心形式仍然是按传统的方式即相邻村通过口头约定的方式举行非正式的龙舟赛。在内容上，各村在龙舟赛前要各自举行庄严的祭祀仪式，在龙舟赛结束后轮流在各个参赛村落共享龙舟宴。在功能上，这项村落间龙舟赛的民俗体育文化所承载的功能仍然主要在于建构乡村社会与稳定社会秩序，主要体现在巩固村落间的地域认同、营造共同心理、实施传统教育、区别文化身份、稳定社会秩序等方面。在某种程度上，在城镇化建设过程中，民俗体育文化继续以传统的方式在农村地区延续和传承，其核心的形式、内容和功能仍然得以保留，因此该传承路径也是一种"保留形式、保留内容、保留功能"的传承路径。当然，"保留形式、保留内容、保留功能"的传承路径并不意味着该民俗体育文化是原封不动地传承的，而是指该民俗体育文化的核心形式、核心内容和核心功能得以延续，在此基础上其次要的形式、内容和功能发生了变化。

六 综合化的传承路径

在城镇化建设进程中，有的民俗体育文化也可能会选择走综合化的传承路径。如笔者所研究的 Y 村龙舟赛的个案就是这种传承路径。随着 Y 村周边村落经济条件的改善和区位优势的凸显，地方政府开始征用 Y 村的村际传统龙舟赛。在地方政府介入该村际龙舟赛之后，其核心形式——传统的兄弟村落龙舟赛习俗得到了保留，龙舟赛期间祭神祭祖的仪式也被保留下来；在主要的活动内容上，也保留了共享龙舟宴和"接标"等习俗，并增加了一些符合地方政府（官方意识形态和规训）的文化符号（如奏唱国歌）、现代体育所具有的开幕式等形式和活动内容。地方征用该村际龙舟赛，通过对其形式和内容进行适当的改造，使该村际传统龙舟赛的主要功能发生改变。地方政府对该传统龙舟赛的征用还体现为征调 Y 村龙舟队参加国内外各级别的龙舟赛，竞技龙舟已经逐渐发展为一项现代体育项目。因此，Y 村龙舟队在端午节期间参加当地的村际传统龙舟赛时，是当地民俗体育文化的文化主体和参与者；而在国内外的各种竞技龙舟赛场上，Y 村龙舟队则成为一支频繁代表各级地方政府乃至中国参加竞技龙舟赛事的竞技体育队伍。Y 村的竞技龙舟队被征调参加各级赛事时，Y 村村民普遍会关注本村龙舟队赛况，通过手机、电视观看比赛，或者通过自媒体转发相关赛事的信息。经过地方政府的介入，该村际传统龙舟赛的功能发生如下转变：该村际传统龙舟赛原先的主要功能是增强村落之间基于共同的血缘、祖先、神灵等形成的村落和地域认同。而地方政府介入之后，该村际龙舟赛所承载的主要功能已经顺利转化为更广泛意义上的增强民众对地方政府、民族国家的认同；Y村龙舟队代表各级政府和国家参加国内外龙舟赛也同样强化了更广泛意义上的民众对地方政府和民族国家的认同。

以上是民俗/传统体育文化参与新型城镇化建设的可能传承路径，但是我国各地区差异很大，在实践中可能还不止这些传承路径。这需要我们不断地探索和总结，根据各地实际情况选择适合的民俗/传统体育文化传承路径。习近平总书记为实现中华民族伟大复兴提出了"坚定中国特色社会主义道路自信、理论自信、制度自信、文化自信"的重要论述。我们以满足民众的文化及心理需求为导向来探索我国民俗/传统体育文化参与新型城镇化建设的传承路径，这彰显了我国民俗/传统体育文化的道路自信、理论自信、制度自信和文化自信。

第二节　民俗体育文化参与新型城镇化建设的对策建议

在新型城镇化建设中，传承民俗体育文化是全社会的共同责任，要坚持以政府为主导，以创建现代公共文化服务体系建设为契机，积极调动社会力量参与，提升民众对民俗体育文化的传承意识，让广大民众参与传承民俗体育文化，只有这样中华民族千年传承的民俗体育文化才能长盛不衰。

一　更新对民俗体育文化及新型城镇化建设的认识

首先，国内外城镇化的经验充分说明民俗/传统体育文化在新型城镇化建设时期仍然有其存在的价值，因此在新型城镇化建设中，政府和民间都应全面认识民俗体育文化的价值，培养全社会对民俗体育文化的认同意识，有认同意识才能有自觉传承民俗体育文化的意识。其次，在新型城镇化建设过程中不能简单地将民俗体育文化视为与贪大求洋式的城镇风格不一致而将其排除在新型城镇化建设之外。在新型城镇化建设过程中，许多民俗体育文化难免走向衰落，我们不能简单、被动地保护民俗体育文化。在新型城镇化建设中要全面认识民俗体育文化以及与其存续密切相关的村庙、祠堂等文化空间和载体。要重视对新型城镇化建设的文化内涵和民俗体育文化内涵的宣传、引导，使之深入人心。如对于在全国许多地方正在实施的禁燃限燃烟花爆竹政策，地方政府部门应加大宣传力度，争取更多的理解和配合，鼓励民众在民俗体育文化传承实践中采用无污染的电子鞭炮或烟火来替代传统的具有污染性和安全隐患的烟花爆竹，并对较为成功的民俗体育文化传承案例进行宣传，以榜样的无穷力量来传递新型城镇化建设注重民俗体育文化传承的精神。

二 相关部门要相互协调并完善相关政策法规

城镇化建设中传承民俗/传统体育文化较好的国家和地区的一个很重要的做法是完善相关的政策法规。党的十九大报告中明确提出要"建立健全城乡融合发展体制机制和政策体系"的重大决策部署，并在2019年5月发布《中共中央 国务院关于建立健全城乡融合发展体制机制和政策体系的意见》，从政策和制度层面强调新型城镇化建设的体制机制和政策法规体系的保障性地位。因此，民俗体育文化要更有效地参与我国新型城镇化建设，必须要完善与新型城镇化和民俗体育文化传承相关的政策法规。民俗体育文化本质上是一个综合文化体，涉及多方面，体育部门及其他部门的政策都会对民俗体育文化的传承产生重要影响，甚至关系到民俗体育文化的存续，如禁燃限燃烟花爆竹政策等。民俗体育文化传承的政策和制度安排是系统性的大工程，需要整体规划、各部门协调、统筹推进。所以我国在新型城镇化建设中制定与民俗体育文化传承相关的政策法规时要协调各部门推进相关的配套政策，配套政策需相应跟进改革，才能有好效果。体育部门、文化部门、民族宗教事务委员会等在制定民俗体育文化相关的政策法规时要注意与其他相关部门的跨部门协调。通过制定和完善相关政策鼓励和引导群众利用民俗节庆活动恢复民俗体育文化。在合乡并镇、并村时，政府应组织相关专家对当地具有历史价值和文化内涵的民俗体育文化进行论证。在制定与落实政策的过程中，要广泛听取和尊重群众意见，充分沟通，让人获取"由内而外"的满足感和幸福感，从而形成强大的社区凝聚力和归属感。

三 转变新型城镇化建设中的体育发展模式

西方现代体育的发展模式包括对民俗体育文化的项目化整理、保护和开发等。西方现代体育是建构在"身体运动哲学"基础上的体育形态，它所追求的是"更快、更高、更强"的体能与技能的超越，强调专门的身体运动（运动项目）练习。它不仅是西方人实现超越自我的手段，而且是检验其体能技能的途径。而我国民俗体育文化是建构在"生命运动哲学"基础上的体育文化形态，它追求的是长寿、康乐与自强，是一种人格自我超越、自我完善的生命实践活动，所以常选择自我调适、自我控制与自我保健等方式来实现其目标。民俗体育文化真正的古老智慧更多反映在精神价值层面，包括如何处理人和自然、人和天/神、人和人、人和自己内心的关系，而这些都是哲学的终极命题。在新型城镇化建设中用西方现代体育的发展模式来同构我国的民俗体育文化显然不符合我国民俗体育文化的实际，非但不利于我国民俗体育文化的传承，反而会进一步加剧我国民俗体育文化的流失。因此，在新型城镇化建设中不能一味地强推西方现代体育的发展模式，而应根据具体的情况给予区别对待。党的十八大以来，我国前所未有地强调继承和弘扬中华优秀传统文化中的精神价值，并且强调中华优秀传统文化所蕴含的价值观是社会主义核心价值观的根源和基础所在，可以为人类提供正确的精神指引和强大的精神动力。从这个意义上来说，在今后的新型城镇化建设过程中我们不能只停留于对民俗体育文化进行外在形式的项目化、产业化等方面的传承和改造，更要注重传承民俗体育文化所蕴含的对当代社会有积极价值的思想精华和道德精髓。

四 多方筹集民俗体育文化的传承经费

通过研究国内外个案，笔者发现虽然经费问题并不是影响民俗体育文化参与新型城镇化建设的主要因素，但是我们不能忽视某些地区在民俗体育文化传承中遇到了经费不足的问题。在城镇化建设过程中，国内外民俗

/传统体育文化传承的一个宝贵经验是传承经费来源的多元化。因此，针对有的民俗体育文化传承经费不足的问题，可以尝试从多个方面筹集传承民俗体育文化所需的经费。多元化可持续的资金保障机制是民俗体育文化参与新型城镇化建设的内在要求。2018 年 3 月，《国家发展和改革委员会关于实施 2018 年推进新型城镇化建设重点任务的通知》发布，提出要全力推动设立国家新型城镇化建设基金，鼓励地方利用财政资金和社会资本设立城镇化发展基金。① 国家可以考虑设置合理的民俗体育文化专项资金，确保某些因经费不足而出现传承困难的民俗体育文化能够得到传承与发展。积极鼓励企事业单位、村落名人和乡贤捐献善款用于民俗体育文化传承，以社区为单位，发动企业和个人集资设立"民俗体育文化发展基金"等。此外，某些民俗体育文化旅游开展较好的地区可以从民俗体育文化旅游收入中提取一部分资金作为民俗体育文化发展基金。不过，需要注意的是在有的地方出现了利用村落民俗体育文化赛事（如村际传统龙舟赛）敛财或赌博的情况，这是在多方筹集民俗体育文化传承经费时需要警惕的。

五 积极拓展民俗体育文化的传承主体

一般来说，民俗体育文化总是在特定的文化主体中传承。在城镇化建设过程中，许多民俗体育文化出现了传承主体弱化、青黄不接的现象。针对这种现象，我们要积极拓展民俗体育文化的传承主体。例如，为解决北京市 G 村高跷存在的传承主体内卷化和青黄不接的问题，地方政府可以在保留 G 村高跷民俗文化品牌特色的前提下，超越家族传承，突破性别限制，突破局限于本村落社区传承的限制，将参与和传承主体拓展到 G 村的外来人员。G 村也曾在高碑店小学训练过一批学生练习高跷，但效果不明显。G 村可以在学校建立非物质文化遗产传承基地。原生态的高跷秧歌由于唱词中有一些"插科打诨"的荤段子，一般高跷老会是没有女性会员的，但现在可以吸收女性会员。好的先例，高碑店高跷可以在传承主体上更加开放。有的民俗体育文化也可以通过地方政府的介

---

① 《国家发展和改革委员会关于实施 2018 年推进新型城镇化建设重点任务的通知》，国家发展和改革委员会网站，http://www.ndrc.gov.cn/fzgggz/fzgh/zcfg/201803/t20180313_879340.html。

入来拓展传承主体,如南昌县 Y 村村际传统龙舟赛的传承主体原先主要是五个村落的村民,在城镇化建设和城乡融合的过程中,地方政府征用该龙舟赛和 Y 村龙舟队,使该龙舟赛成为当地民众积极参与和关注的品牌龙舟赛事,Y 村龙舟队也成为南昌县、江西省乃至中国龙舟文化的杰出代表,这也促进了这五个村村际龙舟赛的传承主体大大地拓展,并也为我们更有效地拓展民俗体育文化的传承主体提供了一个新的思路。

六 积极培育传承民俗体育文化的社会团体

从笔者所调研的国内民俗体育文化个案来看,民俗体育文化的社会团体建设滞后是影响城镇化建设中民俗体育文化传承的重要因素,因此,在今后的新型城镇化建设过程中,我们要积极培育和建设民俗体育文化社会团体。2019 年 9 月,国务院办公厅出台了《体育强国建设纲要》,强调要加强体育社会组织建设并将其列为体育强国建设的重大工程之一,支持符合条件的乡镇(街道)和城乡社区依法建立老年人体育协会、社会体育指导员协会、单项体育协会;拓展乡镇(街道)综合文化站和社区文化室(中心)的体育服务功能;积极开展贴近城乡社区生产生活、符合城乡居民健身需求的体育活动;推动农民体育协会等社会组织建设,健全农民群众身边的健身组织;支持和培育发展社区体育组织。[①] 从南昌县龙舟协会的发展过程及其推动当地龙舟文化的传承普及的成功案例来看,在当前我国支持和鼓励民众依托喜闻乐见的体育项目发展体育社会组织的政策背景下,我们可以通过吸纳从当地走出去的名人、退休的地方干部等加入当地的民俗体育文化社会团体;整合村落社区内外部各方面的力量促成民俗体育文化的社会团体在当地的民政部门登记注册,使其成为一个合法的社会团体,并使之开展的民俗体育文化传承活动合法化、常态化。

七 积极培育民俗体育文化的传承精英

民俗体育文化参与城镇化建设的经验表明,甘于奉献、热心于传承民

---

① 《国务院办公厅关于印发体育强国建设纲要的通知》,中华人民共和国中央人民政府网站,http://www.gov.cn/zhengce/content/2019 - 09/02/content_5426485.htm。

俗体育文化的文化精英发挥了重要作用。从笔者所调查的国内民俗体育文化传承现状来看，民俗体育文化的文化精英的弱化和青黄不接是当前制约我国民俗体育文化参与新型城镇化建设的重要因素。《中华人民共和国国民经济和社会发展第十三个五年规划纲要》提出要"培育文明乡风、优良家风、新乡贤文化"①；《关于实施中华优秀传统文化传承发展工程的意见》提出要"挖掘和保护乡土文化资源，建设新乡贤文化"②；《体育强国建设纲要》也将建立健全体育志愿者组织体系列为体育强国建设的重大工程。③在党中央、国务院的这些重大政策背景下，挖掘、保留、传承具有地方特色的乡贤文化对于新型城镇化建设过程中传承民俗体育文化有着非常重要的意义。从国内外一些好的经验和做法来看，在民俗体育文化传承中，一方面要创造条件吸引来自村落外部的文化精英，如具有一定体育等方面技能的志愿者、热心于民俗体育文化传承的志愿者，深入乡村、扎根乡村；另一方面也可以吸纳当地走出去的名人与村落内部能人群体一起构建致力于民俗体育文化传承的新乡贤队伍。如Y村在本村的龙舟文化的传承过程中广泛吸纳了从当地走出去的文化名人、退休干部、商界精英等，与本村的能人群体组成了龙舟文化的传承精英，参与本村的龙舟活动的组织。

八　重视解决民俗体育文化的脱域问题

一直以来，我国非常重视民俗体育文化的传承和发展，并取得了令人瞩目的成就。但是，从本书的个案来看，我国在民俗体育文化传承中对城镇化建设所带来的民俗体育文化脱域问题的重视不够，对该问题的解决方法的探索还不够。在城镇化建设过程中，我国更多的是将民俗体育文化作为一个项目来传承，未妥善处理好甚至是忽视与之存续密切相关的共生文化。在今后我国的新型城镇化建设、撤村并点或拆迁安置过程中，我们更不应该忽视与民俗体育文化的存续密切相关的村庙、祠堂等文化空间和载

---

① 《中华人民共和国国民经济和社会发展第十三个五年规划纲要》，新华社网站，http://www.xinhuanet.com//politics/2016lh/2016-03/17/c_1118366322.htm。
② 《关于实施中华优秀传统文化传承发展工程的意见》，中华人民共和国中央人民政府官网，http://www.gov.cn/zhengce/2017-01/25/content_5163472.htm。
③ 《关于实施2018年推进新型城镇化建设重点任务的通知》，国家发展和改革委员会网站，http://www.ndrc.gov.cn/fzgggz/fzgh/zcfg/201803/t20180313_879340.html。

体。2019年4月《国务院办公厅关于加快发展体育竞赛表演产业的指导意见》明确提出要支持举办各类体育庙会，创作开发体现中华优秀文化、具有中国特色的体育竞赛表演精品。① 这为我们在新型城镇化建设中解决民俗体育文化脱域问题提供了新的思路。我们可以以国家日益重视庙会、民俗节庆等民俗活动为契机，为新型城镇化建设过程中民俗体育文化的传承重建空间和载体。如在撤村并点、建设农民安置小区和新型农村社区过程中，可以考虑在排除一些封建迷信成分的基础上以保护非物质文化遗产的方式来处置村庙、祠堂等这类与民俗体育文化相关的空间与载体，从而接续民俗体育文化的共生文化土壤。

  民俗体育文化根植于其时空环境，但是并不是僵化于这个历史时空中。从笔者所调查的国内个案来看，原有的城镇化建设模式总体上导致民俗体育文化面临一些困境。国外城镇化建设的经验充分说明民俗体育文化传承与城镇化建设并不矛盾，处理好两者关系可以达到双赢互动发展的效果。为此，笔者在国内外部分个案考察的基础上提出了上述民俗体育文化参与新型城镇化建设的对策建议。从根本上来说，民俗体育文化有效地参与我国新型城镇化建设取决于民俗体育文化承载的意义/功能的再造和转化能力，即民俗体育文化要有效地满足民众在城镇化建设过程中新的文化需求。民俗体育文化的这种功能调整和转化的能力是其在今后的城镇化和现代化进程中继续传承并发扬光大的根本。

---

① 《国务院办公厅关于加快发展体育竞赛表演产业的指导意见》，中华人民共和国中央人民政府网站，http://www.gov.cn/zhengce/content/2018－12/21/content_5350734.htm。

第六章
结论与展望

第一节 结论

笔者运用相关理论，通过选取国内外若干个案进行调查，就民俗/传统体育文化传承与新型城镇化建设相关的理论与实践问题进行了探讨，主要得出以下几点结论。

一 新型城镇化建设及民俗体育文化的本质内涵

新型城镇化的本质内涵是一个城乡文化整合的过程，新型城镇化建设过程是一个城市文化向乡村辐射和乡村文化在城镇化场域中弘扬的双向整合过程。传承优秀乡村文化既是新型城镇化建设的精神基础，也是其题中之意。新型城镇化建设为城乡文化整合提供了物质基础、文化土壤、政策支持和社会心理基础等，这都为城乡文化整合提供了可能。民俗体育文化的本质属性在于它是一个文化综合体，其中蕴含着丰富的精神价值内涵。民俗体育文化的本质特征在于它是在社会实践中为满足文化主体的需求而被人为地发明和建构的。民俗体育文化与现代体育文化并不是截然对立的，当前中国民俗体育文化正在发生的再造和建构的过程本身也可被视为中国民俗体育文化走向现代体育文化之路的一种具体表现或具体的存在形式。

二　民俗体育文化传承与新型城镇化建设互动关联

从所调查的国内外个案来看，民俗体育文化在城镇化建设中发挥了重要的历史作用，并积累了丰富的体育文化资源。民俗体育文化传承与新型城镇化建设并不矛盾，在新型城镇化建设过程中开发利用民俗体育文化，可以达成民俗体育文化传承与新型城镇化建设双赢互动的局面。因此，从理论上来说，一方面，传承民俗体育文化可以促进新型城镇化建设，主要体现在民俗体育文化产业化有助于促进产业结构升级，并且传承民俗体育文化可为部分地区提供城镇化发展道路、有助于提升城镇的文化内涵、有助于缓解城乡间二元结构矛盾、可缓解城镇化带来的"城市病"、可以促进我国体育强国建设以及促进新型城镇化治理；另一方面，新型城镇化建设也可以促进民俗体育文化传承，这主要体现在新型城镇化建设为民俗体育文化传承提供了更广阔的空间场域、更多元的经费支持、更完善的制度保障、更有力的组织保障、更完善的公共服务体系及现实路径等。

三　制约民俗体育文化传承和参与新型城镇化建设的因素

通过研究的个案并结合相关研究成果，笔者认为当前影响我国民俗体育文化传承和参与新型城镇化建设的制约因素主要有以下几点。第一，在城镇化建设过程中对民俗体育文化的价值认识不足，将西方体育文化奉为圭臬；片面地将民俗体育文化的传承理解为产业化、项目化、表演化；把民俗体育文化保护理解为静态保护；没有充分认识到民间信仰与民俗体育文化的共生关系；文化主体对民俗体育文化认同下降。第二，在政策法规方面，地方政府出台的与民俗体育文化相关的政策在一定程度上存在条块分割的倾向；在各级政府出台的非物质文化遗产保护条例中，与民俗体育文化相关的某些制度设计还不够完善。第三，在城镇化建设中选择西方现代体育文化发展模式；在民俗体育文化的传承和保护实践中，倾向于将民俗体育文化视作运动项目，并按照西方现代体育文化的模式对其进行项目化整理。第四，有的民俗体育文化在传承过程中面临经费不足问题，相对于众多的民俗体育文化来说，现有的传承经费仍然不足。第五，在城镇化进程中，民俗体育文化的传承主体日益弱化甚至青黄不接。第六，民俗体育文化相关的社会团体建设滞后，缺乏有力地传承民俗体育文化的组织机构。第七，在城镇化建设进程中，热心于民俗体育文化传承的文化精英也总体上呈现逐渐式微和青黄不接的态势。第八，城镇化建设导致民俗体育文化出现了脱域现象，民俗体育文化赖以延续的共生环境逐渐消解。

四 民俗体育文化参与新型城镇化建设的传承路径

国内外的经验表明，利用民俗体育文化资源促进城镇化建设，不仅可以收到事半功倍的效果，而且可以为民俗体育文化的传承确立实现途径。笔者借鉴相关理论，并结合国内外部分个案，总结出我国民俗体育文化参与新型城镇化建设的部分传承路径，主要有"改变形式、改变内容、保留功能""保留形式、保留内容、改变功能""保留形式、改变内容、改变功能""保留形式、改变内容、保留功能""保留形式、保留内容、保留功能""综合化的传承路径"。笔者认为传承与发展民俗体育文化的根本出路在于对其自身功能的调整或转化，以满足新时期文化主体的文化需求。在实践中，民俗体育文化参与新型城镇化建设的传承路径有民俗体育文化特色小镇的传承路径、民俗体育文化非物质文化遗产保护的传承路径、民俗体育文化继续依托节庆的传承路径、民俗体育文化产业化发展的传承路径、民俗体育文化项目化（如大众健身项目、民俗旅游表演项目、竞技体育项目）的传承路径等。

五 民俗体育文化参与新型城镇化建设的对策建议

笔者在总结国内外城镇化建设中传承与发展民俗/传统体育文化的经验，以及分析影响我国民俗体育文化传承和参与新型城镇化建设的制约因素的基础上，提出了民俗体育文化参与我国新型城镇化建设的对策建议，主要有更新对民俗体育文化及新型城镇化建设的认识；完善相关的政策法规并且相关部门要相互协调，相关配套政策要跟进；转变当前新型城镇化建设中以西方现代体育为导向的体育发展模式；多方筹集民俗体育文化的传承经费，建立多元化可持续的资金保障机制；积极拓展民俗体育文化的传承主体；积极培育传承民俗体育文化的社会团体；积极培育民俗体育文化的传承精英；重视解决民俗体育文化的脱域问题。

第二节　展望

笔者就民俗体育文化传承与新型城镇化建设相关的部分理论与实践问题进行了探讨，但书中仍然存在一些不足和遗憾之处。

一　进一步加强国外传统体育文化的个案研究

虽然笔者研究了部分国外个案，但是对城镇化建设过程中利用传统体育比较好的其他国家的个案考察还有待进一步加强，如对美国相关个案的考察、欧洲一些发达国家的相关个案考察。另外，日本和韩国的传统体育文化与中国民俗体育文化有着千丝万缕的联系，这两个国家在利用其传统体育文化资源参与城镇化建设中积累了较为丰富的经验，这对于我国当前更有效地利用和传承民俗体育文化参与我国新型城镇化建设有较大的启发和借鉴意义。因此，在后续研究中，笔者可以进一步加强对这些国家个案的实地考察。

二　进一步加强民俗体育文化与新型城镇化相关的理论问题研究

笔者基于所研究的个案，从理论上阐述了民俗体育文化传承与新型城镇化建设的互动关联，也从理论上总结出民俗体育文化参与新型城镇化建设的部分可能的传承路径。但是民俗体育文化传承和新型城镇化建设都是比较复杂的社会运动，因此，还有许多与民俗体育文化传承和新型城镇化建设相关联的理论问题需要进一步研究。如就民俗体育文化参与新型城镇化建设的传承路径而言，笔者虽然尝试从理论上进行归纳，但后续可以对类似理论问题进行进一步的提炼。

三 可尝试选取我国若干社区的民俗体育文化个案进行实验研究

为了应对农村改革和村民自治实践中遇到的新问题,近年来村治实验受到地方政府、学术团队和社会组织的重视,它吸收了行为主义政治学中的实验研究方法(主要是田野实验),有科学化的理论假设、积极干预和实验前后数据对比等实验过程。如华中师范大学中国农村问题研究中心先后组织开展了三次影响力较大的村治实验。[①] 受国内兴起的村治实验的启发,笔者在后续研究中可以尝试选择若干村落或城镇社区的民俗体育文化作为实验研究对象,以及已有理论预设的实验对象,通过实践检验已有的理论假设,在实践中完善,为我国民俗体育文化传承和新型城镇化建设提供更有价值的咨询服务和智力支持。

---

① 马华:《村治实验:中国农村基层民主的发展样态及逻辑》,《中国社会科学》2018 年第 5 期。

参考文献

中文文献

专著

(1) 国外专著

〔美〕爱德华·希尔斯:《论传统》,傅铿、吕乐译,上海人民出版社,2009。

〔英〕安东尼·吉登斯:《民族—国家与暴力》,胡宗泽等译,三联书店,1998。

〔英〕安东尼·吉登斯:《失控的世界:全球化如何重塑我们的生活》,周红云译,江西人民出版社,2001。

〔英〕安东尼·吉登斯:《现代性的后果》,田禾译,译林出版社,2022。

〔美〕本尼迪克特·安德森:《想象的共同体:民族主义的起源与散布》,吴叡人译,上海世纪出版集团,2005。

〔英〕埃里克·霍布斯鲍姆、特伦斯·兰杰:《传统的发明》,顾杭、庞冠群译,译林出版社,2022。

〔美〕杜赞奇:《文化、权力与国家——1900~1942年的华北农村》,王福明译,江苏人民出版社,1995。

〔法〕福柯:《权力的眼睛:福柯访谈录》,严锋译,上海人民出版社,1997。

〔美〕霍华德·丘达科夫、朱迪斯·史密斯、彼得·鲍德温:《美国城市社会的演变》(第七版),熊茜超、郭旻天译,上海社会科学院出版社,2016。

〔美〕克里福德·格尔兹:《尼加拉:十九世纪巴厘剧场国家》,赵丙祥译,上海人民出版社,1999。

〔美〕克利弗德·纪尔兹:《地方知识——诠释人类学论文集》,杨德睿译,台北麦田出版公司，2002。

〔美〕克利福德·吉尔兹：《地方性知识——阐释人类学论文集》，王海龙等译，中央编译出版社，2004。

〔美〕刘易斯·芒福德：《刘易斯·芒福德著作精萃》，中国建筑工业出版社，2010。

〔美〕刘易斯·芒福德：《城市文化》，宋俊岭、李翔宁、周鸣浩译，中国建筑工业出版社，2009。

〔英〕迈克·费瑟斯通：《消费文化与后现代主义》，刘精明译，译林出版社，2000。

〔德〕《马克思恩格斯全集》第13卷，中共中央马克思恩格斯列宁斯大林著作编译局译，人民出版社，1962。

〔法〕米歇尔·福柯：《规训与惩罚：监狱的诞生》，刘北成、杨远婴译，三联书店，1998。

〔法〕马塞尔·莫斯：《礼物：古式社会中交换的形式与理由》，汲喆译，上海人民出版社，2005。

〔加〕宋怡明：《被统治的艺术：中华帝国晚期的日常政治》，〔新加坡〕钟逸明译，中国华侨出版社，2019，第231页。

〔美〕R. M. 基辛：《文化·社会·个人》，甘华鸣等译，辽宁人民出版社，1988。

〔美〕施坚雅：《中国农村的市场和社会结构》，史建云、徐秀丽译，中国社会科学出版社，1998。

〔美〕罗伯特·芮德菲尔德：《农民社会与文化》，王莹译，中国社会科学出版社，2013。

〔美〕罗纳托·罗萨尔多：《伊隆戈人的猎头：一项社会与历史的研究（1883-1974）》，张经纬等译，北京大学出版社，2011。

〔美〕凡勃伦：《有闲阶级伦》，蔡受百译，商务印书馆，1964。

〔美〕威廉·A. 哈维兰：《文化人类学》，瞿铁鹏、张珏译，上海社会科学院出版社，2006。

（2）国内专著

北京民俗博物馆编《高碑店村民俗文化志》，民族出版社，2007。

费孝通：《乡土中国》，三联书店，1985。

费孝通：《重读〈江村经济·序言〉》，《北京大学学报》（哲学社会科学版）1996年第4期。

胡惠林、单世联：《新型城镇化与文化产业转型发展》，上海人民出版社，2014。

贺雪峰：《城市化的中国道路》，东方出版社，2014。

郭于华：《仪式与社会变迁》，社会科学文献出版社，1998。

孔飞力：《中国现代国家的起源》，陈兼等译，三联书店，2013。

李咏梅：《新型城镇化与社区文化研究》，中国农业科学技术出版社，2015。

林继富：《中国民间游戏总汇·表演卷》，湖南文艺出版社，2016。

林耀华：《金翼——中国家族制度的社会学研究》，庄孔韶、林宗成译，三联书店，2000。

王铭铭：《村落视野中的文化与权力：闽台三村五论》，三联书店，1997。

王铭铭：《社会人类学与中国研究》，广西师范大学出版社，2005。

习近平：《习近平谈治国理政》，外文出版社，2014。

新玉言：《国外城镇化：比较研究与经验启示》，国家行政学院出版社，2013。

杨庆育、陈立洲：《城镇化理论与案例研究》，西南师范大学出版社，2016。

俞可平：《论国家治理现代化》，社会科学文献出版社，2015。

张建世：《中国的龙舟与竞渡》，华夏出版社，1988。

中共中央宣传部：《习近平新时代中国特色社会主义思想学习纲要》，学习出版社，2019。

周穗明：《现代化：历史、理论与反思——兼论西方左翼的现代化批判》，中国广播电视出版社，2002。

期刊论文

白晋湘：《从传统到现代——对中国民族民间体育文化发展的思考》，《体育科学》2018年第7期。

白晋湘：《少数民族聚居区传统体育非物质文化遗产保护的社会建构研究——以湘西大兴寨苗族抢狮习俗为例》，《体育科学》2012年第8期。

曹裕、陈晓红、马跃如：《城市化、城乡收入差距与经济增长——基于我国省级面板数据的实证研究》，《统计研究》2010 年第 3 期。

陈丹、张越：《乡村振兴战略下城乡融合的逻辑、关键与路径》，《宏观经济管理》2019 年第 1 期。

陈红新、刘小平：《也谈民间体育、民族体育、传统体育、民俗体育概念及其关系——兼与涂传飞等同志商榷》，《体育学刊》2008 年第 4 期。

陈熙远：《竞渡中的社会与国家：明清节庆文化中的地域认同、民间动员与官方调控》，《"中央研究院"历史语言研究所集刊》2008 年第 3 期。

陈相超：《风险视角下的社区集体仪式——基于对浙东南钓艚社区拚龙仪式的人类学考察》，硕士学位论文，复旦大学，2013。

陈远航：《新型城镇化发展对武陵山片区民俗体育文化影响研究》，《兰州工业学院学报》2015 年第 2 期。

程美宝：《当人类学家走进历史——读 Helen F. Siu, *Tracing China: A Forty-Year Ethnographic Journey*》，《二十一世纪》2016 年第 12 期。

啜静、范春燕、王若光：《中国民俗体育研究的新视角："扎根理论"》，《南京体育学院学报》（社会科学版）2017 年第 3 期。

崔家宝、周爱光、陈小蓉：《我国体育非物质文化遗产活态传承影响因素及路径选择》，《体育科学》2019 年第 4 期。

崔涛、张波、周坤等：《传承传统文化视野下校园民俗体育发展路径研究》，《体育文化导刊》2019 年第 1 期。

段丽梅、杨小凤、张伟：《传承与俱进：民俗体育文化认同的现代化路径分析——以非遗项目花棍舞（打莲湘）为个案》，《南京体育学院学报》（社会科学版）2016 年第 2 期。

冯宏伟：《新时代农村地区民俗体育的发展：形式、局限与路径》，《北京体育大学学报》2018 年第 10 期。

高丙中：《对节日民俗复兴的文化自觉与社会再生产》，《江西社会科学》2006 年第 2 期。

高丙中：《民间的仪式与国家的在场》，《北京大学学报》（哲学社会科学版）2001 年第 1 期。

高亮、麻晨俊：《解释学视角下的我国民俗体育本质解构》，《武汉体育学院学报》2014年第4期。

高亮、麻晨俊：《村落舞龙传承的问题、机遇与对策分析——以骆山村"骆山大龙"为分析个案》，《体育与科学》2014年第4期。

郭兰：《发展民俗体育：促进民族地区全民健身的新思路——以新疆维吾尔族"萨玛舞"为例》，《武汉体育学院学报》2012年第11期。

郭星华、陈维：《非遗传承的困境与路径选择——以土家族摆手舞为例》，《广西民族大学学报》（哲学社会科学版）2020年第2期。

郝延省：《蒙古族"那达慕"品牌建设与推广策略》，《体育文化导刊》2018年第7期。

何平香、郑国华、吴玉华：《我国民俗体育文化遗产的现代性生存——以江西中村和广西平村为例》，《武汉体育学院学报》2017年第12期。

胡建忠、邱海洪：《新型城镇化建设驱动乡村人居环境演变对民俗体育文化的影响研究》，《衡阳师范学院学报》2017年第6期。

黄剑波：《乡村社区的国家在场——以一个西北村庄为例》，《西北民族研究》2005年第1期。

黄玮瑛：《城镇化进程中闽西客家民俗体育发展路径研究》，《西昌学院学报》2016年第3期。

J. Musil、何枚林：《匈牙利人民共和国的城市化》，《地理译报》1991年第2期。

姜封庆、李海龙、李鹏：《城镇化进程中赣南民俗体育的开发与保护》，《体育成人教育学刊》2015年第2期。

康军标：《乡村旅游融入民俗体育活动研究》，《农业经济》2018年第9期。

康丽：《从传统到传统化实践——对北京现代化村落中民俗文化存续现状的思考》，《民俗研究》2009年第2期。

雷军蓉、王世友：《本土异域间：我国民俗体育文化"本土化"研究的审视与论绎》，《北京体育大学学报》2018年第1期。

李春雷：《"脚斗士"由民俗体育游戏渐变为体育运动项目的探究》，《北京体育大学学报》2015年第4期。

李红梅、郑国荣、方千华：《论民俗体育的现代化发展》，《沈阳体育学院学报》2008年第6期。

李国平：《质量优先、规模适度：新型城镇化的内涵》，《探索与争鸣》2013年第11期。

李亦园：《人类学本土化之我见》，《广西民族大学学报》（哲学社会科学版）1998年第3期。

〔美〕理查德·鲍曼、杨利慧、安德明：《民俗界定与研究中的"传统"观》，《民族艺术》2006年第2期。

廖上兰、吴玉华：《身体与精神双重构建下的民俗体育村落治理——以江西宁都"中村傩戏"为例》，《武汉体育学院学报》2017年第3期。

廖上兰、吴玉华、肖锋、黄兴裕、张允蚌：《民俗体育参与乡村治理的机制及路径研究》，《体育科学》2020年第11期。

刘朝猛、吴懿姿、蒙军：《文化生态学视阈下广西民俗体育文化发展研究》，《广西社会科学》2017年第5期。

刘旻航、付玉坤：《民俗体育认知研究》，《体育学刊》2010年第1期。

刘旻航、李储涛、赵壮壮：《民俗体育文化价值演进规律研究》，《体育科学》2012年第6期。

刘晓春：《"约纵连衡"与"庆叙亲谊"——明清以来番禺地区迎神赛会的结构与功能》，《民俗研究》2016年第3期。

鲁平俊、丁先琼、白晋湘：《民族传统体育非物质文化遗产濒危状态评价的实证研究》，《体育科学》2014年第11期。

陆小聪、吴永金：《体育与民情：国家与社会视角下近代中国体育进程的再思考——兼论对体育社会组织改革的反思》，《体育科学》2017年第9期。

罗孝军：《民间体育、民族体育、民俗体育与传统体育等概念及其相互关系辨析》，《沈阳体育学院学报》2016年第2期。

吕俊彪：《民间仪式与国家权力的征用——以海村哈节仪式为例》，《广西民族学院学报》（哲学社会科学版）2005年第5期。

马华：《村治实验：中国农村基层民主的发展样态及逻辑》，《中国社会科学》2018年第5期。

马述强、梁晓华：《习近平在联合国教科文组织总部发表演讲强调让中华文明同世界丰富多彩的文明一道为人类提供正确的精神指引和强大的精神动力》，《光明日报》2014年3月28日第1版。

倪依克、胡小明：《民族传统体育的走向》，《体育科学》2014年第12期。

倪依克：《论中华民族传统体育的发展》，博士学位论文，华南师范大学，2004。

彭响、雷军蓉：《机遇与挑战：舞龙运动纳入全运会的思考》，《体育文化导刊》2018年第3期。

秦涛：《结构主义视域下民俗体育的文化意蕴探析》，《成都体育学院学报》2012年第7期。

任路：《国家化、地方性与乡村治理结构内生性演化》，《华中师范大学学报》（人文社会科学版）2021年第1期。

施春玉、郑国华：《城镇化进程中我国民俗体育现状及发展策略》，《乐山师范学院学报》2009年第12期。

宋伟：《壁画中的高句丽民俗体育文化》，《古籍整理研究学刊》2018年第3期。

覃琮：《"标志性文化"生成的民族志——以滨阳的舞炮龙为个案》，博士学位论文，上海大学，2011。

谭广鑫、周志俊、许爱梅等：《巫风武影：南部侗族"抬官人"挖掘整理的田野调查报告》，《体育科学》2014年第3期。

谭广鑫：《苏珊眼中的体育人类学——美国学者苏珊教授访谈录》，《体育学刊》2019年第2期。

唐金勇：《新型城镇化进程中民俗体育旅游可持续发展研究》，《南宁职业技术学院学报》2014年第3期。

田恩庆、仇军：《体育民族志的研究视点及其启示》，《体育学刊》2016年第1期。

万建中：《西部民族传统体育的身体经验和身体意义》，《西北民族研究》2016年第3期。

万义：《村落少数民族传统体育发展的文化生态学研究——"土家族第一村"双凤村的田野调查报告》，《体育科学》2011年第9期。

王斌、朱杰、朱坚、徐昶楠：《文化生态视域下民俗体育运动在高校发展的困境及破解之道》,《体育文化导刊》2018 年第 11 期。

王颢霖:《质疑与重释:田野调查在民族传统体育学中的应用——兼论当代民族传统体育学的转变》,《体育科学》2014 年第 7 期。

王洪珅:《互动仪式链理论视域下的少数民族传统体育本质推演》,《体育科学》2014 年第 7 期。

王洪珅、韩玉姬、梁勤超:《少数民族传统体育文化发展的生境困境与消弭路径》,《体育科学》2019 年第 7 期。

王晋伟、张凤彪:《城镇化进程中民俗体育发展困境与出路》,《石家庄学院学报》2015 年第 6 期。

王钧、王长生:《生态平衡视野下少数民族节庆体育文化的适应与重构——以哈尼族矻扎扎节为例》,《思想战线》2016 年第 4 期。

王俊奇:《也论民间体育、民俗体育、民族体育、传统体育概念及其关系——兼与涂传飞、陈红新等商榷》,《体育学刊》2008 年第 9 期。

王若光、范春燕:《天人合一:中国民俗体育的文化意蕴》,《南京体育学院学报》(社会科学版) 2014 年第 2 期。

王若光、孙庆祝、刘旻航:《民俗体育研究的方法论探索》,《天津体育学院学报》2013 年第 3 期。

王若光、孙庆祝、刘旻航:《中国岁时民俗体育逻辑起点的符号学考察》,《上海体育学院学报》2013 年第 6 期。

王世友、雷军蓉、张继生、彭响:《新时代我国民俗体育文化品牌塑造研究》,《体育文化导刊》2018 年第 7 期。

韦晓康、蒋萍:《民俗体育文化在社会治理中的作用研究》,《中国体育科技》2016 年第 4 期。

文辉、赖行健:《加强中欧城镇化合作 推动共建"一带一路"走深走实——德国、匈牙利城镇化发展考察报告》,《中国经贸导刊(中)》2019 年第 3 期。

吴林隐、杨海晨、韦金亮:《隔离抑或融合:民俗体育参与的性别变化研究——广西马山县壮族会鼓与打扁担的田野考察》,《体育科学》2017 年第 8 期。

吴玉华、赖敏春、肖锋:《国家在场的民俗体育乡村社会治理功能研究——

以瑞金冯侯庙会仪式民俗体育为例》,《南京体育学院学报》2019 年第 4 期。

向有明、向勇、韩海军、和春云、赵图炳:《身体动作与文字形成的双向实证研究》,《体育科学》2013 年第 8 期。

项飚:《普通人的"国家"理论》,《开放时代》2010 年第 10 期。

谢雪峰、刘俊梅、李芳、付晓芮、艾蕾蕾:《土家族"跳丧"文化传承与转型若干问题的探讨》,《体育科学》2011 年第 7 期。

谢宇:《走出中国社会学本土化讨论的误区》,《社会学研究》2018 年第 2 期。

邢文涛、郑国华、祖庆芳:《从宗族到能人:农村体育治理主体的嬗变》,《武汉体育学院学报》2016 年第 10 期。

徐勇:《国家化、民族性与区域治理——基于历史中国经验的分析框架》,《广西大学学报》(哲学社会科学版) 2020 年第 4 期。

杨海晨、王斌、胡小明、赵芳、沈柳红:《论体育人类学研究范式中的跨文化比较》,《体育科学》2012 年第 8 期。

杨海晨、王斌、沈柳红、赵芳:《论体育人类学研究范式中的田野调查关系》,《体育科学》2012 年第 2 期。

杨海晨、吴林隐、王斌:《走向相互在场:"国家-社会"关系变迁之仪式性体育管窥——广西南丹黑泥屯"演武活动"的口述历史》,《体育与科学》2017 年第 3 期。

杨海晨:《倾听体育亲历者的声音:口述历史概念内涵及案例分析》,《体育成人教育学刊》2018 年第 2 期。

杨昆普:《论后现代主义思潮下民俗体育文化的传承与发展》,《成都体育学院学报》2014 年第 4 期。

姚琼、雷军蓉、郭宁:《城镇化进程中民俗体育的演变与发展》,《广州体育学院学报》2019 年第 4 期。

俞可平:《探寻中国治理之谜:俞可平教授访谈录》,《公共管理与政策评论》2021 年第 1 期。

张弘、苗苗:《民俗体育与学校体育的联动发展研究——以山西省为例》,《北京体育大学学报》2012 年第 10 期。

张华江:《我国民俗体育优势项目的国际化发展探析》,《河北体育学院学报》2012年第5期。

张辉、王斌、杨海晨等:《旅游与传统再造:女儿城民俗体育的人类学视角》,《武汉体育学院学报》2015年第1期。

张建文:《新型城镇化背景下汉江流域民俗体育公共服务供给》,《湖北文理学院学报》2015年第10期。

张世威:《基于文化空间理论的民族传统体育保护研究——来自土家摆手舞的田野释义与演证》,《北京体育大学学报》2015年第8期。

张天宏、孟祥波、黄福华:《论英国竞技体育的业余与职业之争》,《体育文化导刊》2013年第2期。

赵承磊:《民俗体育与城市融合发展的个案考察与启示——以潍坊风筝为例》,《武汉体育学院学报》2016年第8期。

赵然:《现代化进程中民俗体育的发展困境和出路研究》,硕士学位论文,南京师范大学,2014。

郑国华、丁世勇:《当前部分少数民族地区传统体育失范与矫治——以富禄村、平安村为例》,《武汉体育学院学报》2009年第2期。

郑国华、丁世勇:《我国民族传统体育发展过程中失范的成因——以富禄村、平安村为例》,《体育学刊》2008年第12期。

郑国华:《一种传统武力陋习的考察及对当代的警示》,《民俗研究》2017年第4期。

郑花、杨涛:《"一带一路"文化交流背景下中国-东盟跨境体育赛事发展现状与策略研究》,《北京体育大学学报》2021年第3期。

周传志、陈俊钦:《从电影〈阵头〉看当代台湾民俗体育的创新与发展》,《体育学刊》2013年第5期。

周大亮、周应宝:《新型城镇化背景下民俗体育发展对策分析》,《当代体育科技》2017年第7期。

周大鸣:《迈向21世纪的中国人类学》,《中山大学学报》(社会科学版)2006年第2期。

周平、白晋湘:《民族传统节庆体育与旅游产业融合机理及效应——以内蒙古那达慕为个案》,《西安体育学院学报》2017年第1期。

周星：《民俗主义、学科反思与民俗学的实践性》，《民俗研究》2016年第3期。

祖菲娅·吐尔地、武杰：《文化变迁中的同与异——新疆哈萨克部落体育文化的多维审视》，《体育科学》2014年第7期。

外文文献

专著

S. Brownell, *Training the Body for China: Sport in the Moral Order of the People's Republic*, Chicago: University of Chicago Press, 1995.

J. A. Cuddon, *The Macmillan Dictionary of Sports and Games*, London: Macmillan, 1980.

Department of Commerce. 1960 Census of Population: Final Report, Subject Reports, Nativity and Parentage, Social and Economic Characteristics of the Foreign Stock by Country of Origin, PC (2) -1A, table 16, p. 110, for New York State.

Edward K. Spann, *The New Metropolis: New York City, 1840 – 1857*, New York: Columbia University Press, 1981.

Elias Norbert, *The Civilising Process: The History of Manner*, New York: Urizen Books, 1978.

W. Fitzstephen, *Fitz-Stephen's Description of the City of London*, London: Oxford University Press, 1772.

R. Giulianotti and R. Robertson, eds, *Globalization and Sport*, Malden, MA: Blackwell, 2007, pp. 107 – 122.

A. Guttmann, *From Ritual to Record: The Nature of Modern Sports*, New York, NY: Columbia University Press, 1978.

Holt Richard, *Sport and the British: A Modern History*, London: Oxford University Press, 1989.

John E. Dreifort, *Baseball History from Outside the Lines*, Lincoln: University of Nebraska Press, 2001.

Kibler M. Alison, *Censoring Racial Ridicule: Irish, Jewish and African American Struggles over Race and Representation*, 1890 – 1930, Charlotte: The University of North Carolina Press, 2015.

Kirby Miller and Paul Wagner, *Out of Ireland: The Story of Irish Emigration to America*, London, EI Entertainment, 1994.

A. Klein, "The Anthropology of Sport: Escaping the Past and Building a Future" in Maguire, J, Young, K(ed.), *Theory, Sport & Society*, Boston: JAI, 2002.

Linda Dowling, *Irish Immigrants in New York City, 1945 – 1995*, Bloomington: Indiana University Press, 2001.

J. Maguire, *Power and Global Sport: Zones of Prestige, Emulation and Resistance*, Abingdon: Routledge, 2005.

Mary J. Shapiro, *Gateway to Liberty*, New York, Random House, 1986.

Rader, American Sports, 97 – 98, On *Irish-American Sport*, see Carl *Wittke, The Irish in American*, Baton Rouge: Louisiana State University Press, 1956.

Ralph Wilcox, "The Shamrock and the Eagle: Irish Americans and Sport in the Nineteenth Century" in *Ethnicity and Sport in North American History and Culture* edited by G. Eisen and D. K. WigginsNew York: Greenwood Press, 1994.

Regina Dolon, *German and Irish Immigrants in the Midwestern United States, 1850 – 1900*, New York, Springer International Publishing, 2018.

Regina Dolon, *German and Irish Immigrants in the Midwestern United States, 1850 – 1900*, Springer International Publishing, 2018.

J. T. Ridge, "Irish County Societies in New York, 1880 – 1914" in *The New York Irish* edited by R. H. Bayor and T. J. Meagher, Baltimore: The Johns Hopkins University Press, 1997.

Robert Snyder, "The Neighborhood Changed: The Irish of Washington Heights and Inwood since 1945" in *The New York Irish* edited by Ronald H. Bayor and Timothy Meagher, Baltimore: Johns Hopkins University Press, 1996.

Roy Rosenzweig, *Eight Hours for What We Will: Workers and Leisure in an Industrial City, 1870 – 1920*, Cambridge: Cambridge University Press, 2002.

Robert R. Sands, *The Anthropology of Sport and Human Movement: A Biocultural Perspective*, Lanham: Lexington Books, 2010.

Sara Brady. *Irish Sport and Culture at New York's Gaelic Park*, New York University, 2005.

Helen F. Siu, *Agents and Victims in South China: Accomplices in Rural Revolution*, New Haven: Yale University Press, 1989.

Helen F. Siu, *Tracing China: A Forty-Year Ethnographic Journey*, Hong Kong: Hong Kong University Press, 2016.

Statista, "Degree of Urbanization in the United States from 1970 to 2017", https://www.statista.com/statistics/269967/urbanization-in-the-united-states/.

Stephen Hardy, *How Boston Played: Sport, Recreation and Community* 1865 - 1915, Boston: Northeastern University Press, 1982.

Steven Riess, *City Games: The Evolution of American Urban Society and the Rise of Sports*, Urbana: University of Illinois Press, 1989.

R. D. Storch (eds), *Popular Culture and Custom in Nineteenth Century England*, London: Croom Helm, 1982.

Thomas J. O'Gorman, *A history of the Irish Fellowship Club of Chicago: 1901 - 2001*, Chicago: Irish Fellowship Club, 2001.

J. Weeks, *Sex, Politics, and Society: The Regulation of Sexuality since* 1800, New York: Longman, 1981.

WPA Historical Records Survey, Federal Writers Project, Box 3579, "Irish in New York", folder 5, "Occupations and Location", A. Fitzpatrick, "The Irish Race in Various Industries, Professions, Etc.", 1938.

Bela C. Maday, *Urbanization*, Annals of the New York Academy of Sciences, 1973.

期刊及档案资料

Anonymous, Boston Pilot, 1886 - 6 - 12, cited by Paul Darby, "Gaelic Sport and the Irish in Boston, 1879 - 90", *Irish Historical Studies*, vol. 33, no. 132, 2003.

Anonymous, Donahoe's Magazine, 1879 - 11 - 464. cited by Paul Darby "Gaelic Sport and the Irish in Boston, 1879 - 90", *Irish Historical Studies*, vol. 33, no. 132, 2003.

Anonymous. "Irish Counties Athletic Union", *Irish American Advocate*, 10 Sept. 1904, 1. Paul Darby, "Gaelic Games, Ethnic Identity and Irish Nationalism in New York City, 1880 - 1917", *Sport in Society*, vol. 10, no. 3, 2007.

Anonymous, Sporting Life, 1916 - 2 - 19.

Anonymous, The Gael, 1901 - 9 - 292, cited by Paul Darby, "Gaelic Sport and the Irish in Boston, 1879 - 90", *Irish Historical Studies*, vol. 33, no. 132, 2003.

Anonymous, The Irish Amateur Athletes, The Irish World and American Industrial Liberator, 1888 - 9 - 29.

Balázs Balogh, "Agnes FüLemle. Cultural Alternatives, Youth and Grassroots Resistance in Socialist Hungary — The Folk Dance and Music Revival", *Hungarian Studies*, 2008.

Deirdre M and Moloney, "Combatting Whiskey's Work: The Catholic Temperance Movement in Late Nineteenth Century America", *US Catholic Historian*, vol. 16, no. 3, 1998.

Kevin O'Rourke, "Did the Great Irish Famine Matter?", *The Journal of Economic History*, vol. 51, no. 1, 1991.

Li Jing, "The Making of Ethnic Yunnan on the National Mall: Minority Folksong and Dance Performances, Provincial Identity, and 'The Artifying of Politics'", *Modern China*, vol. 39, no. 1, 2013.

Li Mu, "Performing Chineseness: The Lion Dance in Newfoundland", *Asian Ethnology*, vol. 76, no. 2, 2017.

László Diósiege, "Historic Moments of Hungarian Folk Dance: From the Gyöngyösbokrétato the Dance House Movement", *Hungarian Studies*, 2008.

Lynn Hooker, "Controlling the Liminal Power of Performance: Hungarian Scholars and Romani Musicians in the Hungarian Folk Revival", *Twentieth-Century Music*, 2007.

Mary Taylor, "Does Folk Dancing Make Hungarians? Táncház, Folk Dance as Mother Tongue, and Folk National Cultivation", *Hungarian Studies*, 2008.

Paul Darby, "Emigrants at Play: Gaelic Games and the Irish Diaspora in Chicago, 1884 – 1990", *Sport in History*, vol. 26, no. 1, 2006.

Paul Darby, "Gaelic Games, Ethnic Identity and Irish Nationalism in New York City, 1880 – 1917", *Sport in Society*, vol. 10, no. 3, 2007.

Paul Darby, "Gaelic Games, Ethnic Identity and Irish Nationalism in New York City, 1880 – 1917", *Sport in Society*, vol. 10, no. 3, 2007.

Paul Darby, "Gaelic Sport and the Irish Diaspora in Boston, 1879 – 90", *Irish Historical Studies*, vol. 33, no. 132, 2003.

Paul Darby, " 'Without the Aid of a Sporting Safety Net?': the GAA and the Irish Emigre in San Francisco (1888 – c, 1938)", *The International Journal of the History of Sport*, vol. 26, no. 1, 2009.

P. Abrams, "Notes on the Difficulty of Studying the State", *Journal of Historical Sociology*, vol. 1, no. 1, 1988.

P. Cohendet and D. Grandadam (eds.), "Rethinking Urban Creativity: Lessons from Barcelona and Montreal", *City, Culture and Society*, vol. 2, no. 3, 2011.

Perdue and Peter, "Insiders and Outsiders: The Xiangtan Riot of 1819 and Collective Action in Hunan", *Modern China*, vol. 12, no. 2, 1986.

U. S Federal Works Agency, "Final Report on the WPA Program 1935 – 43", Illinois State Library, 1947.

图书在版编目(CIP)数据

民俗体育文化传承与新型城镇化建设 / 涂传飞著
. -- 北京：社会科学文献出版社，2022.12
　ISBN 978 - 7 - 5228 - 1180 - 2

　Ⅰ.①民… Ⅱ.①涂… Ⅲ.①民族形式体育 - 体育文化 - 关系 - 城市化 - 建设 - 研究 - 中国　Ⅳ.①G852.9
②F299.21

　中国版本图书馆 CIP 数据核字(2022)第 227857 号

民俗体育文化传承与新型城镇化建设

著　　者 / 涂传飞

出 版 人 / 王利民
组稿编辑 / 祝得彬
责任编辑 / 吕　剑　刘学谦
责任印制 / 王京美

出　　版 / 社会科学文献出版社·当代世界出版分社（010）59367004
　　　　　　地址：北京市北三环中路甲29号院华龙大厦　邮编：100029
　　　　　　网址：www.ssap.com.cn

发　　行 / 社会科学文献出版社（010）59367028
印　　装 / 三河市龙林印务有限公司

规　　格 / 开　本：787mm × 1092mm　1/16
　　　　　　印　张：16　字　数：255千字
版　　次 / 2022年12月第1版　2022年12月第1次印刷
书　　号 / ISBN 978 - 7 - 5228 - 1180 - 2
定　　价 / 98.00元

读者服务电话：4008918866

版权所有 翻印必究